JN261601

図説 建築構造力学

浅野清昭　著

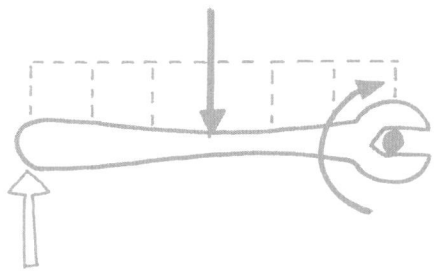

学芸出版社

まえがき

　これまで、専門学校生、大学生、社会人の方々、様々な目標を持たれた方々を前に構造力学を講義してまいりました。そのなかで感じることは、教室ごとそれぞれに、目標、基礎学力、講義時間、講義回数といった状況が異なり、それに合わせて構造力学のストーリーも工夫していかなくてはならないということです。そのストーリーに合わせて、テキストにも工夫が必要になります。私が教壇に立つようになった当初の担当教室は、数学、物理学をあまり得意としない学生たちが中心でした。市販テキストは高度な内容のものが多く、彼らには適さないと思い、彼らのためのテキストを作成するところから始めました。それが2004年に出版された姉妹書「図説やさしい構造力学」です。ベクトル、三角関数、微積分などを用いずに矢印、三角比と言葉を選び、力の釣り合いだけではイメージしにくいせん断力や曲げモーメントには、矢印図法やスパナ化法で力を理解してもらうこと、力学は大して難しくないと思ってもらうことに力点をおきました。

　教える側が、「力」を如何に伝えるかによって、構造力学は難しくも易しくもなり、気分爽快になったり、苦行になったりもします。力は身近な存在であり、決して手の届かない存在ではありません。身近な現象を理解できれば、必ずや構造力学の本道も理解してもらえると私は信じています。ただし、構造を軸に建築を学ぼうとする方々には、ひたすら計算式に向かうということも極めて重要です。その観点から2011年に制作したものが「図解レクチャー構造力学」でした。ここでは、力の釣り合い、力の重ね合わせといった基本的な原理だけを使って、数学的に構造物を構築していく過程を詳細に示しました。フックの法則などごく基本的な物理法則と基礎的な微積分の知識さえあれば、構造力学の世界が開けていくことを知ってほしいという願いを込めました。

　本書「図説建築構造力学」は、先の2作の中間的な内容として作成いたしました。意匠系、住居系の学生も対象としながら、静定から不静定までを網羅し、1級建築士受験にも対応できる内容にしています。

【本書の特徴】

・内容は静定構造を中心に、不静定構造・塑性解析まで
　本書は前半に力の基礎、静定構造を収め、後半に不静定構造の内容を収めました。1冊で力の基礎からラーメン架構、さらに塑性解析までを学習することができます。

・四則計算のみで解説
　本編は四則計算のみで解説をしています。文系、デザイン系の方にも学習していただけるよう配慮いたしました。

・イラストによって、力を身近に感じてもらう

　特に前半の部分には、荷物を持ちあげる、棒を曲げるなどのイラストを掲載しております。矢印だけが並んだ一見意味の分かりづらい問題も、身近な問題に置き換えることができるのです。問題の意味を理解した上で解けることを重視しております。

・「参考メモ」を設置

　本編中に現れる重要な式は公式として紹介しておりますが、向学心旺盛な読者のために、公式がどのようにして導かれたのかを「参考メモ」として要所要所に散りばめております。

・実用的解法の積極的導入

　基本的な力の釣り合いをもとに、基礎的な計算法を学び習得することは非常に重要なことです。しかし、計算式だけを追いかけていると、力とはどのようなものなのかという根源的な部分の理解がおろそかになってしまいます。そこで、力や力の流れをイメージし、「なるほど！力ってそうなっているのか、そういうものなのか」と合点してもらうことが重要だと考えています。そこで、**矢印図法、スパナ化法、トラス図解法、有効剛比**などイメージとして力を捉えられる手法を積極的に導入しています。構造物を見ただけで、力の分布状況がすぐに頭に浮かぶようになってほしいという願いを込めています。

　本書がみなさんの目標達成の一助となりますことを心より願っております。

計算解法		実用的解法		本書のねらい
計算によって力を求めることができる。		計算結果をもとに、力とは何かを知り、力の特徴を考察・理解・利用する。		解けるだけではなく、構造体に生じる力の有り様を見通せるようになってほしい。

　末筆ながら、本書作成に多大なご尽力をいただきました学芸出版社知念靖廣様、岩切江津子様、市場調査をもとに本書内容にご意見をいただきました学芸出版社村井明夫様、いつも親しみのあるイラストで本書を飾っていただいております野村彰様、作成にあたってご意見をいただきました山本康彦様、この場をもって厚く御礼申し上げます。また、いつも私の講義を熱心に受講してくださる学生のみなさんには、この場をもって厚く御礼申し上げます。これからも、基礎構造力学のフィールドをともに歩き回りながら、新しい発見に胸躍らせていきたいものです。

平成 26 年 8 月 3 日
浅野　清昭

もくじ

まえがき　2

序章　力の基礎　7
- 0・1　力の表現　7
- 0・2　力のモーメント　14
- 0・3　分布する力　16
- 0・4　力の釣り合い　18

1章　反　力　22
- 1・1　構造物の分類と表現　22
- 1・2　単純梁の反力　24
- 1・3　片持ち梁の反力　27
- 1・4　ラーメンの反力　28

2章　部材に生じる力（応力）　30
- 2・1　応力の種類　30
- 2・2　応力の計算法　34

3章　静定構造の実用的解法　55
- 3・1　せん断力図の作図法（矢印図法）　55
- 3・2　曲げモーメント図の作図法（その1　スパナ化法）　65
- 3・3　曲げモーメント図の作図法（その2　面積法）　76
- 3・4　重ね合わせの原理　81

4章　静定トラスの解法　83
- 4・1　切断法　83
- 4・2　節点法　87
- 4・3　図解法　89

5 章　断面に関する数量　　93
- 5・1　図心と断面1次モーメント　93
- 5・2　断面2次モーメント　96
- 5・3　断面係数　98

6 章　応 力 度　　101
- 6・1　引張（圧縮）応力度　101
- 6・2　曲げ応力度　104
- 6・3　せん断応力度　105
- 6・4　許容応力度　107
- 6・5　許容曲げモーメント　109
- 6・6　曲げ応力度と圧縮応力度との組み合わせ　110

7 章　たわみ・たわみ角　　116
- 7・1　たわみ・たわみ角の基本公式　116
- 7・2　傾斜によるたわみ　118

8 章　不静定梁の解法　　122
- 8・1　ローラー－固定梁　122
- 8・2　両端固定梁の解法　124

9 章　水平力の分担・層間変位　　127
- 9・1　水平剛性と水平力の分担　127
- 9・2　多層ラーメンの層間変位　131

10 章　不静定ラーメンの解法（たわみ角法）　　133
- 10・1　たわみ角法公式　133
- 10・2　たわみ角法による解法（その1　節点にモーメント荷重を受ける場合）　136
- 10・3　たわみ角法による解法（その2　中間荷重を受ける場合）　140

11章　不静定ラーメンの実用的解法　146
- 11・1　有効剛比を利用する解法（節点にモーメント荷重を受ける場合）…………… 146
- 11・2　固定モーメント法の解法（中間荷重や水平力を受ける場合）………………… 152
- 11・3　せん断力、軸方向力、反力の求め方……………………………………………… 164

12章　座　屈　167
- 12・1　弾性座屈荷重………………………………………………………………………… 167
- 12・2　弾性座屈荷重の中間拘束による影響……………………………………………… 169

13章　塑性解析　171
- 13・1　完全弾塑性体………………………………………………………………………… 171
- 13・2　崩壊の過程と全塑性モーメント…………………………………………………… 172
- 13・3　崩壊荷重の算定法…………………………………………………………………… 175
- 13・4　圧縮力を考慮した全塑性モーメント……………………………………………… 179

練習問題解答　183
索引　196

序章
力の基礎

0・1　力の表現

　ここでは、構造力学を学習するために必要な力の表現方法と、計算上おさえておくべき操作・ポイントを解説します。

　図 0–1 のように、一点に集中して作用する力は、1 本の矢印によって表現されます。

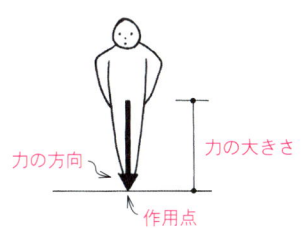

図 0-1　一点に集中する力の表現

力の 3 要素

力の大きさ	――	矢印の長さ
作用点	――	矢印の始点
力の方向	――	矢印の向き

　力を表すには、力の大きさ、力をかける点（作用点）、力の方向の表現が必要です。これらを「力の 3 要素」といいます。矢印はこれらを一度に表現できる優れた表記法なのです。

　力の大きさの表記法には、次の 3 種類があります。

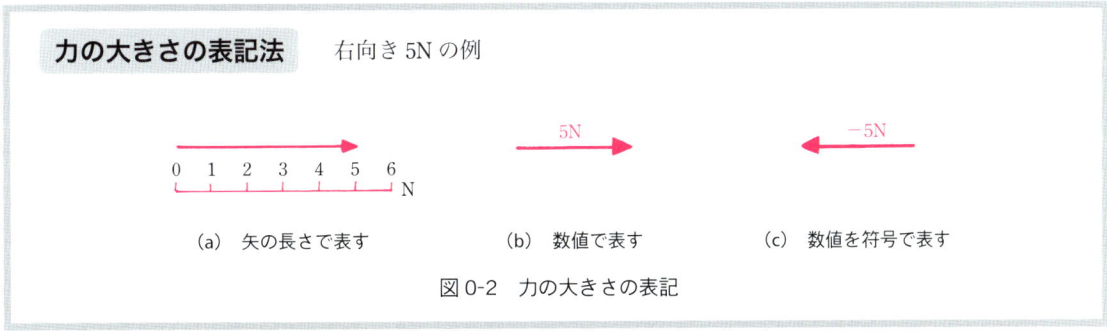

図 0-2　力の大きさの表記

　力の単位は N（ニュートン）、kN（キロニュートン）を使います。私たちが日常的に使っている kg（キログラム）、t（トン）は質量の単位であり、重量（N、kN）は質量（kg、t）に重力加速度（約 $9.8 m/s^2$）を乗じたものに相当します。

1 力の和（合力）

(1) 一直線上の力の和

複数の力が存在するとき、力を足し合わせる操作を行います。力を足し合わせる場合は、+の方向を定めて和をとります。図0-3は水平方向3つの力の和の例です。

水平方向の力の和＝40N＋30N－50N＝20N（右向き）

図0-3　一直線上の力の和

(2) 一点に作用する力の合力

バケツを2人で持ち上げてみましょう。図0-4(a)のように、それぞれが斜め方向に引張ります。このとき、2人の力は図0-4(b)のように足し合わせられているのです。複数の力を足し合わせた力を合力といいます。

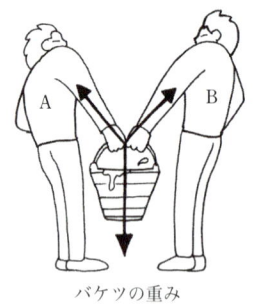

図0-4(a)　バケツを持ち上げる

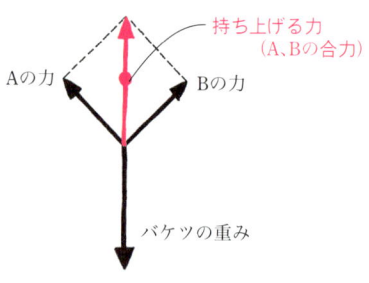

図0-4(b)　持ち上げる力の足し合わせ

一点に作用する2つの力の合力を求める場合、図0-5のように平行四辺形や三角形を描いて求めることができます。

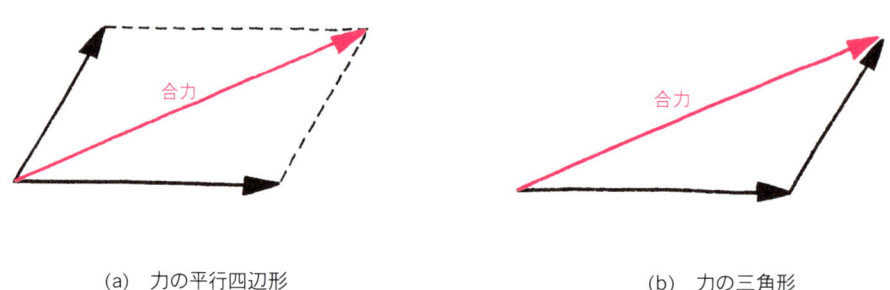

(a)　力の平行四辺形　　　　　　　　(b)　力の三角形

図0-5　一点に作用する力の合力

例題 0-1 次の一点に作用する力の合力を求めなさい。

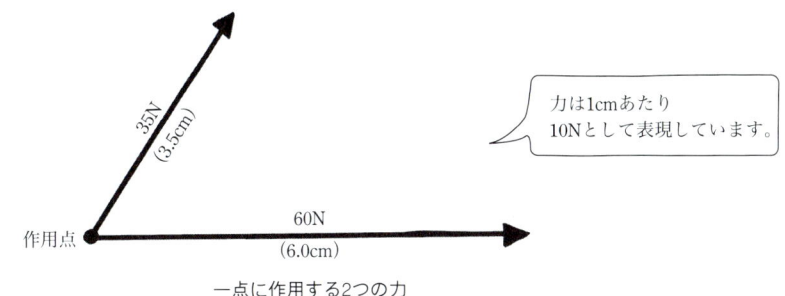

力は1cmあたり10Nとして表現しています。

一点に作用する2つの力

解 答

手順1 矢の先にそれぞれの力の平行線を描いて平行四辺形を作ります。
手順2 対角線に矢印を描きます。対角線の矢印が合力です。
手順3 合力の矢印の長さを測り、合力の大きさを求めます。

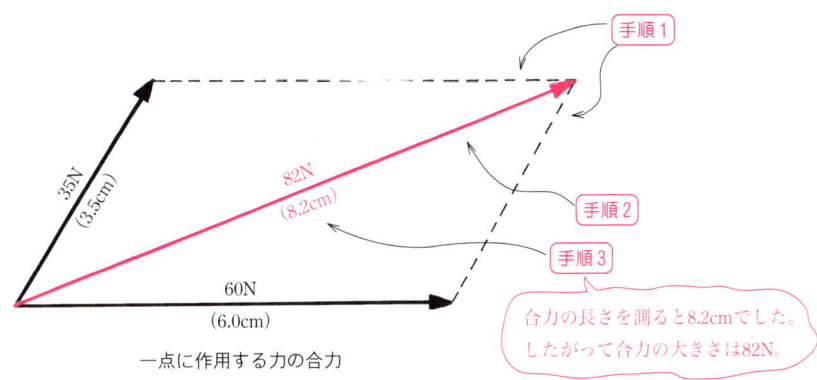

一点に作用する力の合力

合力の長さを測ると8.2cmでした。したがって合力の大きさは82N。

(3) 平行に並ぶ力の合力

力が平行に並んでいる場合を考えてみましょう。

図 0-6 では 2m の距離を隔てて、下向き 100N の力が 2 本並んでいます。それらの力の合力を P とします。

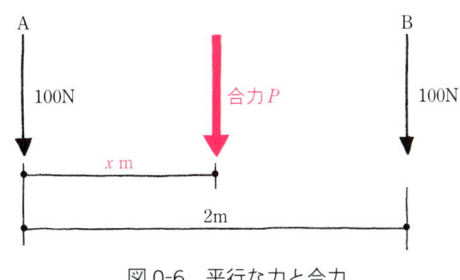

図 0-6 平行な力と合力

図0-6のように、矢印が並んでいるだけではイメージしにくいので、図0-7のようにイラストを描いてみましょう。

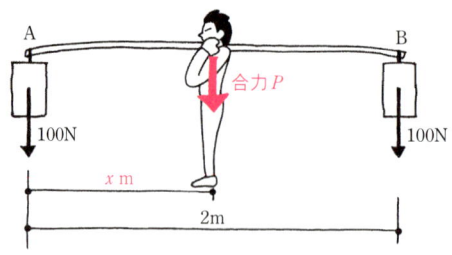

図0-7 平行な力と合力のイラスト化（天秤棒）

イラストを描くことにより、平行な力は天秤棒の荷物の重さに相当することがわかります。そして、合力は天秤棒をかつぐ人の肩にかかる力になるのです。また、天秤棒をかつぐ場合、かつぐ位置が重要です。したがって、平行な力の合力を求めるとは

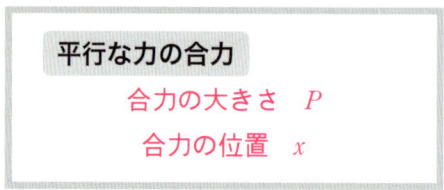

を求めることなのです。図0-7の場合なら

　　合力の大きさ ⇒ 「肩にかかる力は200N（荷物100N + 100Nだから）で下向き」

　　合力の位置　 ⇒ 「左右の荷物の重さは同じだから棒の真ん中をかつげばよい」

ということが経験的にわかります（図0-8）。

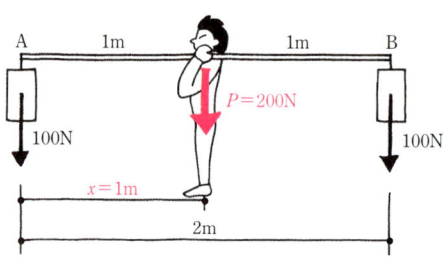

図0-8 合力の大きさと合力の位置

図0-8について考察してみます。点Aを中心とした力のモーメントを考えてみましょう。

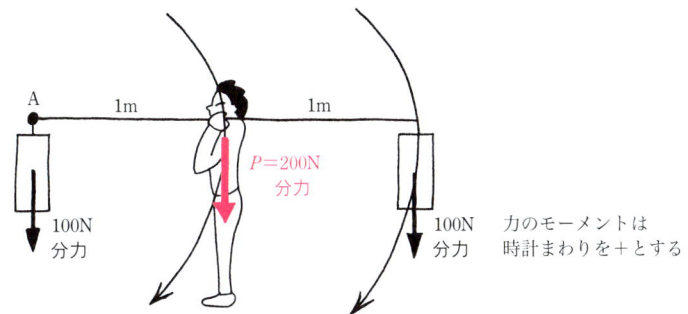

図 0-9 点 A を中心とする力のモーメント

◆点 A について（p14　0・2 力のモーメント参照）

合力（肩にかかる重み）のモーメント＝　200N × 1m　＝　200N・m
分力（荷物の重み）のモーメントの総和＝ 100N × 0m ＋ 100N×2m ＝ 200N・m

このように

バリニオンの定理
合力のモーメント　＝　分力のモーメントの総和　　　　　　　　　　　公式 0

という関係が成り立ちます。これをバリニオンの定理といいます。

Point　バリニオンの定理はどの点を中心にしても成り立ちます。

例題 0-2　次の平行に並ぶ力の合力を求めなさい。

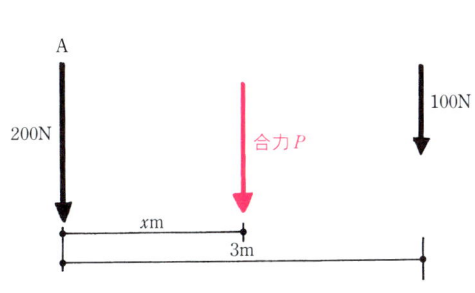
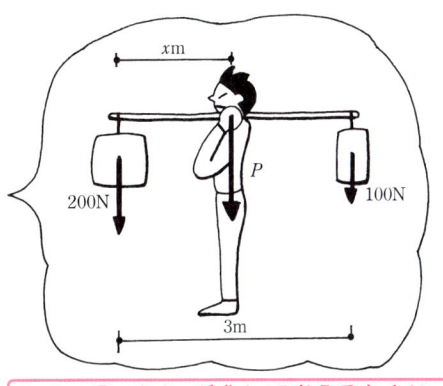

Point　イメージ化して考えるとよい。

左右異なる平行な力の場合

解　答

合力 P は分力の和で

$P =$　200　＋　100　＝　300N（下向き）（答え）

合力の位置（点 A からの距離 x）はバリニオンの定理より

点 A を中心とする合力のモーメント　＝　点 A を中心とする分力のモーメントの和

$$300 \cdot x = 200 \times 0 + 100 \times 3$$

$$x = 1.0\text{m} \quad （答え）$$

2 力の分解

　図0-10のように荷物を斜め方向に引張ってみます。このとき、荷物は水平方向にも力を受けますが、鉛直方向にも力を受けることを私たちは感覚的に知っています。ここでは、力を水平方向と鉛直方向に分解する方法を解説します。力に関する計算をする場合、一般的に水平方向、鉛直方向を基準として考えることが多く、そのとき必要となる操作です。

図0-10　斜め方向の力の例

　図0-10に示す斜め方向の力について、水平方向および鉛直方向に分解する手順を示します。

手順1　図0-11のように水平方向、鉛直方向の線を引き、斜めの力が対角線になるような長方形を描きます。

手順2　このときの横の辺となる部分に矢印を描きます。これが水平方向の力P_xになります。同様にたての辺となる部分に矢印を描きます。これが鉛直方向の力P_yになります。元の力は右斜め上方向ですから、P_xは右向き、P_yは上向きになります。

手順3　力の大きさは矢印の長さに相当します。該当する直角三角形を横に描き、三辺の長さの比を示します。

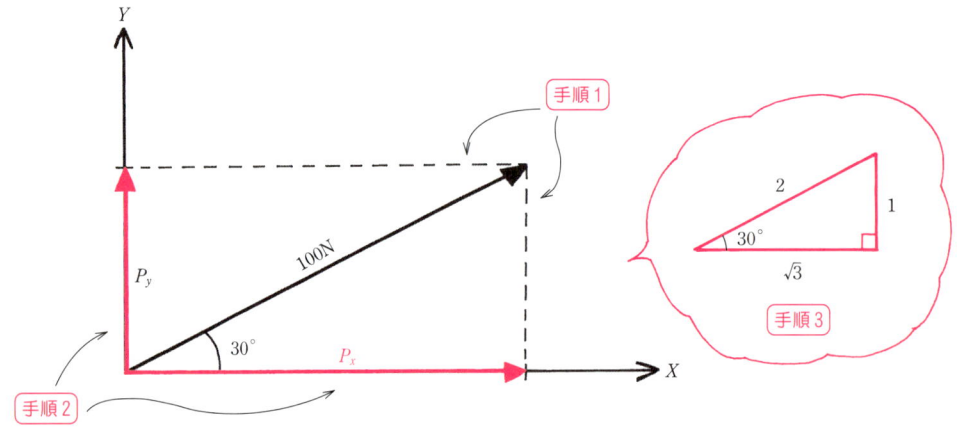

図0-11　力の分解

[手順4] 斜めの力に対する水平・鉛直それぞれの力の大きさを三辺の比から計算します。

◆ 水平方向　　100N　：　P_x　＝　2　：　$\sqrt{3}$

　　　　　　　　　　　　$2P_x$　＝　$100\sqrt{3}$　（内項の積は外項の積に等しい）

　　　　　　　　　　　　P_x　＝　$100\text{N} \times \dfrac{\sqrt{3}}{2}$　＝　$50\sqrt{3}$ N　（答え）

◆ 鉛直方向　　100N　：　P_y　＝　2　：　1

　　　　　　　　　　　　$2P_y$　＝　100

　　　　　　　　　　　　P_y　＝　$100\text{N} \times \dfrac{1}{2}$　＝　50N　（答え）

この計算から、P_x、P_y は次のような式で求められることがわかります。

$$\begin{cases} P_x = 100\text{N}（元の力）\times \dfrac{\sqrt{3}（水平方向の辺の長さ）}{2（斜めの辺の長さ）} & \text{式 0-1(a)} \\\\ P_y = 100\text{N}（元の力）\times \dfrac{1（鉛直方向の辺の長さ）}{2（斜めの辺の長さ）} & \text{式 0-1(b)} \end{cases}$$

これらをまとめると、P_x、P_y は次のような式で求められることがわかります。

P_x、P_y の求め方

求めたい方向の力 ＝ 元の力 × $\dfrac{\text{求めたい方向の辺の長さ}}{\text{斜めの辺の長さ}}$　　　　公式1

なお、計算中示したように、力の分解には<u>直角三角形の三辺の比</u>が必要になります。代表的なものを図 0-12 に示しておきます。

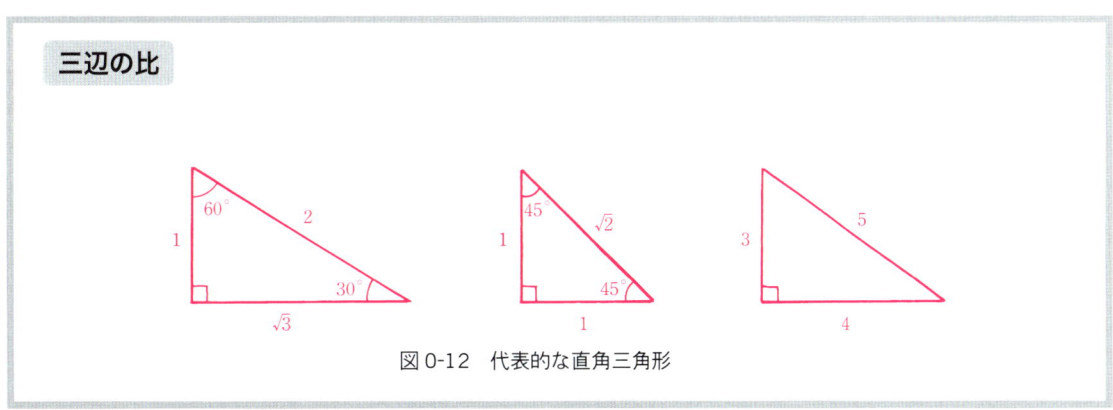

図 0-12　代表的な直角三角形

0・2 力のモーメント

力のモーメントとは、一点をまわす力、身近なものでは、図 0-13 のようにスパナでネジをまわす力が力のモーメントになります。力のモーメントは公式 2 のように力と距離との積によって求めることができます。

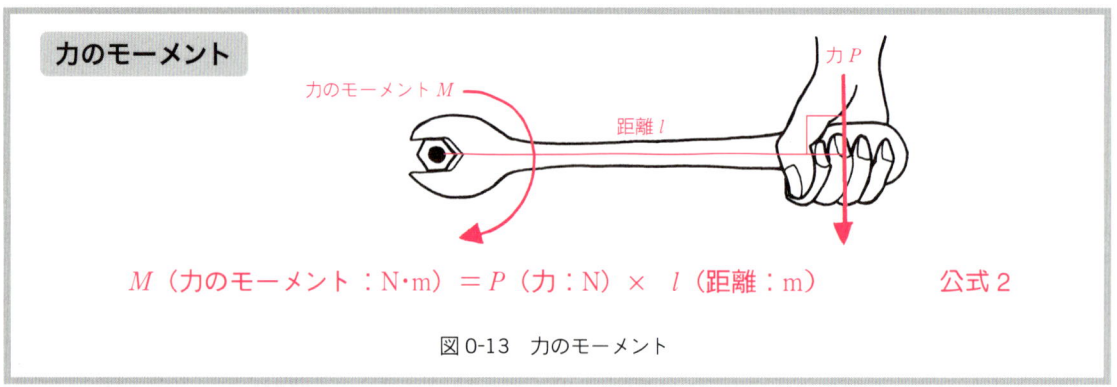

M（力のモーメント：N・m）$= P$（力：N）$\times\ l$（距離：m）　　　公式 2

図 0-13　力のモーメント

1 距離の考え方

力のモーメントでは、距離の判断の仕方に注意が必要です。

図 0-13 に示したように、力のモーメントの距離 l は力の方向に対して直角であることに注意しなくてはなりません。距離の判断は次のように行います。

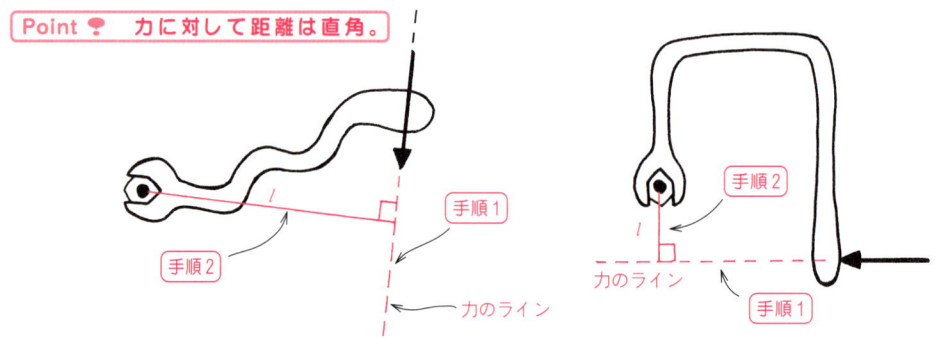

図 0-14　力のモーメントにおける距離の判断

◆距離を求める手順（図 0-14 について）

手順 1　力の矢印に沿って、力のライン（作用線）を描きます。
手順 2　軸の中心から力のラインに垂線を下ろします。
手順 3　垂線の長さを求めます。垂線の長さが距離 l です。

Point　距離 l はスパナの形状には関係しない

2 偶力のモーメント

図0–15のように、大きさが等しく、平行で逆向きの一対の力を**偶力**といいます。ふたつの力間の距離lとすると、力Pと距離lの積でモーメントが生まれます。これを**偶力のモーメント**といいます。

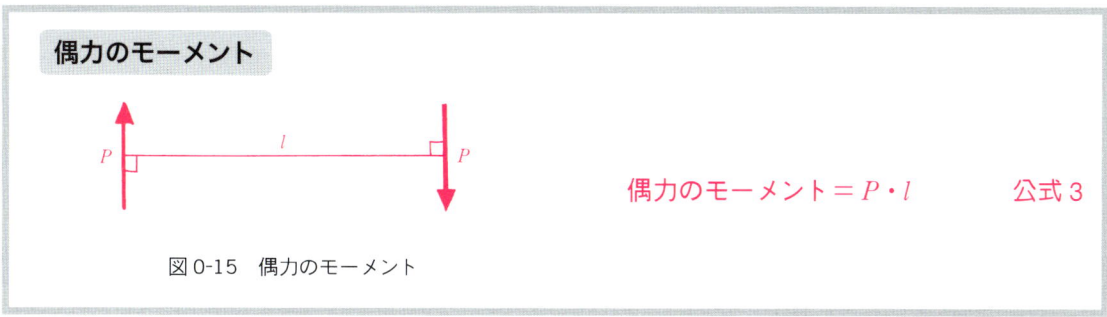

偶力のモーメント＝$P \cdot l$　　　公式3

図0-15　偶力のモーメント

例題0-3　点Aを中心とする力のモーメントM_Aを求めなさい。ただし、時計まわりを＋とします。

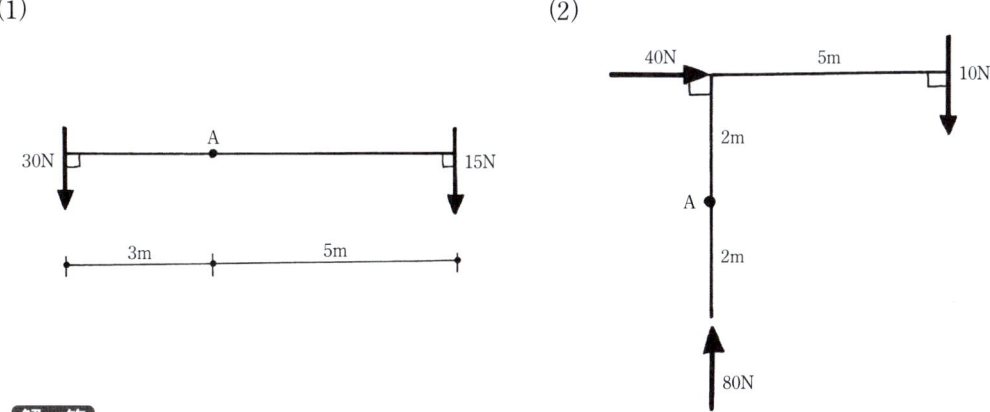

解 答

複数のモーメントは＋方向（時計回り）を定めて足し算します。

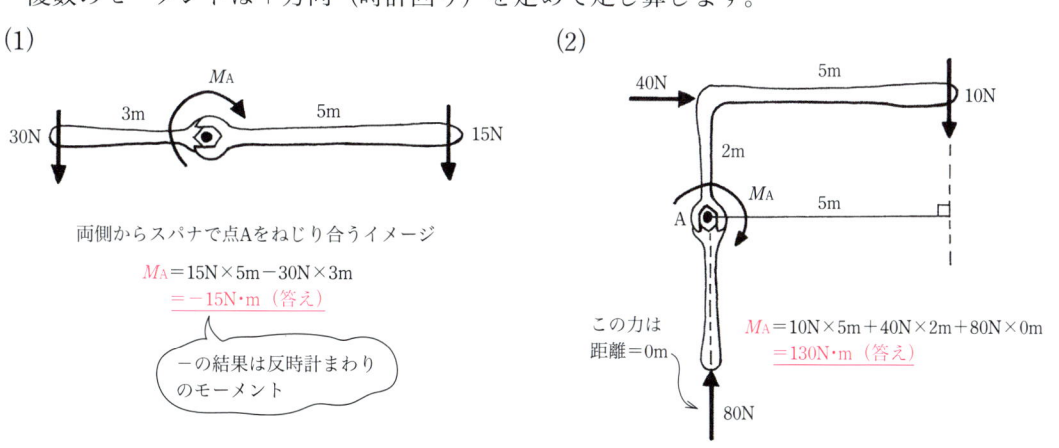

(1) 両側からスパナで点Aをねじり合うイメージ

$M_A = 15N \times 5m - 30N \times 3m$
　　$= -15N \cdot m$（答え）

－の結果は反時計まわりのモーメント

(2) この力は距離＝0m

$M_A = 10N \times 5m + 40N \times 2m + 80N \times 0m$
　　$= 130N \cdot m$（答え）

Point　力のラインが中心を通れば距離0

0・3 分布する力

横たわる部材の重量の表現方法について考えてみましょう。部材は全体的に重量がありますから、一点に集中する力のように1本の矢印で表現することはできません。そこで、分布する力として図0-16のように矢印を並べて表現します。

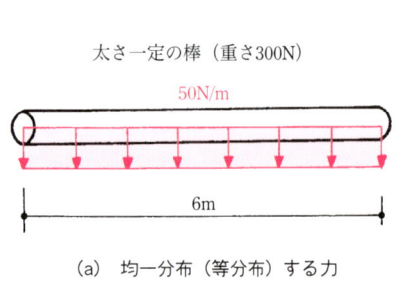
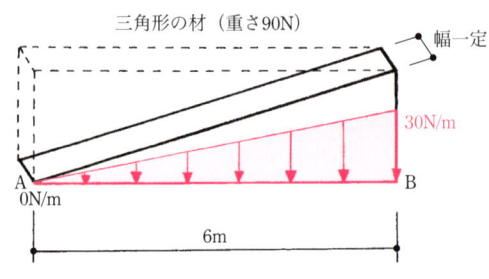

(a) 均一分布（等分布）する力　　(b) 一定の変化（等変分布）を示す力

図0-16 分布する力

分布する力は 1m あたりの力（N）として表現します。図0-16(a)の場合であれば6mで300Nですから 1m あたり 50N となり、50N/m と表現します。

図0-16(b)は三角形材の重さの表現です。材の重さは90N、長さは6mです。点線で描いたところに同じ材を重ねたとすると全体の重さは180Nとなり、長さ6mで除すると30N/m。材の最も厚い点Bの値は 30N/m となります。点Aは厚み0で 0N/m です。

◆分布する力の合力化

分布する力は計算をしやすくするため、合力にする操作をよく行います。分布する力の合力化は平行に並ぶ力の合力化と同様、位置と力の大きさを求めることになります。

合力をまとめる位置は重心の位置です。図0-17のように等分布の場合は棒の中央、等変分布の場合は 0 N/m の位置から 2：1 の点が重心位置になります。

合力の大きさは部材全体の重さになり、分布する力の面積分に相当します。

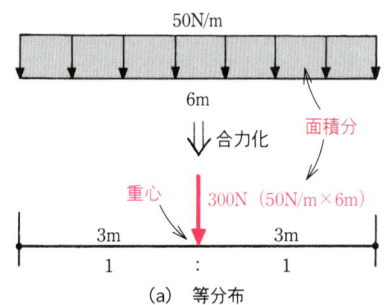
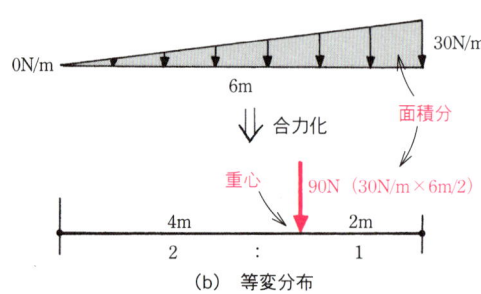

(a) 等分布　　(b) 等変分布

図0-17 分布荷重の合力と合力の位置

例題 0-4

(1) 次の材を分布する力として表現し、それを合力にしなさい。

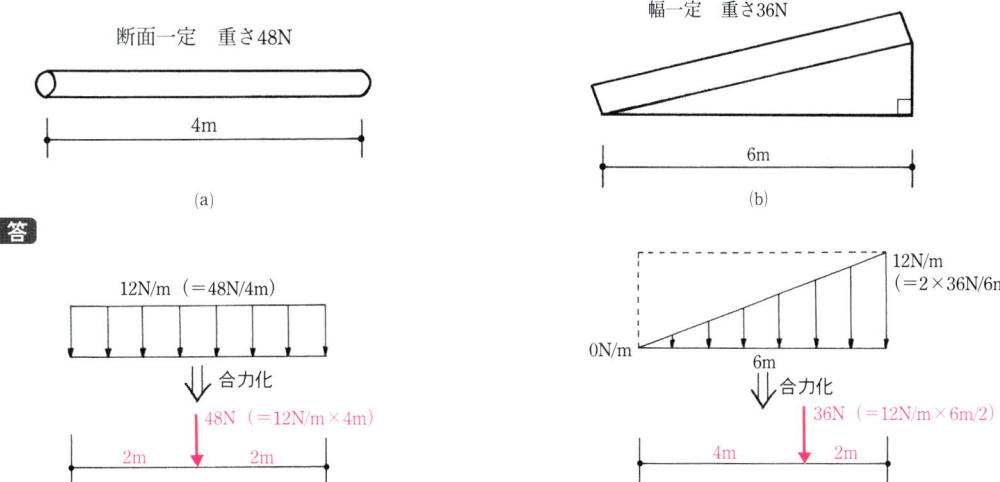

分布する力の合力化（答え）

(2) 上の結果をもとに次の分布する力の合力（合力の大きさ P、点 A からの距離 x）を求めなさい。

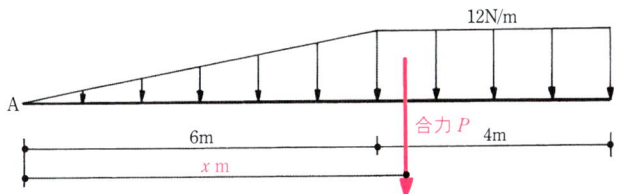

解 答

先の結果より等分布、等変分布、それぞれの部分の合力を求めます。次に平行な力の合力を求めます。

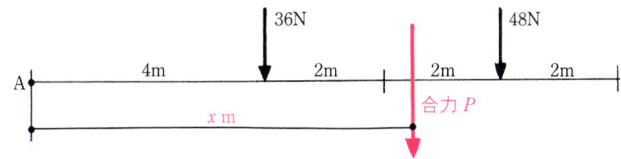

合力の大きさ $P = 36 + 48 = 84\,\text{N}$（下向き）　（答え）

バリニオンの定理により、合力の位置（点 A からの距離 x）を求めます。

合力のモーメント ＝ 分力のモーメントの和

$$P \cdot x = 36 \times 4 + 48 \times 8$$

$$84x = 528$$

$$x ≒ 6.29\,\text{m}　（答え）$$

0・4　力の釣り合い

　図 0–18 のように棒の両端を左右に同じ力で引張るとき、どちらにも動かない状態ができることを私たちは知っています。このように、力がかかっているのに動かない状態を力が釣り合っているといいます。

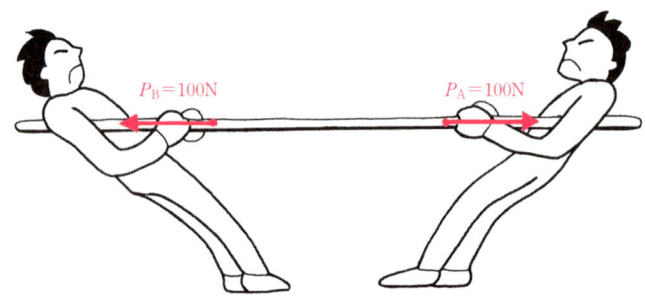

図 0-18　力の釣り合い

　図 0–18 において右に引く力 P_A と左に引く力 P_B を足し合わせてみます（右向きを＋方向として水平方向の力の和（ΣX）を計算します）。

$$\Sigma X = P_A + (-P_B) = 100 + (-100) = 0 \qquad 式 0\text{-}2$$

となります。このように力が釣り合っているとき、力の和は 0 になるのです。逆に力の和が 0 になるとき、力は釣り合っているということもできます（図 0–19）。

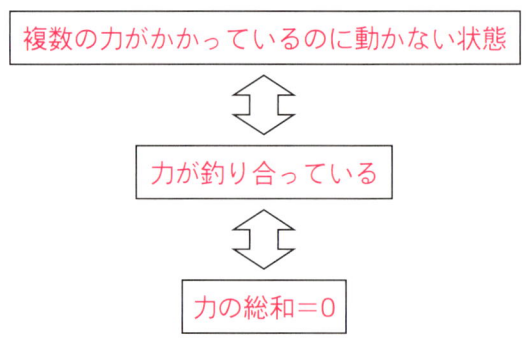

図 0-19　力の釣り合いの概念

次に図0-20のような天秤棒の場合を考えてみましょう。天秤棒の左右に同じ重さの荷物を吊るし中央をかつげば、天秤棒は水平を保ち動かない状態になります。これもまた力の釣り合い状態です。

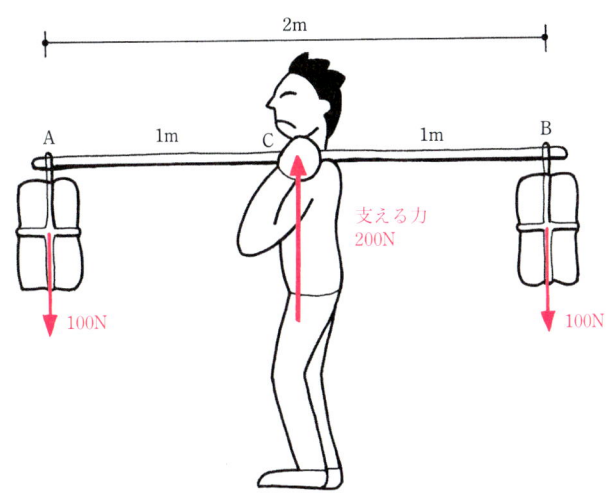

図0-20　天秤棒における力の釣り合い

図0-20の天秤棒における、力の釣り合いを力の和から検証してみましょう。

◆鉛直方向の力の和（ΣY）について（上向きを＋方向として）

$\Sigma Y = (-100) + (-100) + 200 \quad = 0$ 　　　　　　　　　　　式0-3

◆力のモーメントの和（ΣM）について（時計まわりを＋方向として）

(1) 点Cを中心とする場合

$\Sigma M_C = -100 \times 1 + 200 \times 0 + 100 \times 1 \quad = 0$ 　　　　　式0-4(a)

(2) 点Aを中心とする場合

$\Sigma M_A = 100 \times 0 - 200 \times 1 + 100 \times 2 \quad = 0$ 　　　　　式0-4(b)

このように点Cを中心としても、点Aを中心としても、力のモーメントの総和は0になるのです。そのほかのどの点を中心にしても、力のモーメントの総和は0になります。

以上より、力の釣り合い条件をまとめると次のようになります。

力の釣り合い条件

$\Sigma X = 0$：水平方向の力の総和が0

$\Sigma Y = 0$：鉛直方向の力の総和が0

$\Sigma M = 0$：力のモーメントの総和が0（どの点を中心としても成り立つ）

この3つの式をすべて満足するとき力は釣り合うのです。

例題 0-5

(1) 図のような平行に並ぶ4つの力が釣り合うとき、力 P_A、P_B を求めなさい。

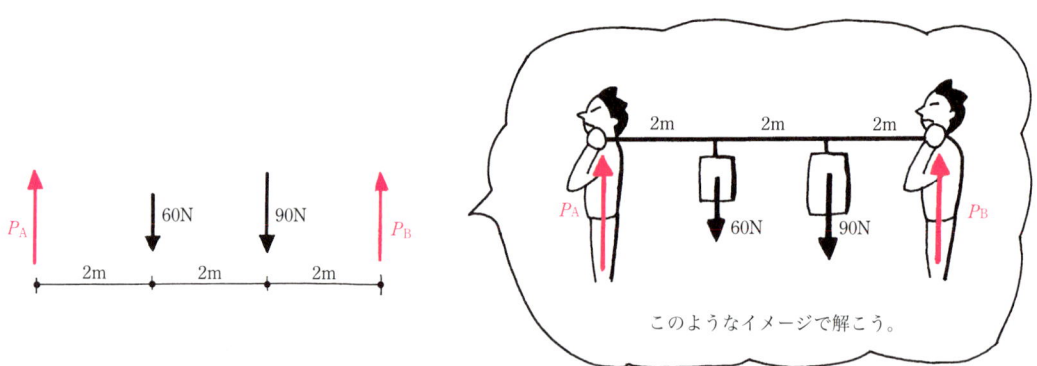

(2) 図の力 P_1、P_2、P_3、P_4 が釣り合っているとき、P_1、P_2、P_3 を求めなさい。

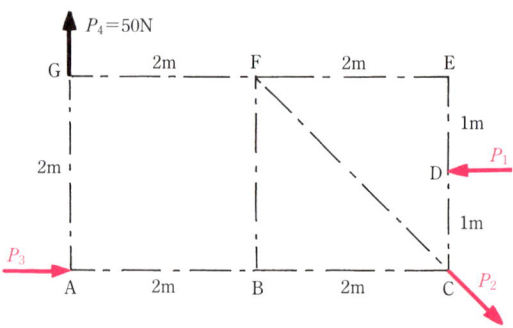

解答

(1) $\Sigma X = 0$: 水平方向力はなし
   $\Sigma Y = 0$: $P_A + P_B - 60 - 90 = 0$ $\Rightarrow$ $P_A + P_A = 150$ …式 i
   $\Sigma M_A = 0$: $P_A \cdot 0 + 60 \times 2 + 90 \times 4 - P_B \cdot 6 = 0$ $\Rightarrow$ $\underline{P_B = 80\text{N}}$(答え)
   $P_B = 80\text{N}$ を式 i に代入して $\Rightarrow$ $\underline{P_A = 70\text{N}}$(答え)

(2) P_2 は水平方向および鉛直方向に分解します。

   $\Sigma X = 0$: $-P_1 + \dfrac{P_2}{\sqrt{2}} + P_3 = 0$ …式 ii

   $\Sigma Y = 0$: $50 - \dfrac{P_2}{\sqrt{2}} = 0$ $\Rightarrow$ $\underline{P_2 = 50\sqrt{2}\text{N}}$(答え)

   $\Sigma M_C = 0$: $-P_1 \times 1 + 50 \times 4 = 0$ $\Rightarrow$ $\underline{P_1 = 200\text{N}}$(答え)

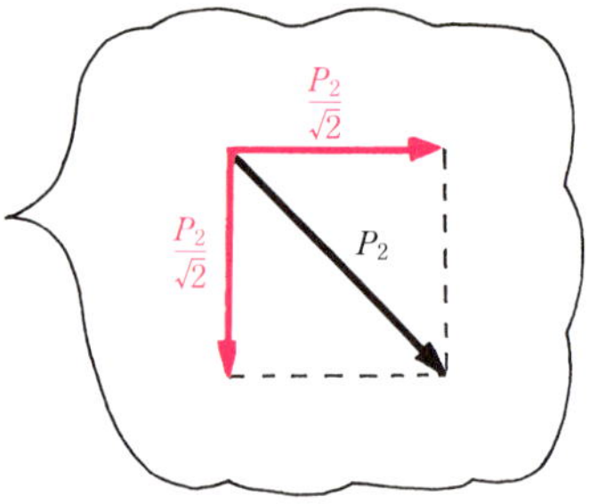

   式 ii に P_1、P_2 の値を代入して
   $-200 + \dfrac{50\sqrt{2}}{\sqrt{2}} + P_3 = 0$ $\Rightarrow$ $\underline{P_3 = 150\text{N}}$(答え)

練習問題

問題 0-1 斜めの力を水平方向、鉛直方向に分解しなさい。

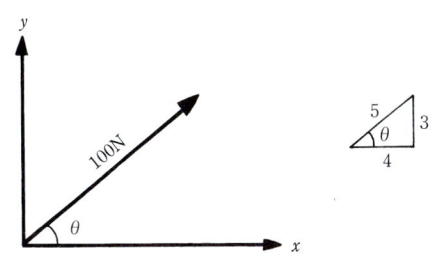

問題 0-2 点 A を中心とする力のモーメント M_A を求めなさい。ただし時計まわりを＋とする。

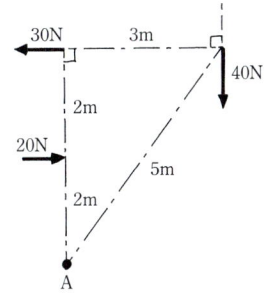

問題 0-3 平行に並ぶ力の合力（合力の大きさ P、点 A からの距離 x）を求めなさい。

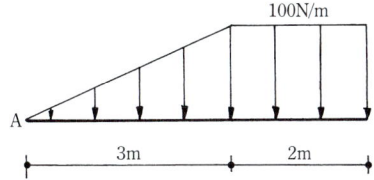

問題 0-4 次の 4 つの力が釣り合っているとき、P_1、P_2、P_3 を求めなさい。

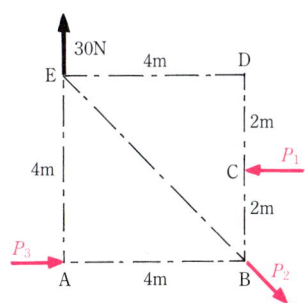

1章

反　力

1・1　構造物の分類と表現

1　構造物の分類

まず、構造物を分類し、本書で扱う構造物を概観してみます。

構造物は表1-1のように**安定構造**、**不安定構造**に分類させます。また、安定構造はさらに**静定構造**と**不静定構造**に分類されます。

表1-1　構造物の分類

分類	代表的な構造物	特徴
安定構造（静定構造）		力の釣り合い式のみで解ける。本章で解説
安定構造（不静定構造）		力の釣り合い式だけでは解けず、**変形条件**も利用して解く。8章、10章、11章で解説
不安定構造	移動する／崩壊する	力をかけると、移動したり、あるいは崩壊する構造物

1〜4章では**静定構造**の解き方について解説をします。静定構造は序章で解説した力の釣り合いによって解くことのできる構造物です。**不静定構造**は力の釣り合いだけでは解けず、部材の変形も利用しながら解く構造物で、8〜11章で解説します。

22

2 構造物のモデル化

構造部材には太さがありますが、構造力学では部材を1本線で表現します（図1-1）。

部材の接合部分には**剛接合**と**ピン接合**があります。**剛接合**は、部材が変形しても接合部の角度は変化しないのが特徴です。**ピン接合（ヒンジ）** は身近なものでたとえるとちょうつがいのような役割を果たすもので、自由に角度を変えることができます。

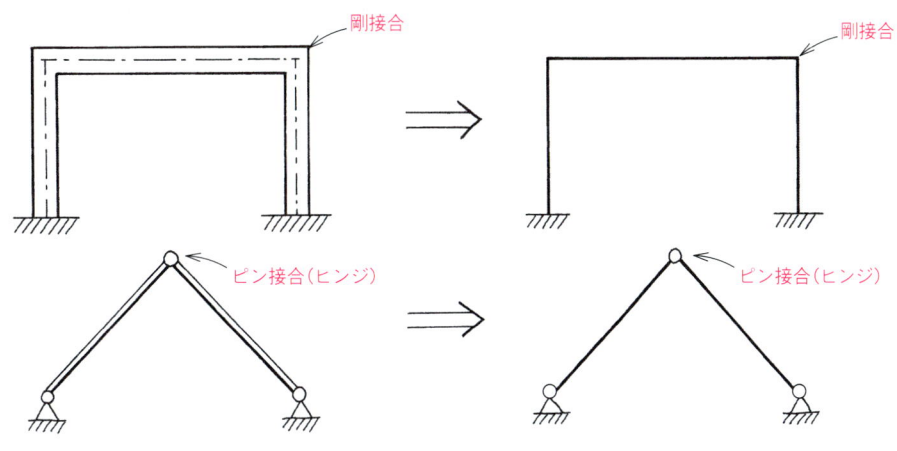

図1-1　力学モデル

構造物を支える足元を**支点**といいます。支点には表1-2の3種類があります。これらの支点によって構造物は支えられています。支点が構造物を支える力のことを**反力**と呼びます。

表1-2　構造物の支点と反力

支点の名称	概略図	図示法と反力	特　徴
ローラー	ヒンジ／ころがる	V	・支持台に対して平行に移動できる ・頭にはヒンジが付いていて回転も自由 ・支持台に対して垂直1方向の力だけを支える
ピ　ン	ヒンジ	H, V	・鉛直、水平両方向とも移動しない ・頭にはヒンジが付いていて回転は自由 ・鉛直・水平2方向の力を支える
固　定		M, H, V	・鉛直、水平両方向にも移動しない ・回転も拘束されている ・鉛直・水平・回転3方向の力を支える

1・2 単純梁の反力

静定構造を解くために、まず着手するのが反力の計算です。基本的な構造物を紹介しながら反力の算定法を解説していきます。

図1-2のように梁の両端をピンとローラーによって支えてみます。これを**単純梁**といいます。図では一点に集中する力（**集中荷重**）がかかっています。

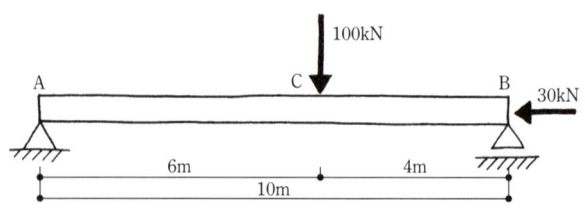

図1-2　単純梁

1 集中荷重を受ける単純梁

集中荷重を受ける場合の反力の求め方を、次の手順にそって示してみましょう。

手順1　すべての反力を描き込み、名前をつけます（図1-3）。反力の名前は水平方向のものを H (Horizontal reaction)、鉛直方向のものを V (Vertical reaction) とし、右下に点の記号（A、B）を添えます。

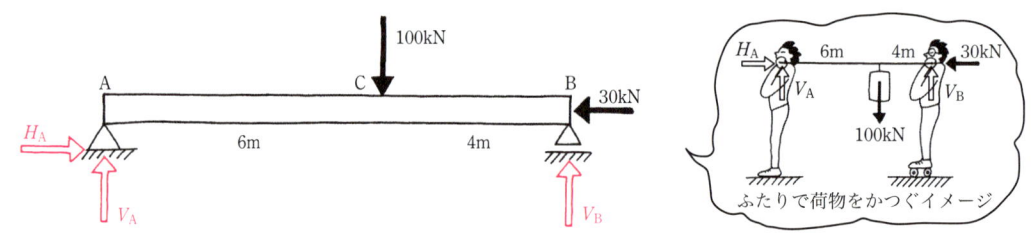

図1-3　反力を描き込む

手順2　図1-3のように単純梁には、5つの力がかかっていますが動きません。これは序章で示した**力の釣り合い**状態です。したがって、力の釣り合い式を適用することができます。

力の釣り合い式（$\Sigma X = 0$、$\Sigma Y = 0$、$\Sigma M = 0$ の3式）をたてます。

$\Sigma X = 0$:　$H_A - 30 = 0$　　　　　　　　　　　　　　式1-1(a)

$\Sigma Y = 0$:　$V_A + V_B - 100 = 0$　　　　　　　　　式1-1(b)

$\Sigma M_A = 0$:　$100 \times 6 - V_B \cdot 10 = 0$　　　　　　式1-1(c)

Point　$\Sigma M = 0$ は支点中心で立てるとよい

モーメントの釣り合い式（$\Sigma M = 0$）は支点を中心に選ぶと計算が容易になります。なぜなら、中心に選んだ支点の反力が釣り合い式から排除され、もうひとつの支点の反力を求めることができるからです。式 1–1(c) では支点 A を中心にしています。

手順3 力の釣り合い式を解いて V_A、V_B、H_A を求めます。

$V_A = 40\text{kN}$　　$V_B = 60\text{ kN}$　　$H_A = 30\text{kN}$

結果を図 1–4 に示します。

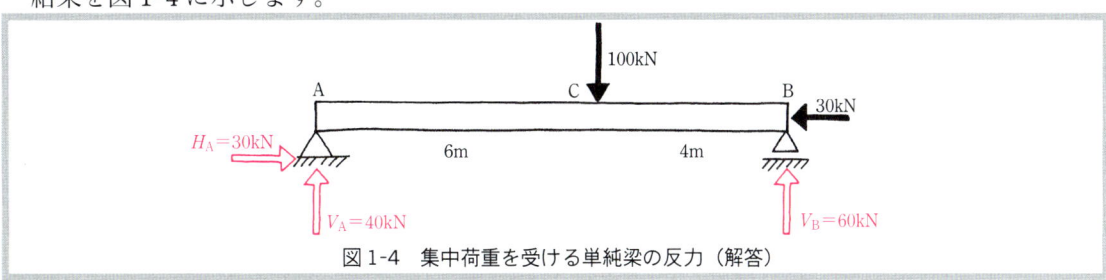

図 1–4　集中荷重を受ける単純梁の反力（解答）

2　分布荷重を受ける単純梁

図 1–5 のように、荷重としての分布する力は**分布荷重**と呼ばれます。図 1–5 について、反力を求めてみましょう。

手順1 すべての反力を矢印で描き込み、名前をつけます。

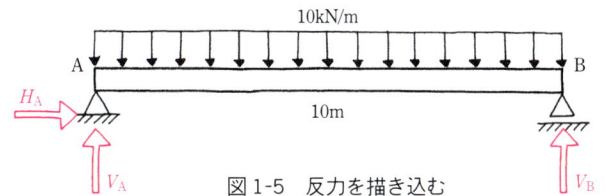

図 1–5　反力を描き込む

手順2 図 1–6 のように、分布荷重を合力化（p16 参照）し、梁にかけます。

分布荷重を合力にしても反力は変わりません。したがって、計算のしやすい集中荷重にするのです。

> **Point**　分布荷重の反力＝分布荷重の合力の反力

手順3 力の釣り合い式（$\Sigma X = 0$、$\Sigma Y = 0$、$\Sigma M = 0$ の 3 式）をたてます。

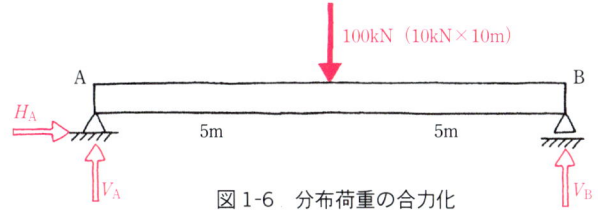

図 1–6　分布荷重の合力化

$\Sigma X = 0 :\quad H_A = 0$　　　　　　　　　　　　式 1-2(a)

$\Sigma Y = 0 :\quad V_A + V_B - 100 = 0$　　　　　　式 1-2(b)

$\Sigma M_A = 0 :\quad 100 \times 5 - V_B \cdot 10 = 0$　　　　式 1-2(c)

手順4 力の釣り合い式を解いて V_A、V_B、H_A を求めます。

$V_A = 50\text{kN}$　　$V_B = 50\text{ kN}$　　$H_A = 0\text{kN}$

結果を図1-7に示します。

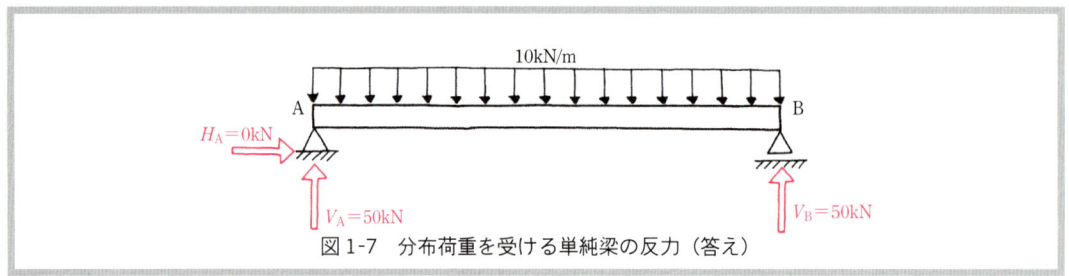

図1-7 分布荷重を受ける単純梁の反力（答え）

3 モーメント荷重を受ける単純梁

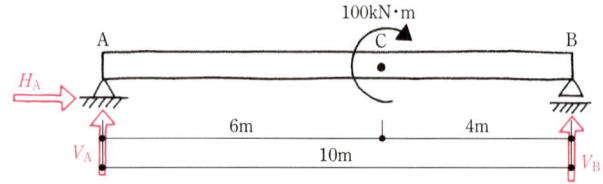

図1-8 モーメント荷重が作用する単純梁の反力

手順1 すべての反力を矢印で描き込み、名前をつけます（図1-8）。

手順2 力の釣り合い式（$\Sigma X = 0$、$\Sigma Y = 0$、$\Sigma M = 0$ の3式）をたてます。

$\Sigma X = 0 : \quad H_A = 0$ 　　　　　　　　　　　　　　　式 1-3（a）

$\Sigma Y = 0 : \quad V_A + V_B = 0$ 　　　　　　　　　　　　式 1-3（b）

$\Sigma M_A = 0 : \quad 100 - V_B \cdot 10 = 0$ 　　　　　　　式 1-3（c）

Point 　$\Sigma M = 0$ でモーメント荷重は距離を乗じることなく、そのまま入れる。

手順3 力の釣り合い式を解いて V_A、V_B、H_A を求めます。

$V_A = -10 \text{ kN} \qquad V_B = 10 \text{ kN} \qquad H_A = 0 \text{ kN}$

図1-9に結果を示します。

点Aの反力 V_A は－の数値で出ました。これは設定した力の方向（今回は上向き）とは逆方向の反力であったことを示しています。

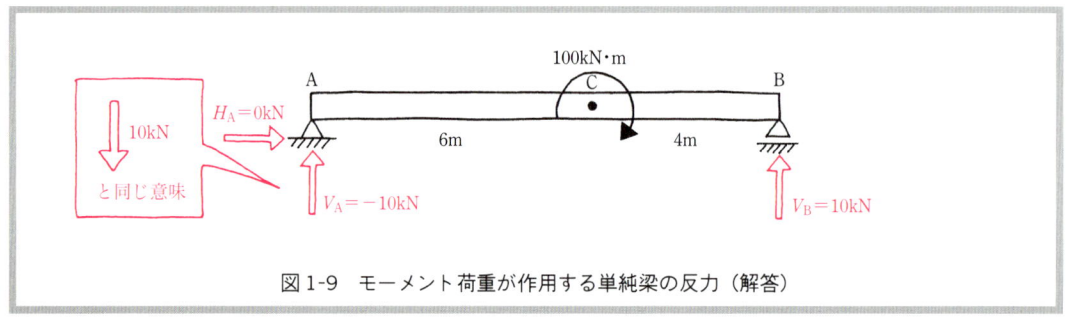

図1-9 モーメント荷重が作用する単純梁の反力（解答）

1・3　片持ち梁の反力

　片持ち梁とは一端を固定支点とし、その固定支点のみで梁を支える構造体です。壁から突出した庇やベランダなどを思い浮かべればよいでしょう。
　図1-10の片持ち梁の反力を求めてみましょう。

手順1　すべての反力を矢印で描き込みます（図1-10）。固定支点の反力モーメントを RM とします。

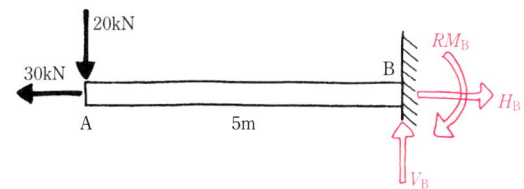

図1-10　集中荷重を受ける片持梁と反力

手順2　力の釣り合い式（$\Sigma X = 0$、$\Sigma Y = 0$、$\Sigma M = 0$ の3式）をたてます。

$\Sigma X = 0:\quad H_B - 30 = 0$ 　　　　　　　　　　　　式1-4(a)

$\Sigma Y = 0:\quad V_B - 20 = 0$ 　　　　　　　　　　　　式1-4(b)

$\Sigma M_B = 0:\quad RM_B - 20 \times 5 = 0$ 　　　　　　　　式1-4(c)

Point　$\Sigma M = 0$ は固定支点を中心に立てると計算が楽。

　モーメントの釣り合い式をたてるとき、固定支点を中心としてたてます（$\Sigma M_B = 0$）。なぜなら、固定支点の反力 H_B、V_B を式から排除し、RM_B だけの式を得ることができるからです。またそのとき、反力モーメント（RM_B）は距離を乗じることなく、そのまま式へ入れるところに注意をしてください。

手順3　力の釣り合い式を解いて H_B、V_B、RM_B を求めます。

　　$H_B = 30\text{kN}$　　$V_B = 20\text{kN}$　　$RM_B = 100\text{kN·m}$

結果を図1-11に示します。

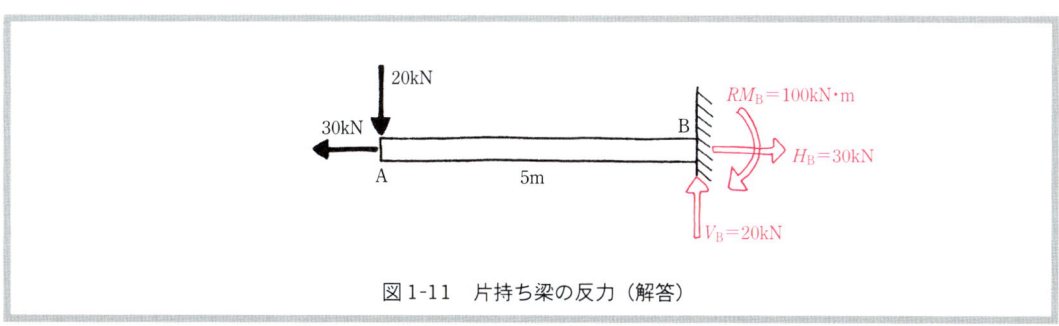

図1-11　片持ち梁の反力（解答）

1・4 ラーメンの反力

　ラーメンとは鉛直方向の部材(柱)と水平方向の部材(梁)によって構成される構造体です。両端をピン、ローラーによって支えられるものを特に**単純ラーメン**と呼びます。

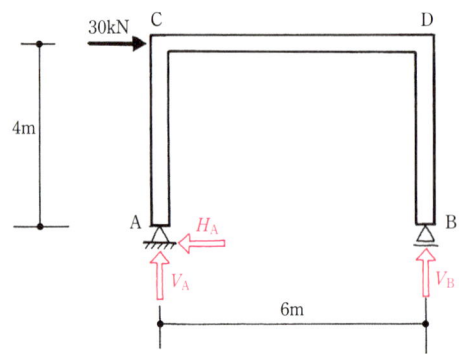

図1-12　水平方向の力を受ける単純ラーメンと反力

手順1　反力を矢印で描き、名前を付けます（図1-12）。

手順2　力の釣り合い式（$\Sigma X = 0$、$\Sigma Y = 0$、$\Sigma M = 0$ の3式）をたてます。

$\Sigma X = 0$:　　$30 - H_A = 0$　　　　　　　　　　　　　　　　式 1-5(a)

$\Sigma Y = 0$:　　$V_A + V_B = 0$　　　　　　　　　　　　　　　式 1-5(b)

$\Sigma M_A = 0$:　　$30 \times 4 - V_B \cdot 6 = 0$　　　　　　　　　　　式 1-5(c)

手順3　釣り合い式を解いて V_A、V_B、H_A を求めます。

　　　　$V_A = -20\text{kN}$　　$V_B = 20\text{kN}$　　　$H_A = 30\text{kN}$

結果を図1-13に示します。

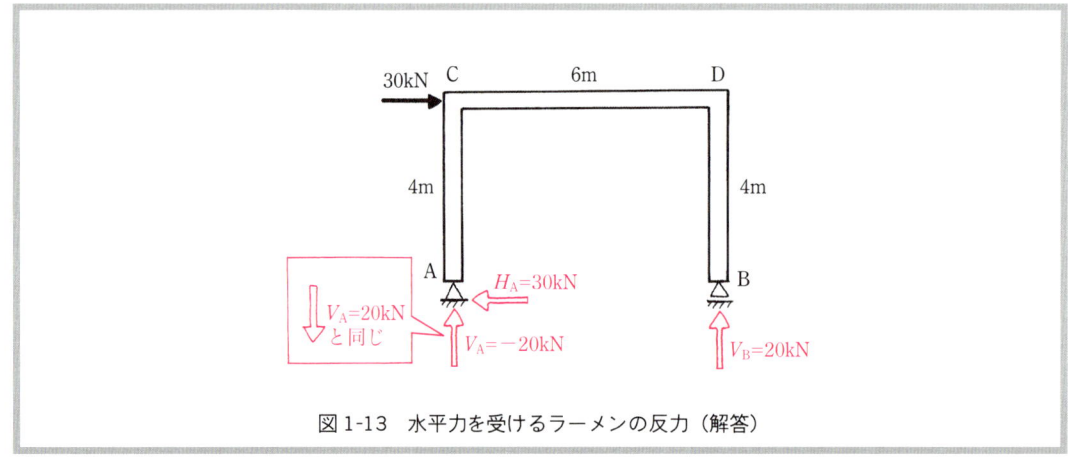

図1-13　水平力を受けるラーメンの反力（解答）

練習問題

問題 1-1 次の梁の反力を求めなさい。

(1)

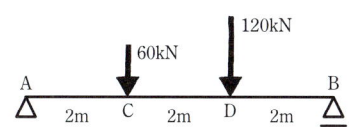

(2)

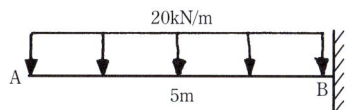

(3)

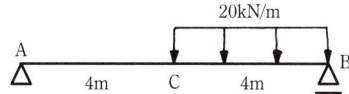

(4)

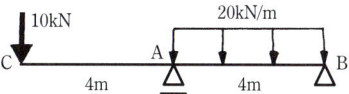

問題 1-2 次のラーメンの反力を求めなさい。

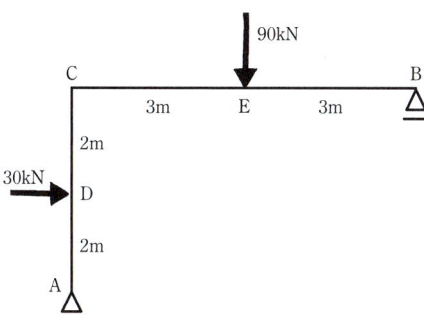

ヒント：柱長の異なる単純ラーメンは反力が2つあるピン支点を中心としてモーメントの釣り合い式$\Sigma M_A = 0$をたてるとローラー支点の反力のみの式が得られます。

Point $\Sigma M = 0$ は反力の多い支点でたてるとよい。

2章
部材に生じる力
（応力）

2・1 応力の種類

次に部材の中に生じる力（以下応力と称する）の求め方に進みます。

部材に力を加えると図2-1のように部材は変形します。変形しているということは、部材の中にその変形を生じさせる力が発生していることを意味します。

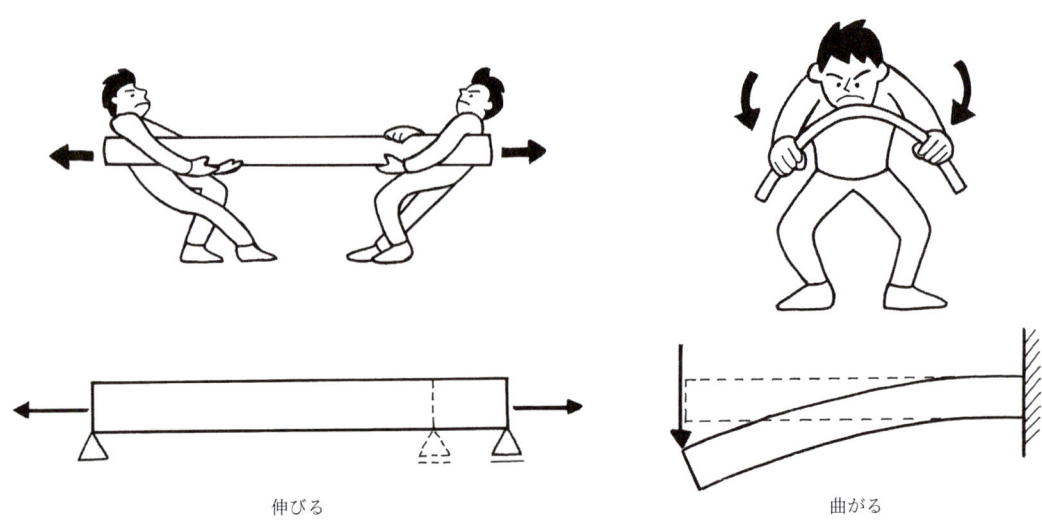

伸びる　　　　　　　　　　　曲がる

図 2-1　力を受ける部材と変形

応力には曲げモーメント、せん断力、軸方向力の3種類があります。それぞれの力がどのようなものであるかをまず解説していきます。

> **曲げモーメント　M**
>
> 単純梁に集中荷重をかけてみましょう。梁は図のように弓なりに変形します。
>
>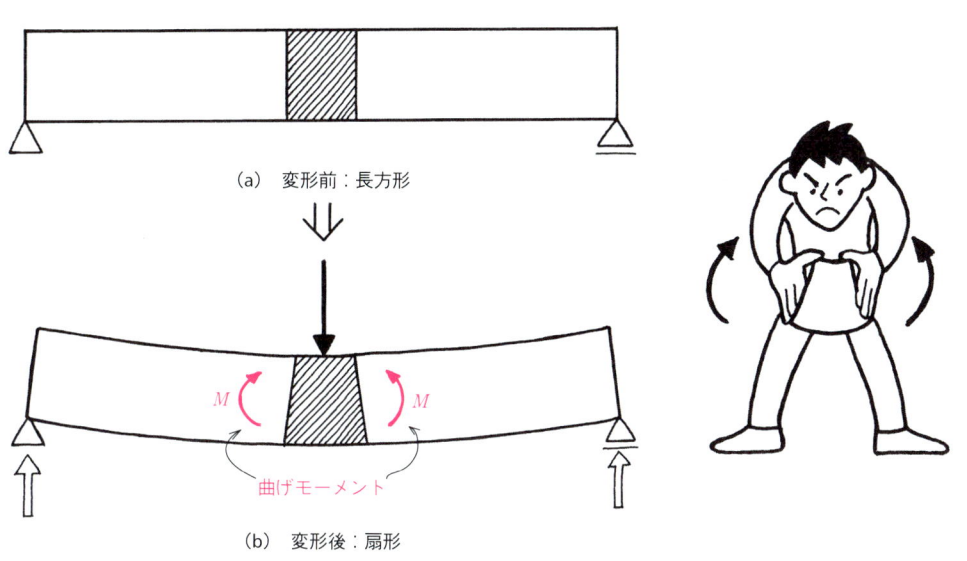
>
> (a)　変形前：長方形
>
> (b)　変形後：扇形
>
> 図2-2　曲がる単純梁
>
> 図2-2で部材の一部を(a)変形前と(b)変形後で比較すると、長方形が扇形に変形していることがわかります。長方形を扇形に変形させるためには、両側からモーメントをかけなくてはなりません。このように部材の中に生じる左右一対のモーメントを曲げモーメント（記号：M　単位：kN・m）といいます。符号は、図2-3のように下側に伸びを生じさせる曲げモーメントを＋、上側に伸びを生じさせる曲げモーメントを－とします。
>
>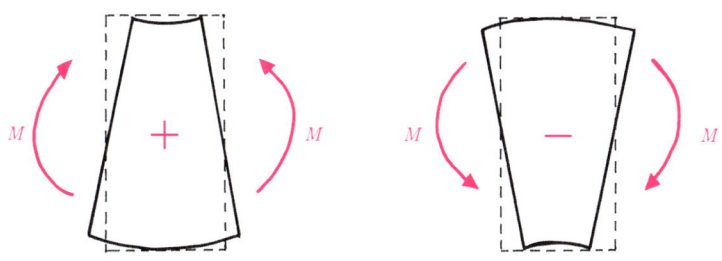
>
> 図2-3　曲げモーメントと符号

せん断力 Q

集中荷重を受ける単純梁は図2-2のように柔らかく曲がりますが、曲げの変形に隠れひそむ変形があります。図2-4にその変形を強調して描いてみます。

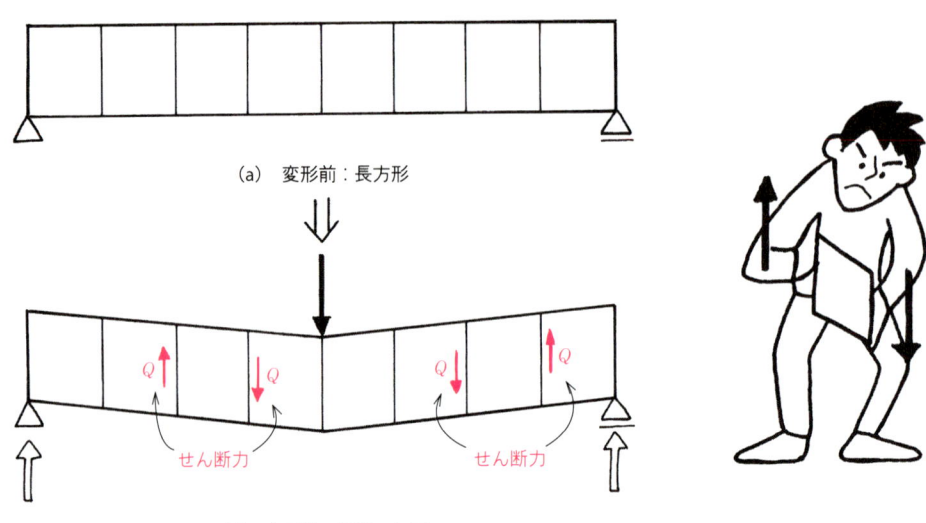

図2-4　平行四辺形に変形する梁

　部材の一部を取り出して変形を調べてみると、長方形が平行四辺形に変形していることがわかります。平行四辺形に変形させるためには、梁に対して直角方向の力を左右逆向きにかけなくてはなりません。このような、梁に対して直角方向の一対の力を**せん断力**（記号：Q　単位：kN）といいます。符号は図2-5のように、左上がり右下がりの変形を起こすせん断力を＋、右上がり左下がりの変形が起こすせん断力を－とします。

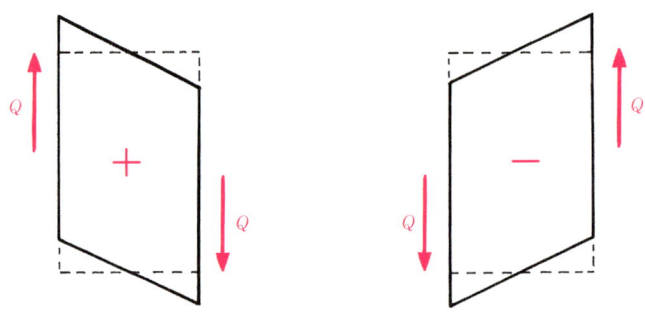

図2-5　せん断力と符号

軸方向力　*N*

図2-6のように部材を引張ってみます。部材は伸び、部分的に見ても伸びていることがわかります。

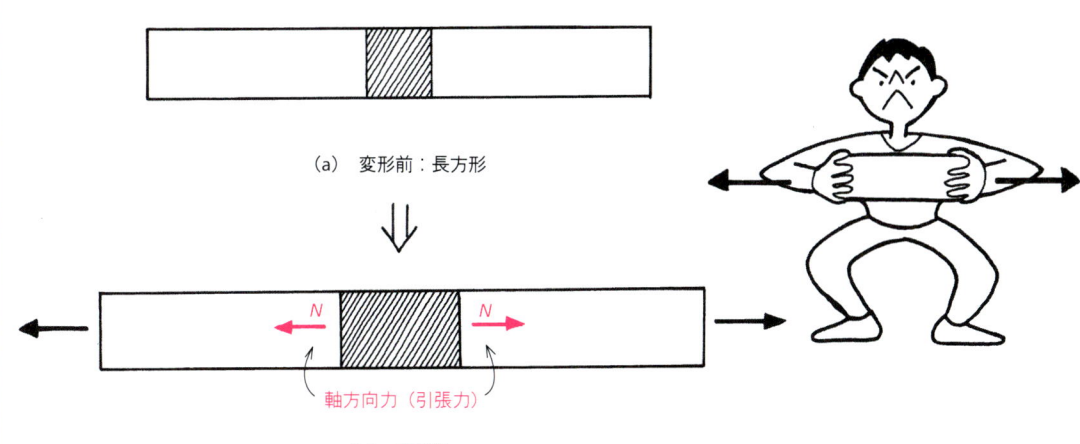

(a) 変形前：長方形

(b) 変形後

図 2-6　伸びる部材

伸びるということは図2-6(b)のように梁の中にも一対の引張る力が発生していることを意味します。これを**軸方向力（記号：N　単位：kN）**といいます。軸方向力には**引張力**のほか**圧縮力**があります。図2-7のように、符号は引張力を＋、圧縮力を－とします。

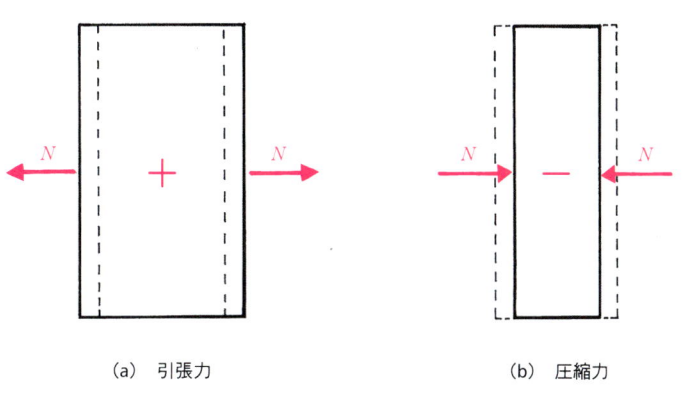

(a) 引張力　　　　(b) 圧縮力

図 2-7　軸方向力と符号

2・2 応力の計算法

1 単純梁　集中荷重の場合

応力の求め方を、図 2-8 のように集中荷重を受ける単純梁について手順を追って解説します。

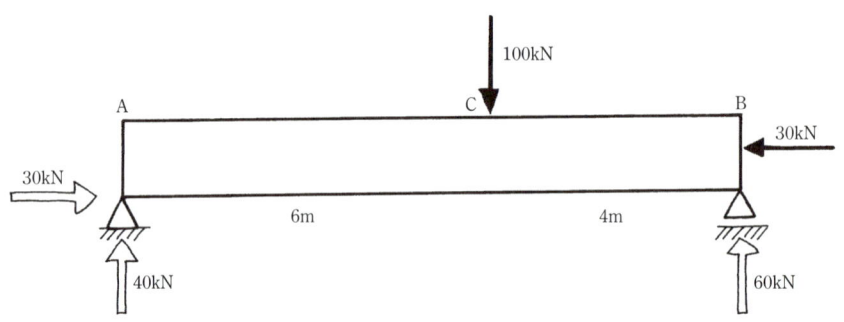

図 2-8　集中荷重を受ける単純梁

手順1　まず反力を求め、図中に書き込みます（解き方については p24 を参照）。

手順2　反力、集中荷重間の任意の位置（点 A から xm とする）で梁を切断します。切断面には応力（**曲げモーメント M、せん断力 Q、軸方向力 N**）が存在します。切断面に M、Q、N の矢印で描きます。

A-C 間、B-C 間の 2 ヵ所について考えれば、梁全体の応力分布状況が得られます。

（1）A-C 間について

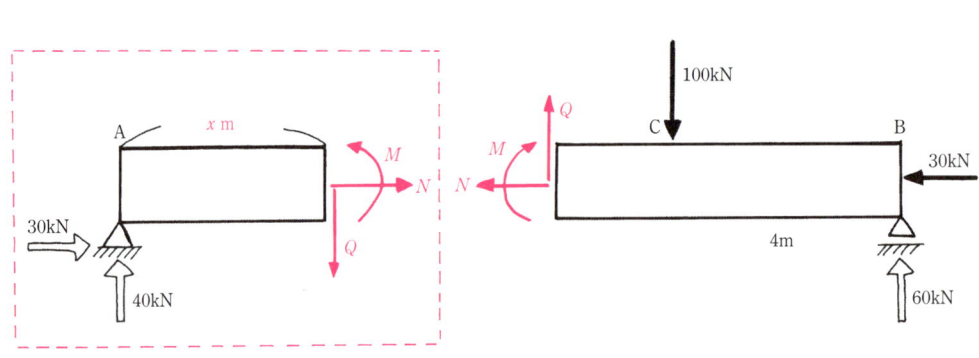

図 2-9　A-C 間　応力の矢印を設定する

応力の矢印の設定方向について

切断面での M、Q、N の矢印は、図 2-10 のようにすべて+の変形が得られる向きに設定します。矢印は切断した左右で逆になることに注意してください。

> **Point** M、Q、N の矢印の設定は+方向に

曲げモーメント M の矢印設定方向（下側が広がる扇形）

せん断力 Q の矢印設定方向（左上がり右下がりの平行四辺形）

軸方向力 N の矢印設定方向（部材を引張る力）

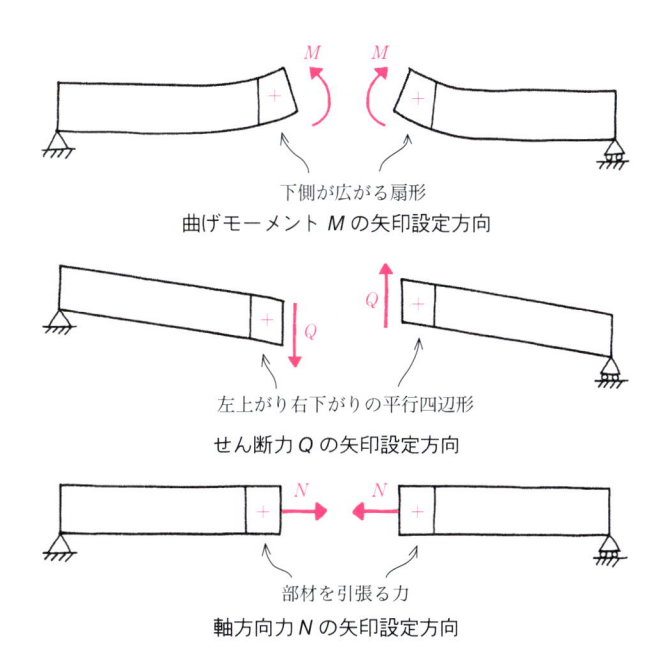

図 2-10　M、Q、N の矢印設定方向について

切断した片側（図 2-9 の点線で囲まれた部分）だけで力の釣り合い式をたてます。

$\Sigma X = 0$：　$30 + N = 0$　　　　　　　　　　　　　式 2-1(a)

$\Sigma Y = 0$：　$40 - Q = 0$　　　　　　　　　　　　　式 2-1(b)

$\Sigma M = 0$：　$40x - M = 0$　　（0m ≦ x ≦ 6m）　　式 2-1(c)

> **Point** 力のモーメントの釣り合い式 $\Sigma M = 0$ は切断位置を中心として立てる

力の釣り合い式を解いて応力を求めます。

◆ A-C 間の応力

$$\begin{cases} N = -30 \text{ kN} \\ Q = 40 \text{ kN} \\ M = 40x \text{ kN·m} \quad (0\text{m} \leqq x \leqq 6\text{m}) \end{cases}$$

(2) B-C 間について

梁の任意の位置（点 B から xm とする）で切断し、応力（M、Q、N）の矢印を描きます。

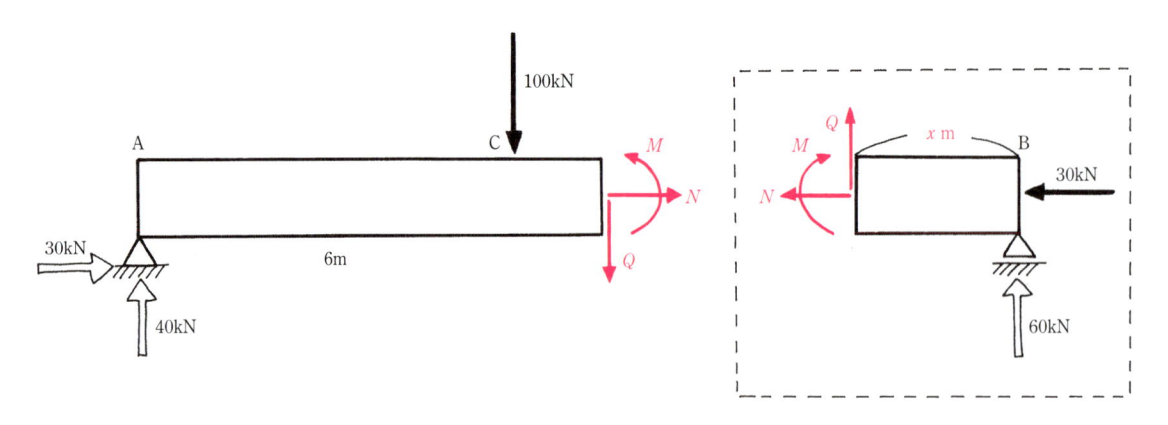

図 2-11　C-B 間　応力の矢印を設定する

ここでは切断した右側を使って計算してみます。

Point 切断した右左、どちらを使っても最終結果は同じになる

切断した右側（図 2-11 の点線で囲まれた部分）だけで力の釣り合い式をたてます。

$\Sigma X = 0：\quad -30 - N = 0$ 　　　　　　　　　　　　　式 2-2(a)

$\Sigma Y = 0：\quad Q + 60 = 0$ 　　　　　　　　　　　　　式 2-2(b)

$\Sigma M = 0：\quad M - 60x = 0 \quad$ (0m ≦ x ≦ 4m) 　　式 2-2(c)

力の釣り合い式を解いて応力を求めます。

◆ B-C 間の応力

$$\begin{cases} N = -30 \text{ kN} \\ Q = -60 \text{ kN} \\ M = 60x \text{ kN·m} \quad (0\text{m} \leqq x \leqq 4\text{m}) \end{cases}$$

応力の分布図（応力図）の描き方

関数として求めた応力をグラフとして表現してみます。それぞれの分布図の描き方には次のようなルールがあります。

◆**軸方向力の分布図（軸方向力図）の描き方**

・軸に対して上側を＋、下側を－としてグラフを描きます。
・符号（＋，－）を必ず付けます（＋の値なら引張力、－の値なら圧縮力を表します）。

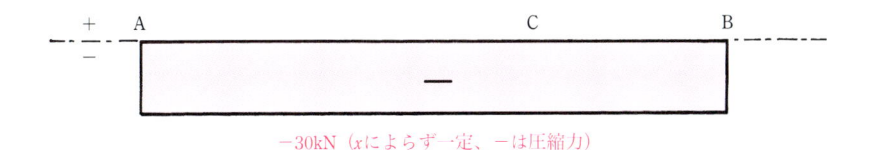

−30kN（xによらず一定、−は圧縮力）

図2-12(a)　軸方向力図

◆**せん断力の分布図（せん断力図）の描き方**

・軸に対して上側を＋、下側を－としてグラフを描きます。
・符号（＋，－）を必ず付けます。

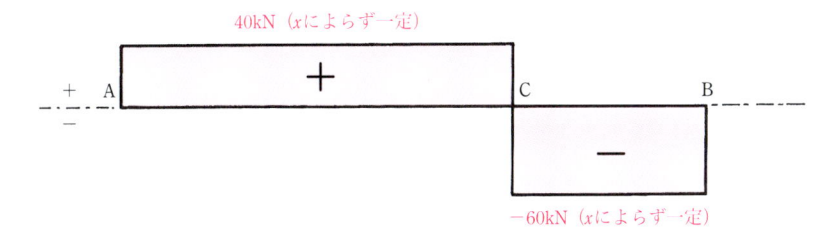

40kN（xによらず一定）

−60kN（xによらず一定）

図2-12(b)　せん断力図

◆**曲げモーメントの分布図（曲げモーメント図）の描き方**

・扇形変形の伸びる側にグラフを出します。軸に対して下側を＋、上側を－としてグラフを描けば、伸びる側に描けます。
・グラフ中に書き込む数値には符号（＋，－）は不要です。曲げモーメント図はグラフの出る方向が重要なのです。

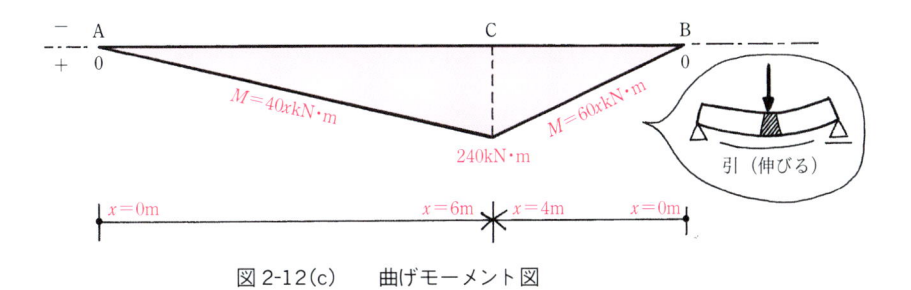

$M=40x$kN·m　　$M=60x$kN·m

240kN·m

引（伸びる）

$x=0$m　　$x=6$m　$x=4$m　　$x=0$m

図2-12(c)　曲げモーメント図

2 単純梁　分布荷重の場合

図2-13のような分布荷重を受ける単純梁の応力を求めてみましょう。

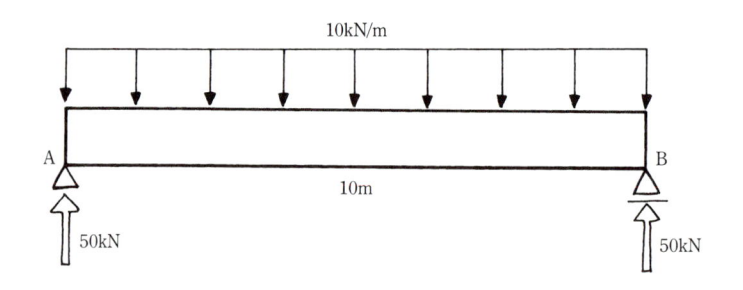

図2-13　分布荷重を受ける単純梁

手順1 反力を求め、図中に書き込みます（解き方はp25を参照）。

手順2 梁を任意の位置（点Aから x mとする）で切断し、切断面に M、Q、N の矢印で描きます。

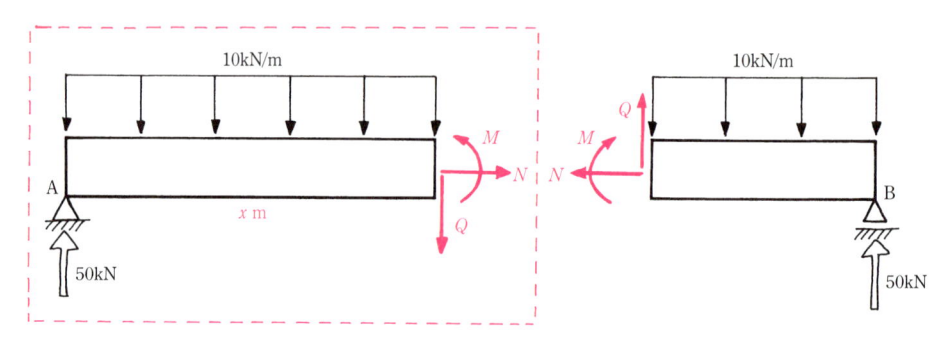

図2-14　応力の矢印を設定する

手順3 切断した片側（図2-14の点線枠内）を取り出し、図2-15のように分布荷重を合力として梁にかけます。図2-15について力の釣り合い式をたてます。

Point　切断した後で分布荷重を合力化する

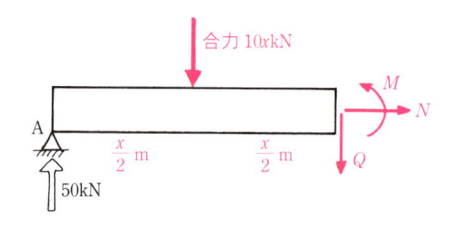

図2-15　分布荷重の合力化

$\Sigma X = 0$: $\quad N = 0$ 　　　　　　　　　　　　　　　　　　　　式2-3(a)

$\Sigma Y = 0$: $\quad 50 - 10x - Q = 0$ 　　　　　　　　　　　　　式2-3(b)

$\Sigma M = 0$: $\quad 50x - 10x(x/2) - M = 0$ 　　　　　　　　式2-3(c)

[手順4] 力の釣り合い式を解いて応力を求めます。

$$\begin{cases} N = 0\,\text{kN} \\ Q = -10\,x + 50\text{ kN} \\ M = -5\,x^2 + 50\,x\text{ kN·m} \quad (0\text{m} \leqq x \leqq 10\text{m}) \end{cases}$$

[手順5] せん断力図、曲げモーメント図を描きます（梁全体について軸方向力 $N = 0\text{kN}$ だから軸方向力図は省略します）。

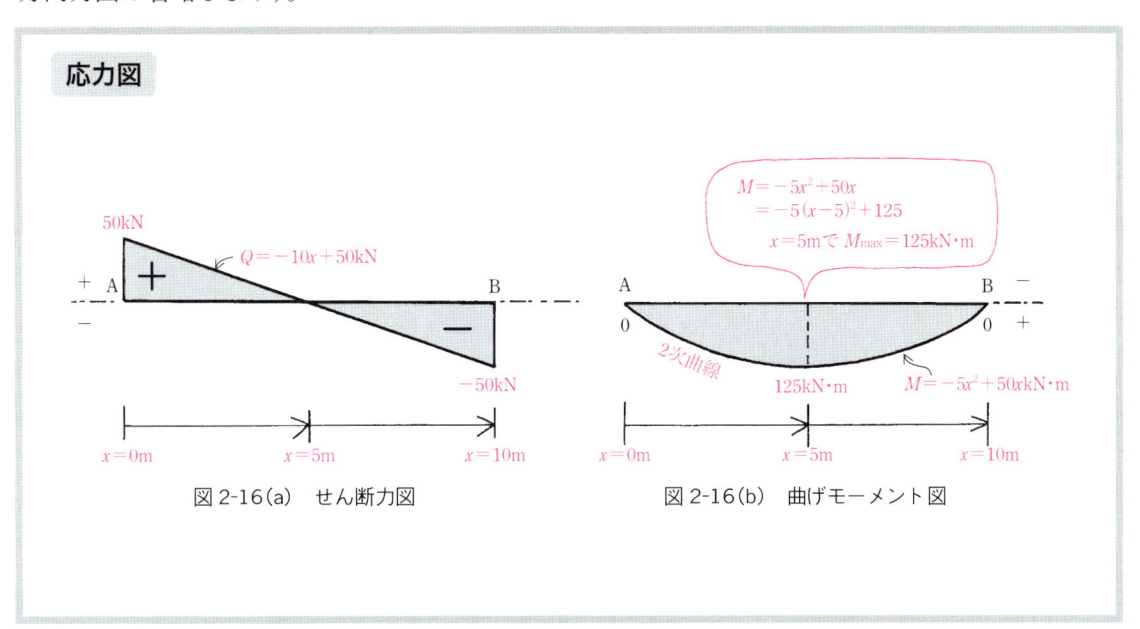

応力図

図 2-16(a) せん断力図

図 2-16(b) 曲げモーメント図

$M = -5x^2 + 50x$
$= -5(x-5)^2 + 125$
$x = 5\text{m}$ で $M_{max} = 125\text{kN·m}$

3 単純梁　モーメント荷重の場合

図 2-17 のようにモーメント荷重を受ける単純梁の応力を求めてみましょう。

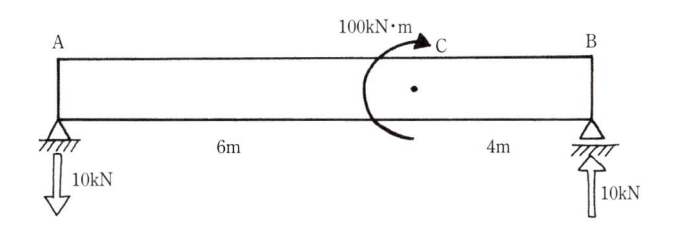

図 2-17　モーメント荷重を受ける単純梁

[手順1] 反力を求め、図中に書き込みます（解き方は p26 参照）。
[手順2] A-C 間、B-C 間の 2 ヵ所について切断し、梁全体についての応力を求めます。

(1) A-C間について

梁を任意の位置（点Aからxmとする）で切断し、応力（M、Q、N）の矢印で描きます。

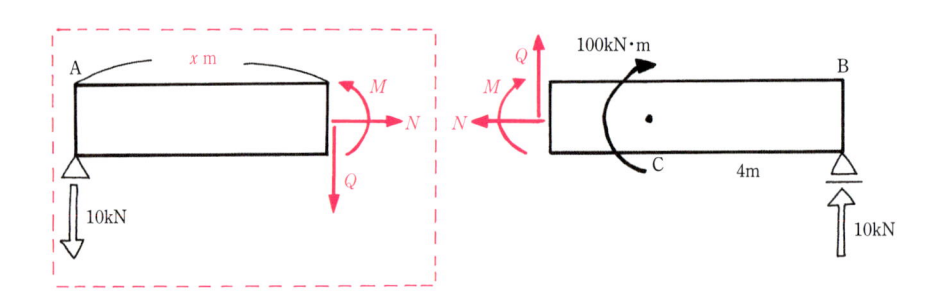

図2-18　A-B間　応力の矢印を設定する分布する力

切断した片側（図2-18の点線で囲まれた部分）だけで力の釣り合い式をたてます。

$\Sigma X = 0$：　$N = 0$　　　　　　　　　　　　　　　　　　　　　式2-4(a)

$\Sigma Y = 0$：　$-10 - Q = 0$　　　　　　　　　　　　　　　　　式2-4(b)

$\Sigma M = 0$：　$-10x - M = 0$　　（0m $\leqq x \leqq$ 6m）　　　式2-4(c)

力の釣り合い式を解いて応力を求めます。

◆ A-C間に生じる力

$$\begin{cases} N = 0 \text{ kN} \\ Q = -10 \text{ kN} \\ M = -10x \text{ kN·m} \quad (0\text{m} \leqq x \leqq 6\text{m}) \end{cases}$$

(2) B-C間について

梁を任意の位置（点Bからxmとする）で切断し、応力（M、Q、N）の矢印を描きます。

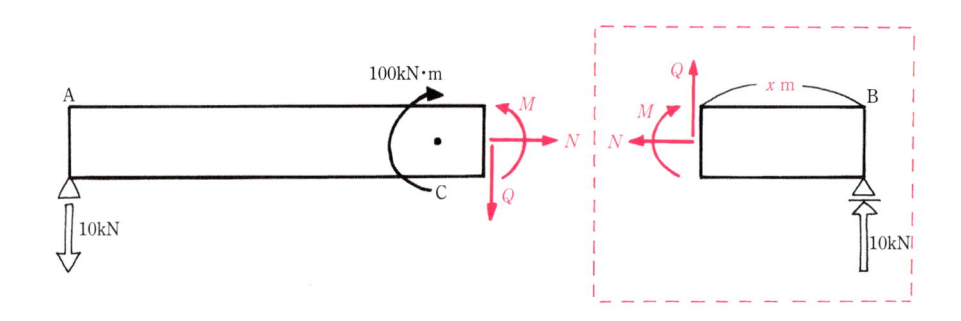

図2-19　B-C間　応力の矢印を設定する

切断した片側（図 2-19 の点線で囲まれた部分）だけで力の釣り合い式をたてます。

$\Sigma X = 0: \quad N = 0$ 　　　　　　　　　　　　　　　　　　　　式 2-5（a）

$\Sigma Y = 0: \quad 10 + Q = 0$ 　　　　　　　　　　　　　　　　　式 2-5（b）

$\Sigma M = 0: \quad M - 10x = 0 \quad (0\text{m} \leqq x \leqq 4\text{m})$ 　　　　式 2-5（c）

力の釣り合い式を解いて応力を求めます。

◆ B-C 間に生じる力

$$\begin{cases} N = 0 \text{ kN} \\ Q = -10 \text{ kN} \\ M = 10x \text{ kN·m} \quad (0\text{m} \leqq x \leqq 4\text{m}) \end{cases}$$

手順3　せん断力図、曲げモーメント図を描きます（梁全体について軸方向力 $N = 0$ kN だから軸方向力図は省略します）。

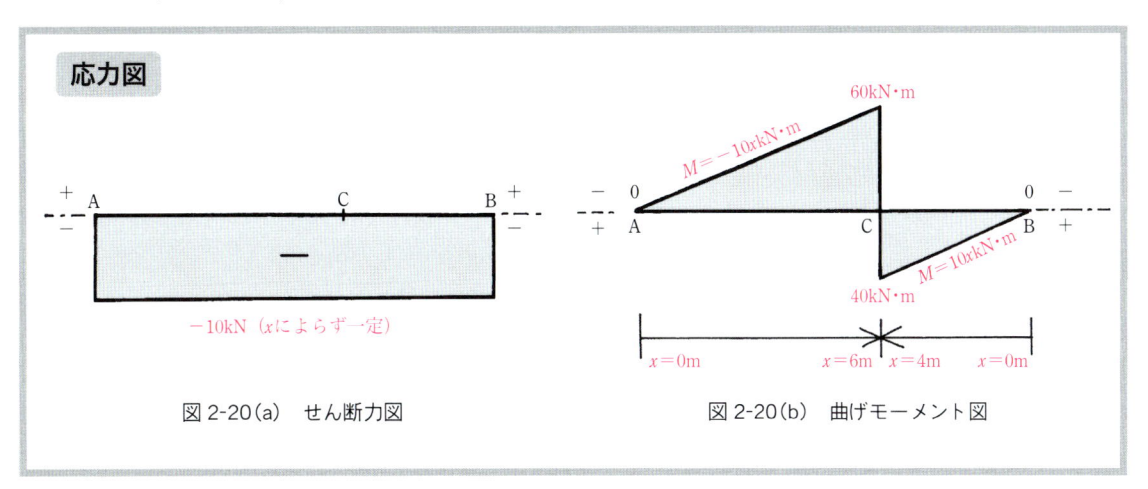

応力図

図 2-20（a）　せん断力図

図 2-20（b）　曲げモーメント図

4　片持ち梁　集中荷重の場合

次に図 2-21 のような片持ち梁の応力を求めてみましょう。図 2-21 には p27 の結果にもとづいて反力を描きましたが、片持ち梁では反力を使わなくても応力を求めることができます。

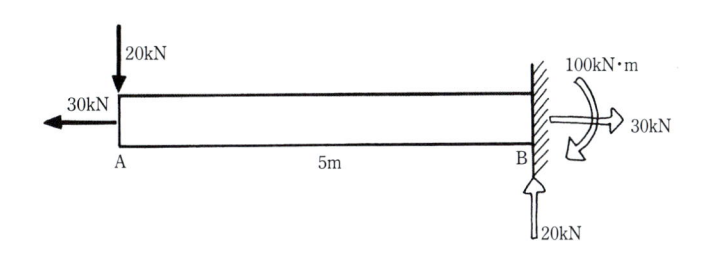

図 2-21　集中荷重を受ける片持梁

[手順1] 梁を任意の位置（点 A から x m とする）で切断し、切断面に生じる力（M、Q、N）の矢印を描きます。

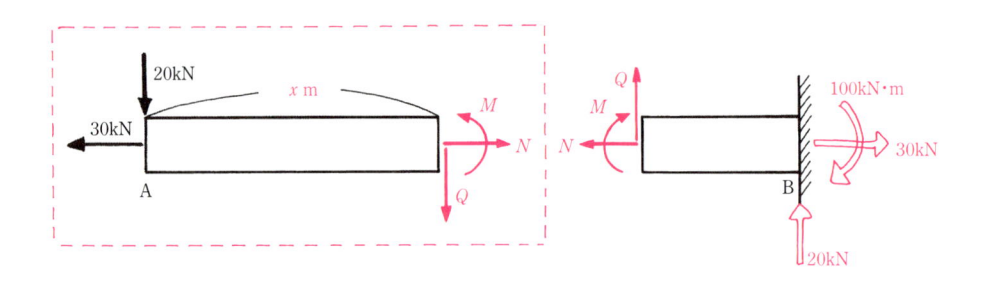

図 2-22　応力の矢印を設定する

[手順2] 切断した片側（図 2-22 の点線で囲まれた部分）だけで力の釣り合い式をたてます。支点のない側を選べば反力が不要になります。

> **Point** 片持ち梁の応力計算は反力を使わなくてもできる

$\Sigma X = 0 :\quad -30 + N = 0$ 　　　　　　　　　　式 2-6(a)

$\Sigma Y = 0 :\quad -20 - Q = 0$ 　　　　　　　　　　式 2-6(b)

$\Sigma M = 0 :\quad -20x - M = 0 \quad (0\text{m} \leqq x \leqq 5\text{m})$ 　式 2-6(c)

[手順3] 力の釣り合い式を解いて応力を求めます。

$$\begin{cases} N = 30 \text{ kN} \\ Q = -20 \text{ kN} \\ M = -20x \text{ kN·m} \quad (0\text{m} \leqq x \leqq 5\text{m}) \end{cases}$$

[手順4] 曲げモーメント図、せん断力図、軸方向力図を描きます。

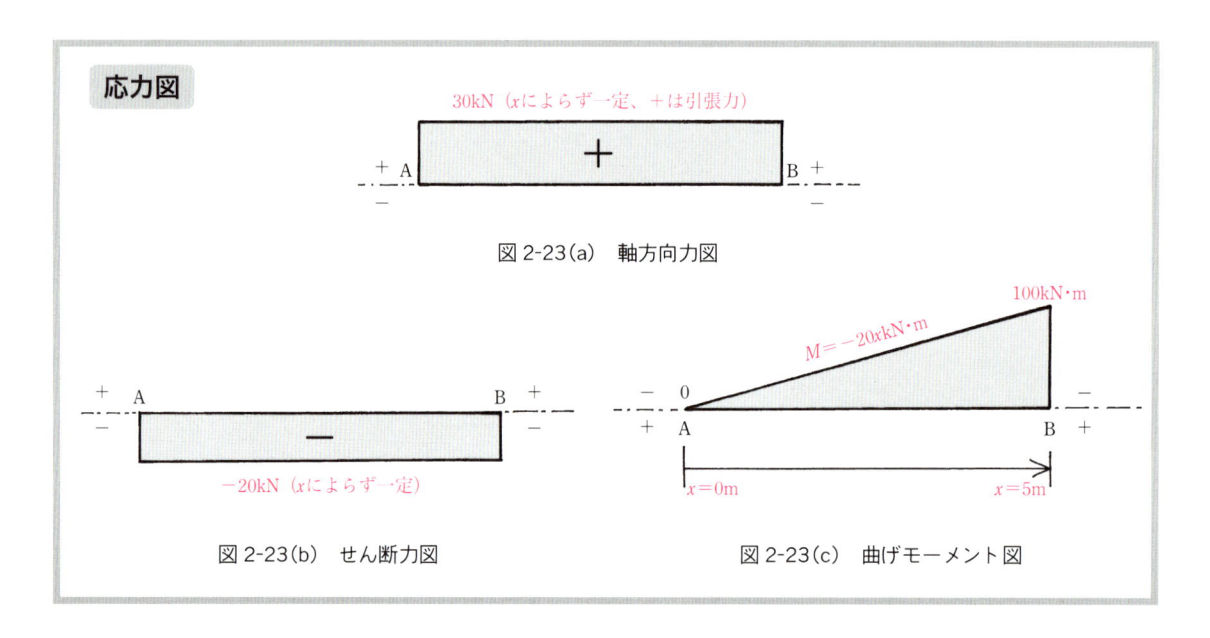

応力図

30kN（xによらず一定、+は引張力）

図 2-23(a)　軸方向力図

$M = -20x$ kN·m

100kN·m

−20kN（xによらず一定）

図 2-23(b)　せん断力図　　　　図 2-23(c)　曲げモーメント図

5 片持ち梁　分布荷重の場合

図2-24のような分布荷重を受ける片持ち梁について応力を求めてみます。

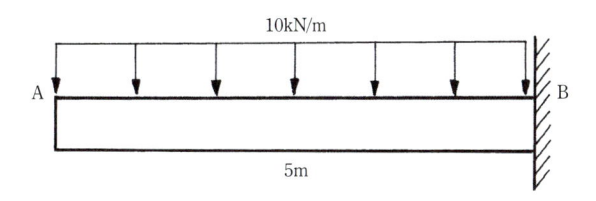

図 2-24　分布荷重を受ける片持ち梁

手順1 梁を任意の位置(点Aからxmとする)で切断し、応力（M、Q、N）の矢印で描きます。

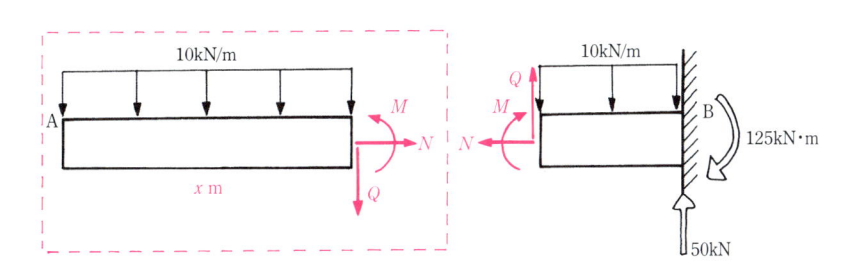

図 2-25　切断面に部材に生じる力の矢印を設定する

手順2 切断した片側（図2-25の点線枠内：反力がない側）を取り出し、図2-26のように分布荷重を合力として梁にかけます。

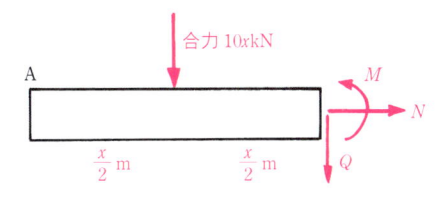

図 2-26　分布荷重の合力を梁にかける

手順3 図2-26について力の釣り合い式をたてます。

$\Sigma X = 0$：　$N = 0$　　　　　　　　　　　　　　　　式2-7(a)

$\Sigma Y = 0$：　$-10x - Q = 0$　　　　　　　　　　　　式2-7(b)

$\Sigma M = 0$：　$-10x \cdot (x/2) - M = 0$　　　　　　　式2-7(c)

手順4 力の釣り合い式を解いて応力を求めます。

$$\begin{cases} N = 0 \text{ kN} \\ Q = -10x \text{ kN} \\ M = -5x^2 \text{ kN·m} \quad (0\text{m} \leqq x \leqq 5\text{m}) \end{cases}$$

[手順5] 曲げモーメント図、せん断力図を描きます（梁全体について軸方向力 $N = 0$ kN だから軸方向力図は省略します）。

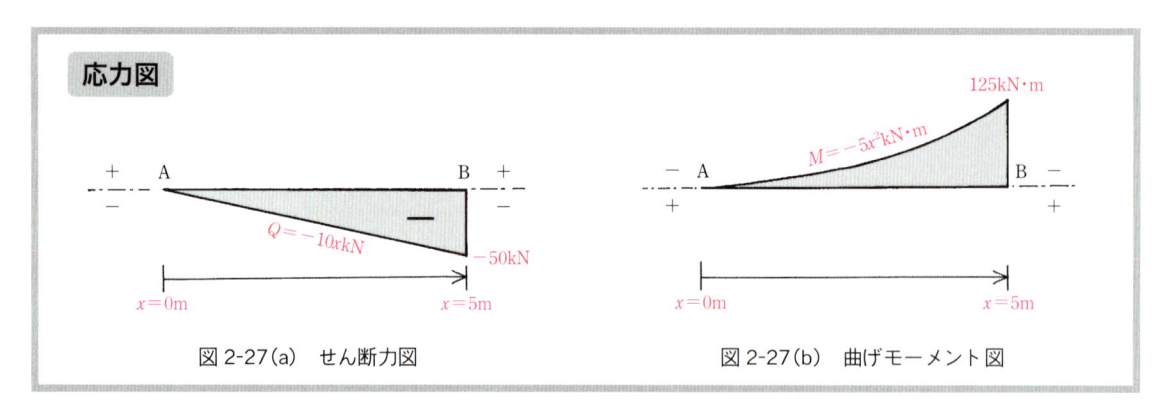

応力図

図2-27(a) せん断力図

図2-27(b) 曲げモーメント図

6 片持ち梁　モーメント荷重の場合

図2-27のようにモーメント荷重を受ける梁の応力を求めてみましょう。

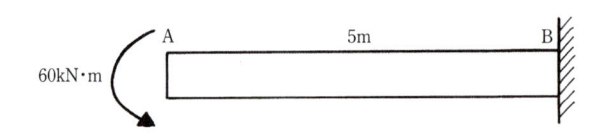

図2-28　モーメント荷重を受ける片持ち梁

[手順1] 梁を任意の位置(点Aから x m とする)で切断し、応力（M、Q、N）の矢印で描きます。

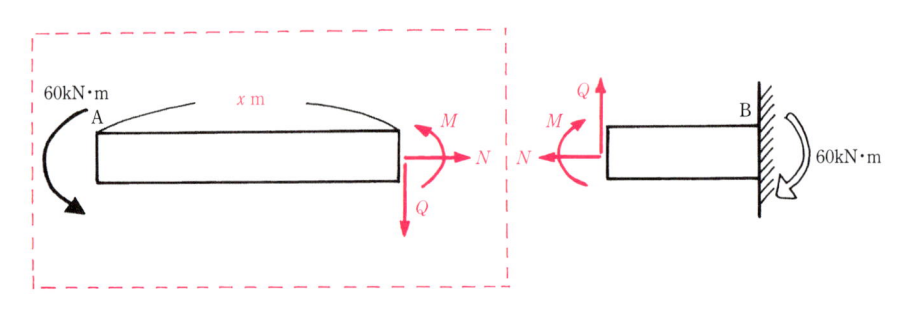

図2-29　応力の矢印を設定する

[手順2] 切断した片側（図2-29の点線で囲まれた部分：反力のない側）だけで力の釣り合い式をたてます。

$\Sigma X = 0$:　$N = 0$ 　　　　　　　　　　　　　　　　　式2-8(a)

$\Sigma Y = 0$:　$-Q = 0$ 　　　　　　　　　　　　　　　式2-8(b)

$\Sigma M = 0$:　$-60 - M = 0$　　（0m $\leqq x \leqq$ 5m）　　式2-8(c)

力の釣り合い式を解いて応力を求めます。

$$\begin{cases} N = 0 \text{ kN} \\ Q = 0 \text{ kN} \\ M = -60 \text{ kN·m} \qquad (0\text{m} \leqq x \leqq 5\text{m}) \end{cases}$$

手順3 せん断力図、曲げモーメント図を描きます（梁全体について軸方向力 $N = 0\text{kN}$ だから軸方向力図は省略します）。

応力図

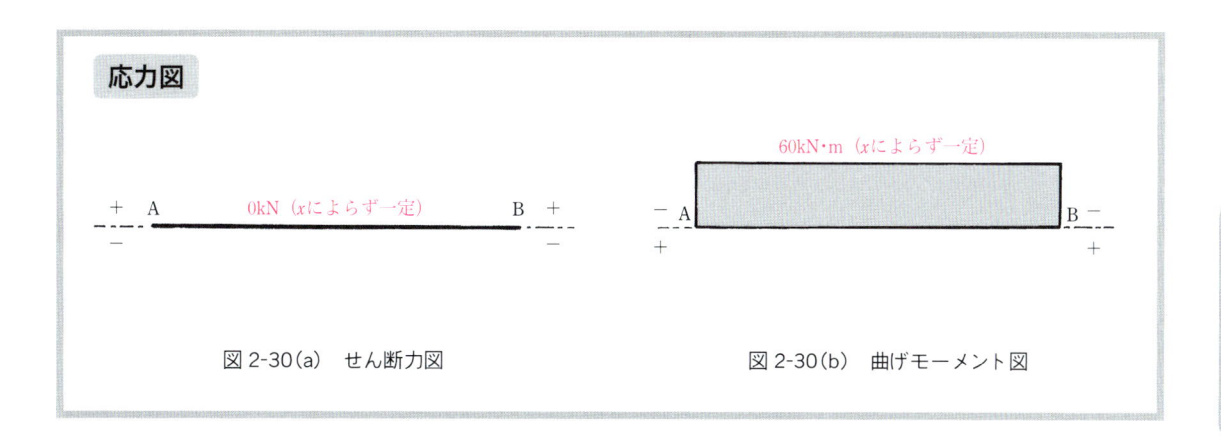

60kN·m（xによらず一定）

0kN（xによらず一定）

図 2-30(a) せん断力図   図 2-30(b) 曲げモーメント図

7 単純ラーメン　集中荷重の場合

図 2-31 のような単純ラーメンについて応力を求めてみましょう。

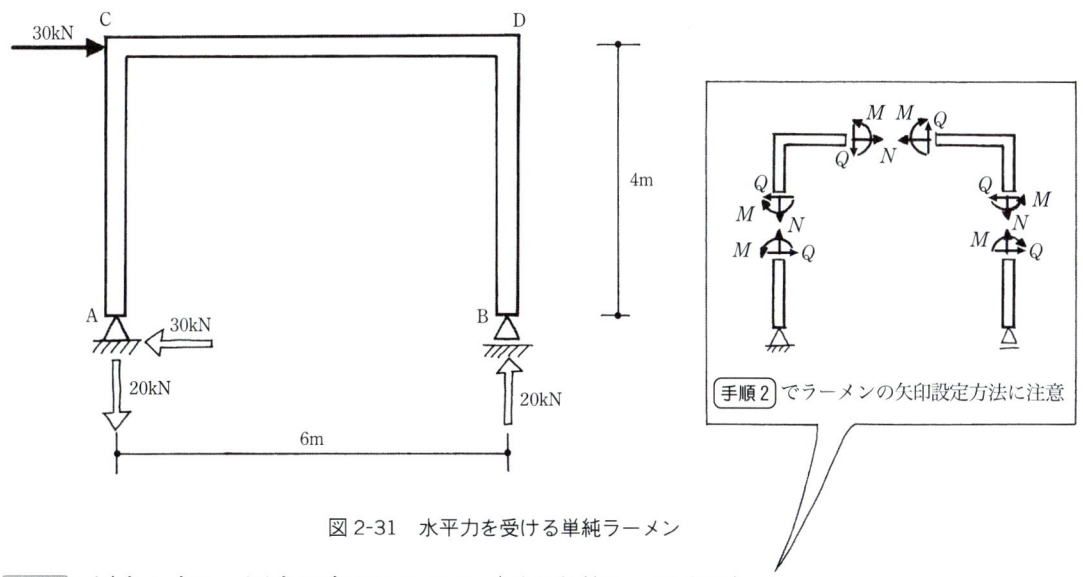

図 2-31 水平力を受ける単純ラーメン

手順2 でラーメンの矢印設定方法に注意

手順1 反力を求め、図中に書き込みます（反力計算は p28 参照）。
手順2 柱、梁 それぞれを任意の位置で切断し、応力（M、Q、N）の矢印で描きます。
手順3 切断した片側について力の釣り合い式をたてます。

手順4 力の釣り合い式を解いて応力を求めます。

(1) 左柱（A-C 間について）

$\sum X = 0: \quad Q - 30 = 0 \qquad $ 式 2-9（a）
$\sum Y = 0: \quad N - 20 = 0 \qquad $ 式 2-9（b）
$\sum M = 0: \quad 30x - M = 0 \qquad $ 式 2-9（c）
$\qquad (0\text{m} \leqq x \leqq 4\text{m})$

$$\begin{cases} N = 20 \text{ kN} \\ Q = 30 \text{ kN} \\ M = 30x \text{ kN·m} \quad (0\text{m} \leqq x \leqq 4\text{m}) \end{cases}$$

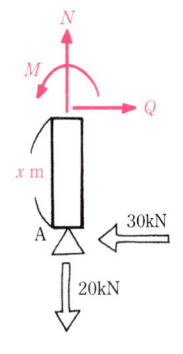

図 2-32　A-C 間の応力

(2) 梁（C-D 間について）

$\sum X = 0: \quad 30 - 30 + N = 0 \qquad $ 式 2-10（a）
$\sum Y = 0: \quad -20 - Q = 0 \qquad $ 式 2-10（b）
$\sum M = 0: \quad -20x + 30 \times 4 - M = 0 \qquad $ 式 2-10（c）
$\qquad (0\text{m} \leqq x \leqq 6\text{m})$

$$\begin{cases} N = 0 \text{ kN} \\ Q = -20 \text{ kN} \\ M = -20x + 120 \text{ kN·m} \quad (0\text{m} \leqq x \leqq 6\text{m}) \end{cases}$$

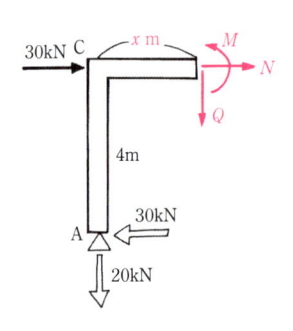

図 2-33　C-D 間の応力

(3) 右柱（B-D 間について）

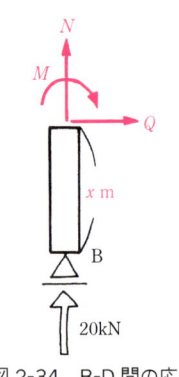

$\sum X = 0: \quad Q = 0 \qquad $ 式 2-11（a）
$\sum Y = 0: \quad N + 20 = 0 \qquad $ 式 2-11（b）
$\sum M = 0: \quad M = 0 \qquad $ 式 2-11（c）
$\qquad (0\text{m} \leqq x \leqq 4\text{m})$

$$\begin{cases} N = -20 \text{ kN} \\ Q = 0 \text{ kN} \\ M = 0 \text{ kN·m} \quad (0\text{m} \leqq x \leqq 4\text{m}) \end{cases}$$

図 2-34　B-D 間の応力

手順5 曲げモーメント図、せん断力図、軸方向力図を描きます。

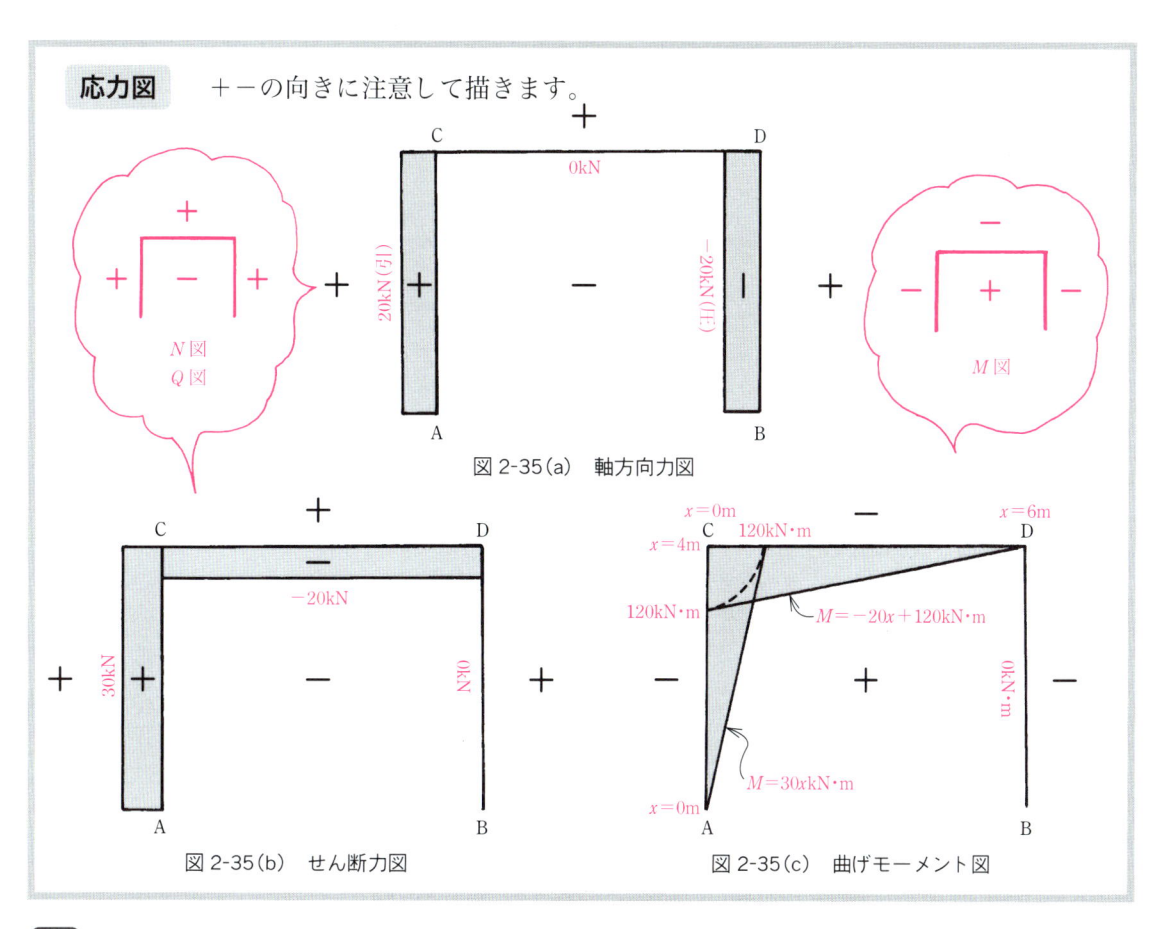

応力図 ＋－の向きに注意して描きます。

図2-35(a) 軸方向力図

図2-35(b) せん断力図

図2-35(c) 曲げモーメント図

8 単純ラーメン　分布荷重の場合

図2-36のような単純ラーメンについて応力を求めてみましょう。

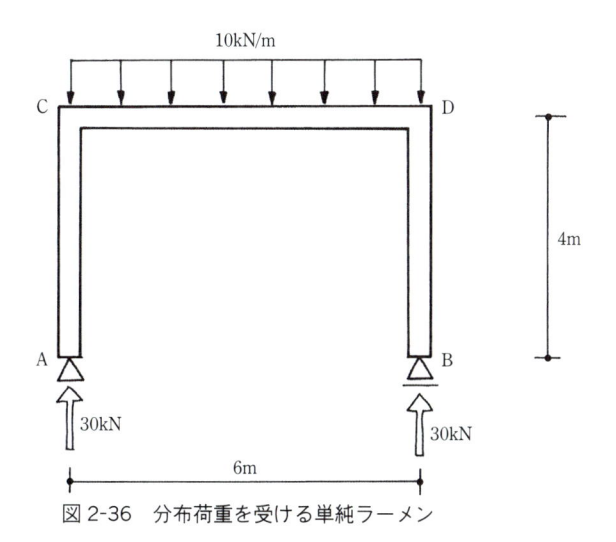

図2-36　分布荷重を受ける単純ラーメン

[手順1] 反力を求め、図中に書き込みます。
[手順2] 柱、梁それぞれを任意の位置で切断し、応力（M、Q、N）の矢印で描きます。
[手順3] 切断した片側について力の釣り合い式をたてます。
[手順4] 力の釣り合い式を解いて応力を求めます。

(1) 左柱（A-C 間について）

$\Sigma X = 0: \quad Q = 0$ 　　　　　式 2-12（a）
$\Sigma Y = 0: \quad 30 + N = 0$ 　　　式 2-12（b）
$\Sigma M = 0: \quad -M = 0$ 　　　　式 2-12（c）
　　　　　　　　（0m ≦ x ≦ 4m）

$\begin{cases} N = -30 \text{ kN} \\ Q = 0 \text{ kN} \\ M = 0 \text{ kN·m} \quad (0\text{m} \leqq x \leqq 4\text{m}) \end{cases}$

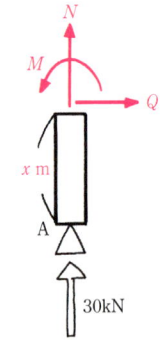

図 2-37　A-C 間の応力

(2) 梁（C-D 間について）　分布荷重を合力にして計算します。

$\Sigma X = 0: \quad N = 0$ 　　　　　　　　式 2-13（a）
$\Sigma Y = 0: \quad 30 - 10x - Q = 0$ 　　　式 2-13（b）
$\Sigma M = 0: \quad 30x - 10x(x/2) - M = 0$ 　式 2-13（c）
　　　　　　　　（0m ≦ x ≦ 6m）

$\begin{cases} N = 0 \text{ kN} \\ Q = -10x + 30 \text{ kN} \\ M = -5x^2 + 30x \text{ kN·m} \quad (0\text{m} \leqq x \leqq 6\text{m}) \end{cases}$

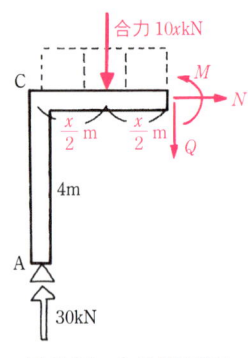

図 2-38　C-D 間の応力

(3) 右柱（B-D 間について）

$\Sigma X = 0: \quad Q = 0$ 　　　　　式 2-14（a）
$\Sigma Y = 0: \quad N + 30 = 0$ 　　式 2-14（b）
$\Sigma M = 0: \quad M = 0$ 　　　　式 2-14（c）
　　　　　　　　（0m ≦ x ≦ 4m）

$\begin{cases} N = -30 \text{ kN} \\ Q = 0 \text{ kN} \\ M = 0 \text{ kN·m} \quad (0\text{m} \leqq x \leqq 4\text{m}) \end{cases}$

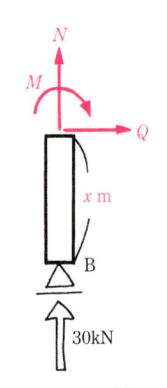

図 2-39　B-D 間の応力

手順5 曲げモーメント図、せん断力図、軸方向力図を描きます。

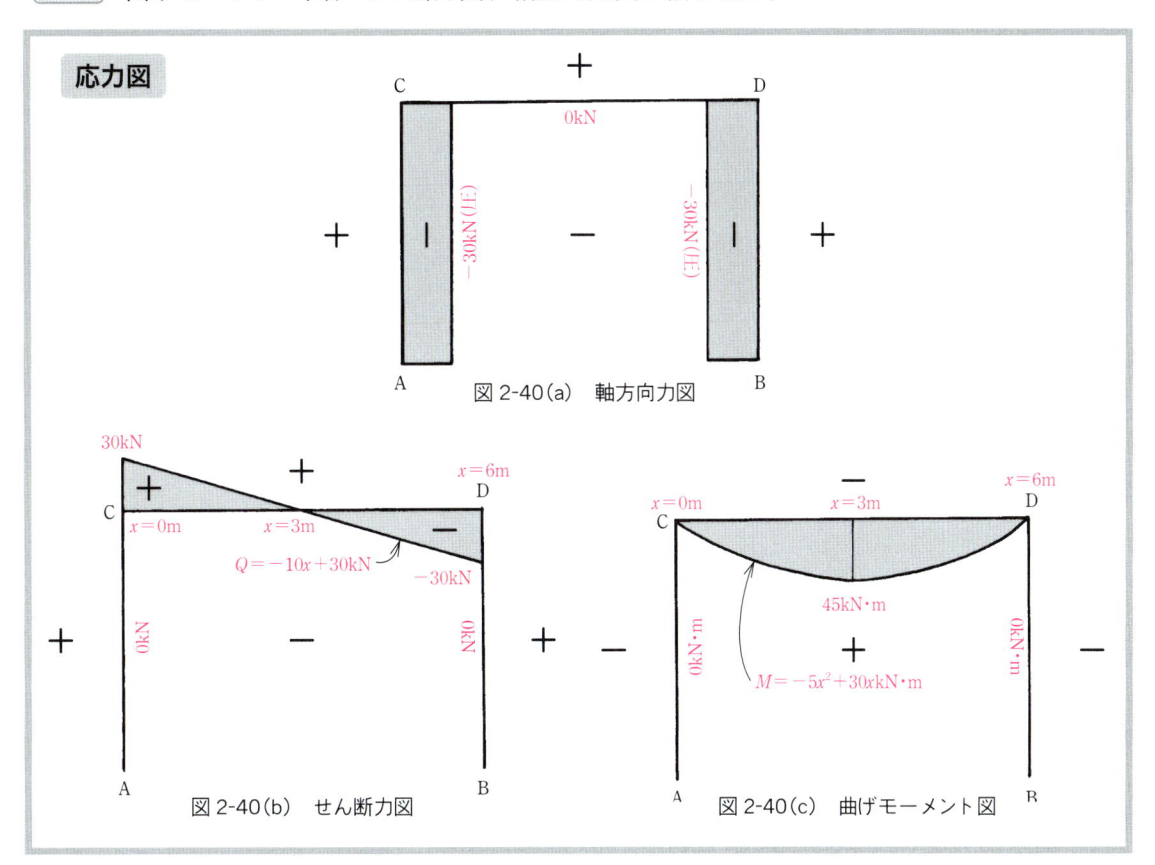

応力図

図2-40(a) 軸方向力図

図2-40(b) せん断力図

$Q = -10x + 30$ kN

図2-40(c) 曲げモーメント図

$M = -5x^2 + 30x$ kN·m

9 ヒンジのあるラーメン

ヒンジのあるラーメンについて、応力の解法を解説します。図2-41のラーメンは3ヶ所のヒンジ（点Aのピン支点、点Bのピン支点、点E）を有するラーメンで、**3ヒンジラーメン**とも呼ばれています。ヒンジは回転に対して自由に動くことができ、曲げモーメントが0になります。この特徴を使って解いていきます。

> **Point** ヒンジでは曲げモーメント＝0

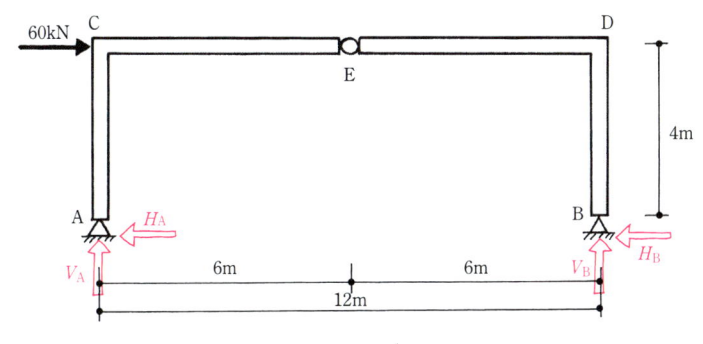

図2-41 集中荷重を受ける3ヒンジラーメン

3 ヒンジラーメンの反力計算

手順 1-1 反力の矢印（H_A、H_B、V_A、V_B）を設定し、今まで同様、水平方向、鉛直方向、そしてモーメントの釣り合い式をたてます。

$\Sigma X = 0: \quad 60 - H_A - H_B = 0$ 　　　　　　　　　　　式 2-15（a）

$\Sigma Y = 0: \quad V_A + V_B = 0$ 　　　　　　　　　　　　　式 2-15（b）

$\Sigma M_A = 0: \quad 60 \times 4 - V_B \cdot 12 = 0$ 　　　　　　　　　式 2-15（c）

手順 1-2 ヒンジでは**曲げモーメント＝0**であることより、左右どちらかで（図 2-42 は右側）ヒンジ（点 E）を中心とするモーメントの釣り合い式をたてます。

$\Sigma M_E = 0: \quad H_B \cdot 4 - V_B \cdot 6 = 0$

$\qquad\qquad\qquad 6V_B - 4H_B = 0$ 　　　　　　　　　　　　式 2-15（d）

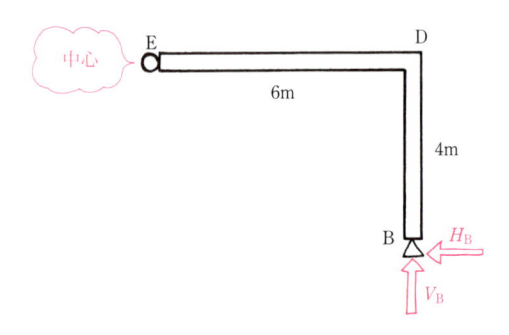

図 2-42　ヒンジ（点 E）を中心としたモーメントの釣り合いを考える

手順 1-3 以上、式 2-15（a）〜式 2-15（d）の 4 つの式を解いてすべての反力を求めます。

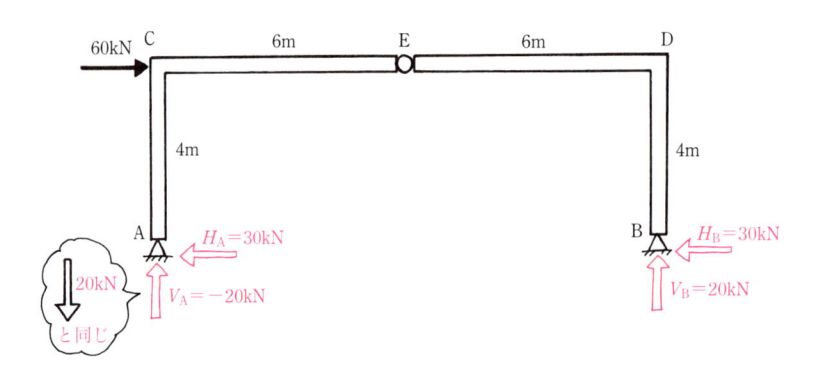

$V_A = -20\text{kN}$ 　　　$V_B = 20\text{kN}$ 　　　$H_A = 30\text{kN}$ 　　　$H_B = 30\text{kN}$

図 2-43　ヒンジのあるラーメン　反力計算　結果

[手順2] 柱、梁それぞれを任意の位置で切断し、切断面に生じる力(M、Q、N)の矢印で描きます。
[手順3] 切断した片側について力の釣り合い式をたてます。
[手順4] 力の釣り合い式を解いて応力を求めます。

(1) 左柱（A-C 間について）

$\Sigma X = 0：\quad Q - 30 = 0$ 　　　式 2-16（a）
$\Sigma Y = 0：\quad N - 20 = 0$ 　　　式 2-16（b）
$\Sigma M = 0：\quad 30x - M = 0$ 　　式 2-16（c）
$\quad\quad\quad\quad (0\text{m} \leqq x \leqq 4\text{m})$

$\begin{cases} N = 20 \text{ kN} \\ Q = 30 \text{ kN} \\ M = 30x \text{ kN·m} \quad (0\text{m} \leqq x \leqq 4\text{m}) \end{cases}$

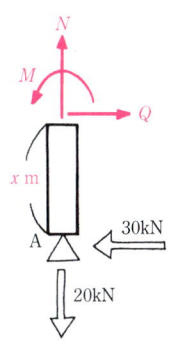

図 2-44　A-C 間の応力

(2) 梁（C-D 間について）

$\Sigma X = 0：\quad 60 - 30 + N = 0$ 　　　式 2-17（a）
$\Sigma Y = 0：\quad -20 - Q = 0$ 　　　　式 2-17（b）
$\Sigma M = 0：\quad 30 \times 4 - 20x - M = 0$ 　式 2-17（c）
$\quad\quad\quad\quad (0\text{m} \leqq x \leqq 12\text{m})$

$\begin{cases} N = -30 \text{ kN} \\ Q = -20 \text{ kN} \\ M = -20x + 120 \text{ kN·m} \quad (0\text{m} \leqq x \leqq 12\text{m}) \end{cases}$

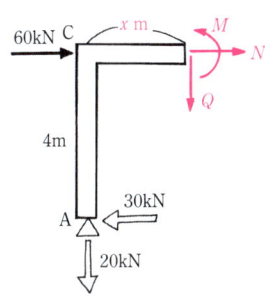

図 2-45　C-D 間の応力

(3) 右柱（B-D 間について）

$\Sigma X = 0：\quad Q - 30 = 0$ 　　　式 2-18（a）
$\Sigma Y = 0：\quad N + 20 = 0$ 　　　式 2-18（b）
$\Sigma M = 0：\quad 30x + M = 0$ 　　式 2-18（c）
$\quad\quad\quad\quad (0\text{m} \leqq x \leqq 4\text{m})$

$\begin{cases} N = -20 \text{ kN} \\ Q = 30 \text{ kN} \\ M = -30x \text{ kN·m} \quad (0\text{m} \leqq x \leqq 4\text{m}) \end{cases}$

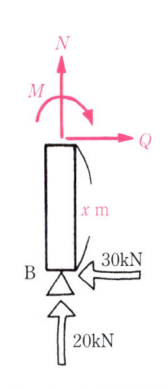

図 2-46　B-D 間の応力

手順5　曲げモーメント図、せん断力図、軸方向力図を描きます。

応力図

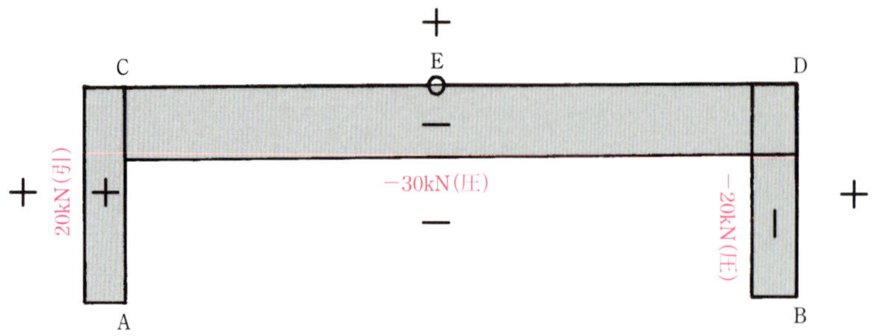

+
C
E
D
−
+
20kN(引)
+
−30kN(圧)
−20kN(圧)
−
+
−
A
B

図 2-47(a)　軸方向力図

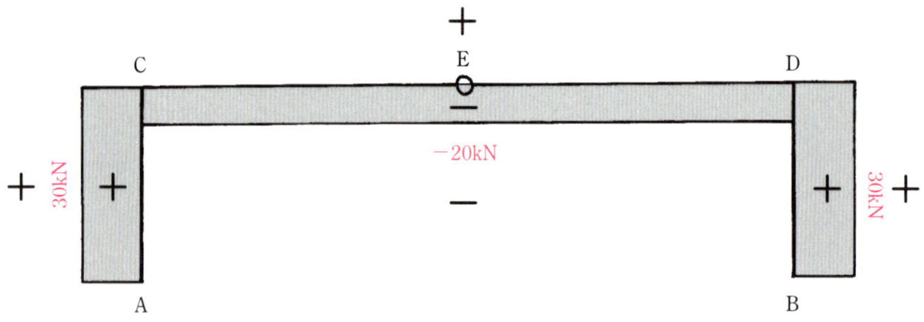

+
C
E
D
−
−20kN
+
30kN
+
+
30kN
+
−
A
B

図 2-47(b)　せん断力図

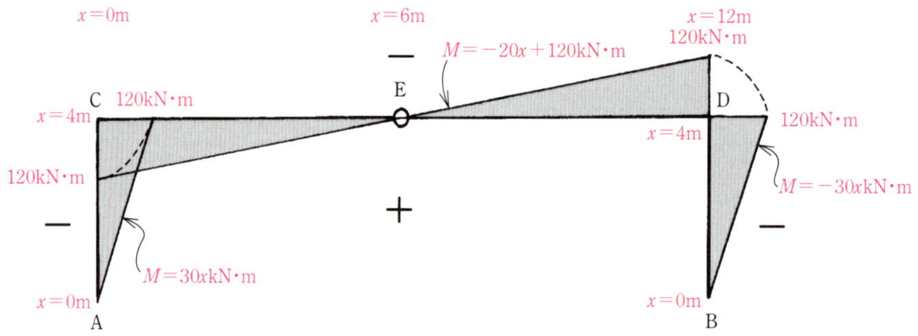

x=0m
x=6m
x=12m
120kN·m
−
M=−20x+120kN·m
E
C
120kN·m
x=4m
D
x=4m
120kN·m
120kN·m
M=−30xkN·m
−
+
−
M=30xkN·m
x=0m
A
x=0m
B

図 2-47(c)　曲げモーメント図

表 2-1 基本的な構造物の応力図

	モーメント荷重	集中荷重	分布荷重
単純梁	(a) 単純梁にモーメント荷重 M が中央 C に作用。反力 $\dfrac{M}{l}$(下向き A)、$\dfrac{M}{l}$(上向き B)。 せん断力図：全区間 $-\dfrac{M}{l}$ 曲げモーメント図：C の左で $\dfrac{M}{2}$、右で $-\dfrac{M}{2}$	(b) 単純梁中央に集中荷重 P。反力 $\dfrac{P}{2}$, $\dfrac{P}{2}$。 せん断力図：A～C で $+\dfrac{P}{2}$、C～B で $-\dfrac{P}{2}$ 曲げモーメント図：中央最大 $\dfrac{Pl}{4}$	(c) 単純梁に等分布荷重 w。反力 $\dfrac{wl}{2}$, $\dfrac{wl}{2}$。 せん断力図：$+\dfrac{wl}{2}$ から $-\dfrac{wl}{2}$ へ直線変化 曲げモーメント図：中央最大 $\dfrac{wl^2}{8}$
片持ち梁	(d) 片持ち梁自由端 A にモーメント M。 せん断力図：0 曲げモーメント図：全区間 M	(e) 片持ち梁自由端 A に集中荷重 P。 せん断力図：全区間 $-P$ 曲げモーメント図：固定端 B で Pl	(f) 片持ち梁に等分布荷重 w。 せん断力図：固定端で $-wl$ 曲げモーメント図：固定端で $\dfrac{wl^2}{2}$

練習問題

問題 2-1 表 2-1 中 (a) (b) (c) の曲げモーメント図、せん断力図を導きなさい。

(a)

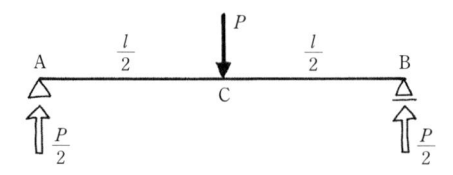

(b)

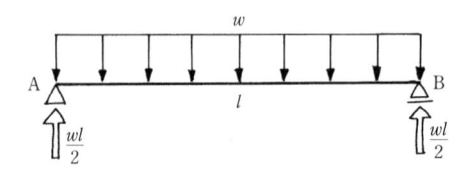

(c)

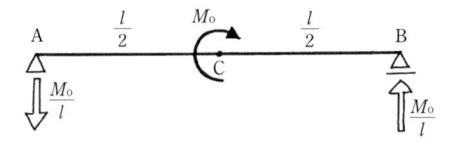

問題 2-2 次のラーメンについて、反力、応力を求め、曲げモーメント図、せん断力図、軸方向力図を描きなさい。

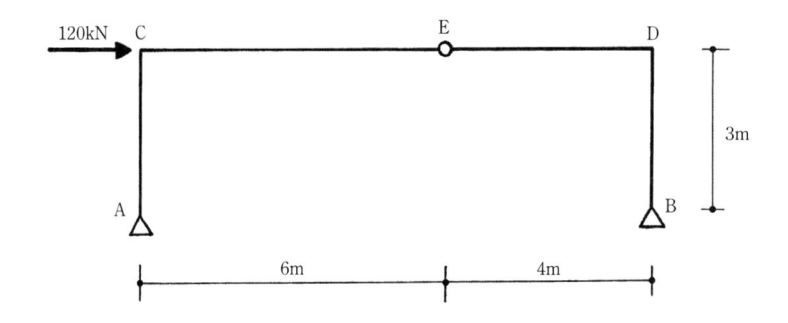

3章
静定構造の実用的解法

　ここまで力の釣り合い式をもとに応力を求め、応力図を描いてきましたが、そこで得られた結果をもとに応力図の特徴をおさえると、応力図は容易に描けます。ここでは、応力の実用的な解法を紹介します。

3・1　せん断力図の作図法（矢印図法）

　せん断力図を一筆書きで描く方法を紹介します。力の矢印を使って描いていくので矢印図法と名付けておきます。
　矢印図法がいかなるものであるかを理解していただくためには、せん断力図の成り立ちを理解していただく必要があります。
　p34 であつかった単純梁とそのせん断力図（図 3-1）について考察してみましょう。

1　単純梁　集中荷重の場合

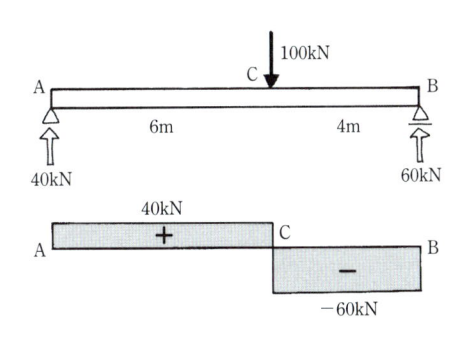

図 3-1　集中荷重を受ける単純梁とせん断力図

　図 3-1 の単純梁について、図 3-2(a) のように等間隔の目印の線を描き、せん断力によって変形させてみます。単純梁は図 3-2(b) のように、個々の部分が平行四辺形に変形します。

(a) 変形前

(b) せん断力による変形(せん断変形)

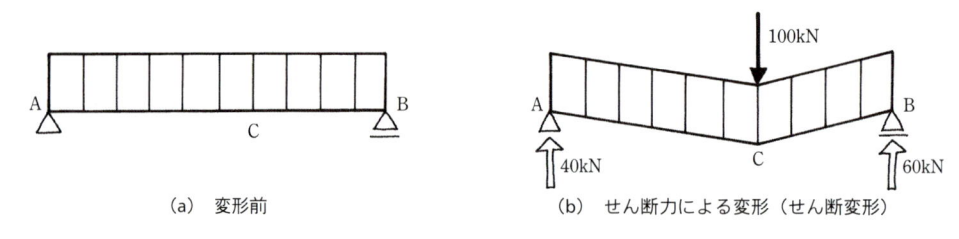

図 3-2　集中荷重を受ける単純梁のせん断変形

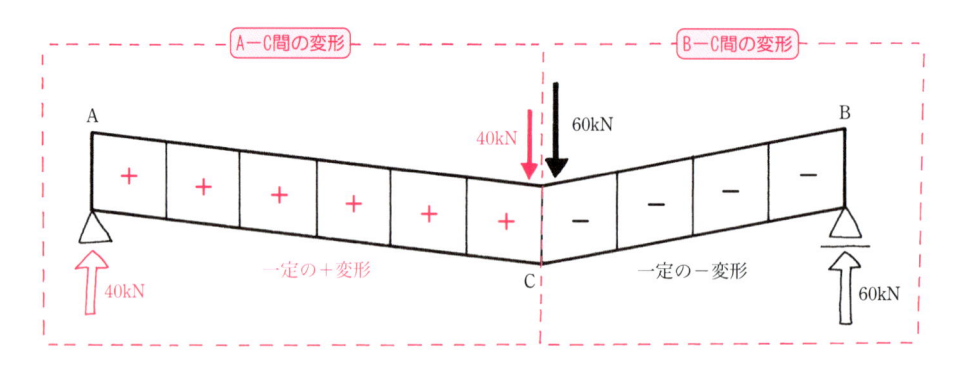

図 3-3　せん断変形と力との関係

　見やすくするため、図3–3のように荷重100kNを40kN、60kNに分けて表現してみます。

　図3–3のA-C間は反力(40 kN上向き)と集中荷重(40 kN下向き)によって平行四辺形に変形させられています。線で区切ったどの部分も変形状況は同じです。＋の変形ですからせん断力は＋40 kNで一定値になるのです。

　図3–3のB-C間は集中荷重(60 kN下向き)と反力(60 kN上向き)によって平行四辺形に変形させられています。線で区切ったどの部分も変形状況は同じです。－の変形ですからB-C間のせん断力は－60 kNで一定値になるのです。

　力の矢印をせん断力図に重ね合わせてみましょう(図3–4)。力の矢印はせん断力図の中にぴたりと重なるのです。この関係を使って、せん断力図を力の矢印で描くことができるのです。

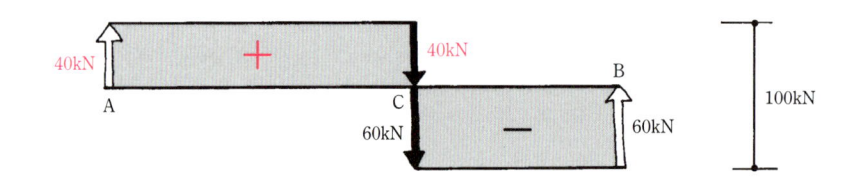

図 3-4　荷重・反力とせん断力図との関係

　それでは図3–1の単純梁について、**矢印図法**によってせん断力図を描いてみましょう。

矢印図法（集中荷重を受ける単純梁）

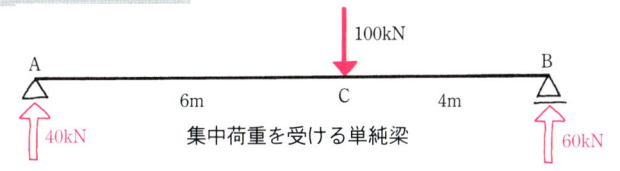

集中荷重を受ける単純梁

手順1 必ず一番左の軸上から描き始めます。点Aの反力（上向き40kN）を軸上から矢印で上げます。

手順2 矢印の先から次の力が現れるまで水平線を引きます。

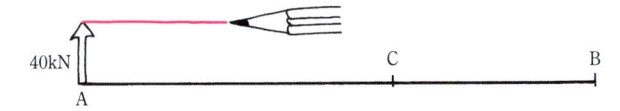

手順3 点Cの集中荷重（下向き100 kN）にぶつかったら、その力の矢印を水平線に続いて描きます。

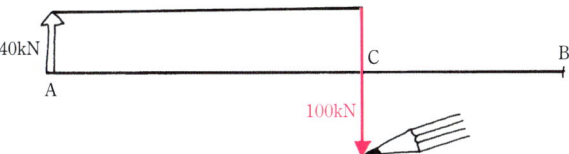

手順4 矢印の先から次の力が現れるまで水平線を引きます。

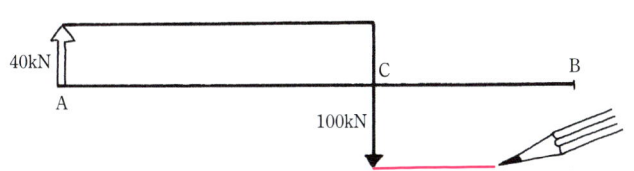

手順5 点Bの反力（上向き60kN）にぶつかったら、その力の矢印を水平線に続いて描き軸上に至ります。

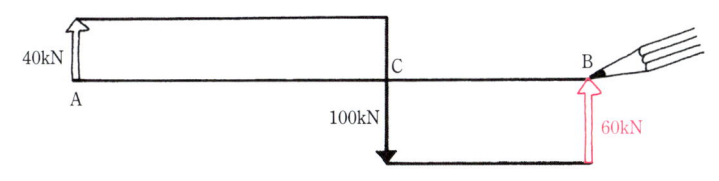

手順6 梁上の部分に＋、梁下の部分に－の符号を付け、せん断力の値を書き込み完成です。

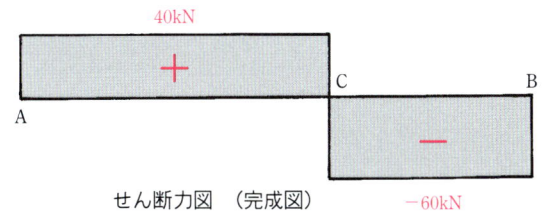

せん断力図　（完成図）

2 単純梁　分布荷重の場合

次に分布荷重の場合です。分布荷重を受ける単純梁のせん断変形を図3-5に示します。せん断変形とせん断力図との関係を考察してみましょう。

図3-5　分布荷重を受ける単純梁

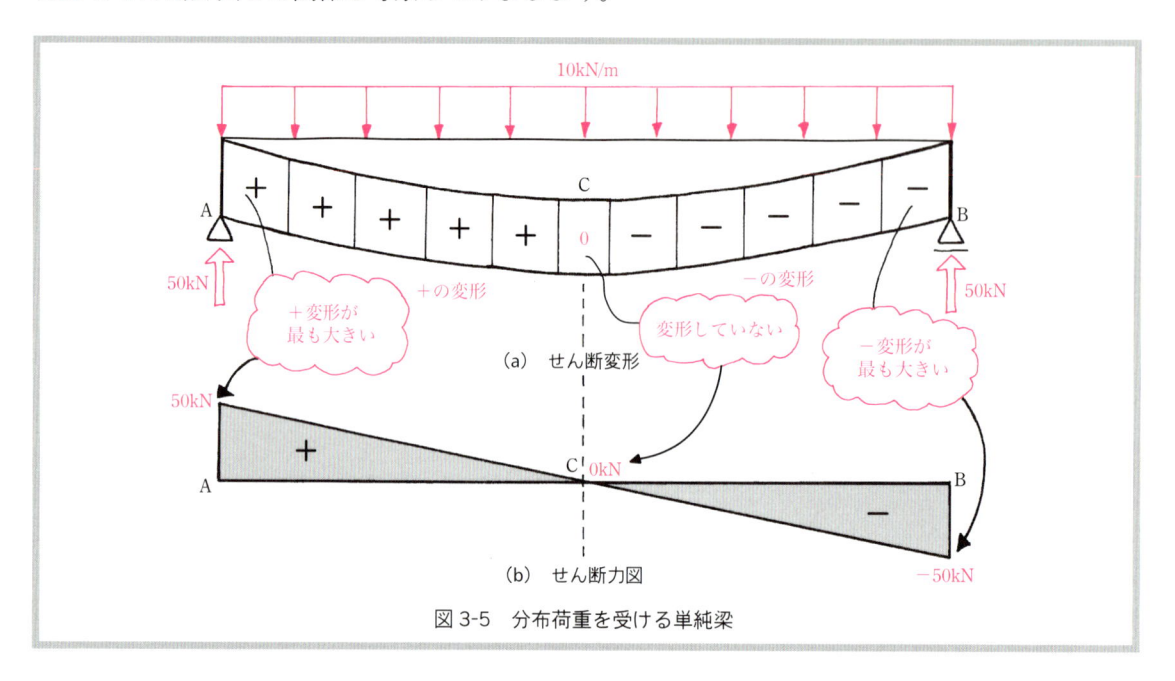

図3-5のようにそれぞれの部分は平行四辺形に変形しています。変形が大きいほどせん断力も大きいことから

・支点A・支点Bで最も激しく変形している。　⇒　せん断力最大　反力分 50kN
・両端から中央に向かうにしたがって、変形は小さくなっていく。
　　　　　　　　⇒　せん断力の大きさは中央に向かうほど小さくなる
・AC間は＋の変形（＋のせん断力）、BC間は－の変形（－のせん断力）です。
・中央点Cでは長方形のままで変形していない。　⇒　せん断力 0kN

力の矢印をせん断力図に重ね合わせてみましょう（図3-6）。反力の矢印はせん断力図の中に重なり、AB間のせん断力の変化分が分布荷重の合力の値になっていることがわかります。

図3-6　荷重・反力とせん断力図との関係

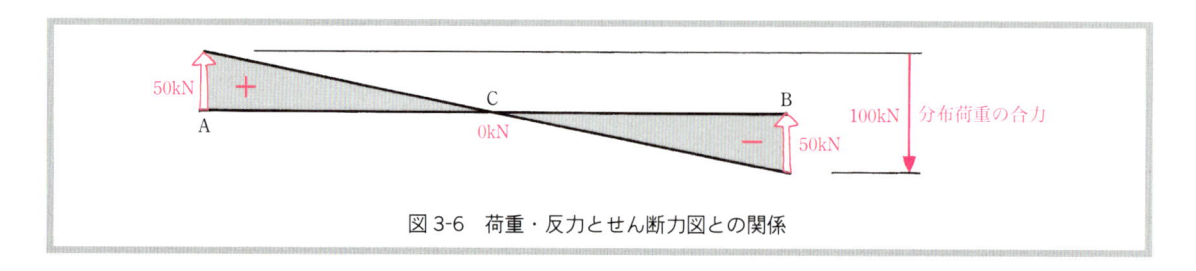

図3-6の関係をもとに、**矢印図法**によってせん断力図を描いてみましょう。

矢印図法（分布荷重を受ける単純梁）

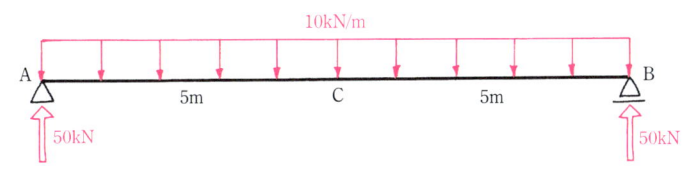

分布荷重を受ける単純梁（p38）

手順1 作図は一番左から始めてください。一番左の反力（点A上向き50kN）を軸上から矢印で上げます。

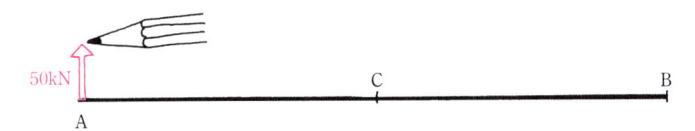

手順2 分布荷重の合力の大きさ（面積）を求めます。

分布荷重の合力 = 10kN/m × 10m = 100kN

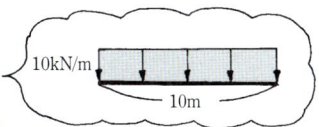

手順3 矢印の先（点イ）から分布荷重の終了点まで水平に移動し、点ロを得ます。点ロから合力（100kN）の値を合力の矢印の向き（下向き）に下ろし、点ハを得ます。

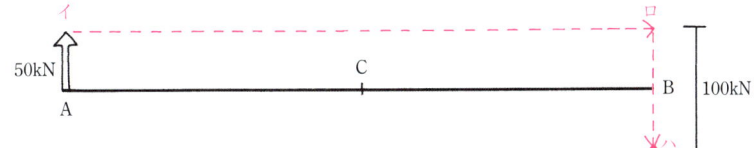

手順4 点イと点ハを直線で結びます。

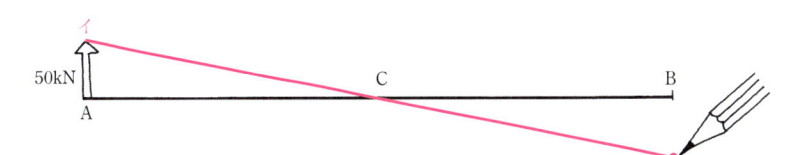

手順5 点Bの反力（50kN上向き）を点ハから上げ、軸上点Bに至ります。

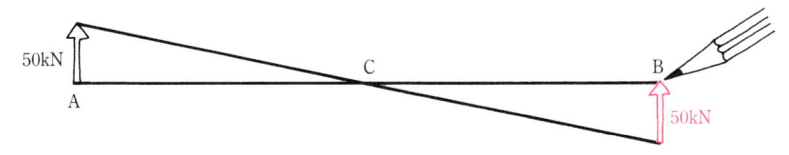

手順6 梁上の部分に＋、梁下の部分に－の符号を付け、せん断力の値を書き込み、完成です。

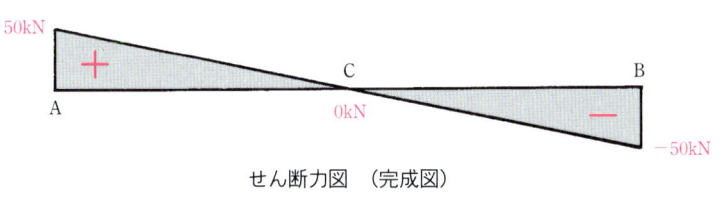

せん断力図 （完成図）

3 単純梁　モーメント荷重の場合

次にモーメント荷重の場合です。モーメント荷重を受ける単純梁のせん断変形を図3-7に示します。

(a) せん断変形

(b) せん断力図

図3-7　モーメント荷重を受ける単純梁

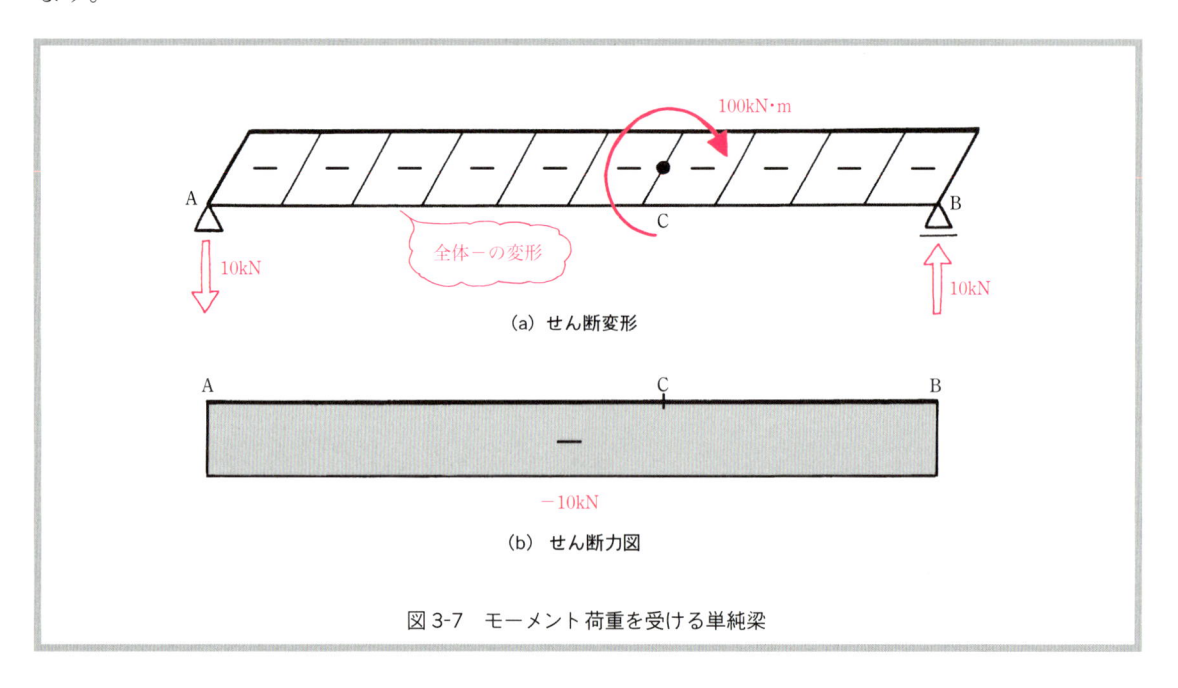

図3-7のようにそれぞれの部分は平行四辺形に変形しています。全体が－の変形で同じ変形になっています。したがって、梁全体的にせん断力の値は等しく、鉛直反力の大きさがせん断力の値（10kN）になっているのです。

力の矢印をせん断力図に重ね合わせてみましょう（図3-8）。反力の矢印はせん断力図の中に重なります。

図3-8　荷重・反力とせん断力図との関係

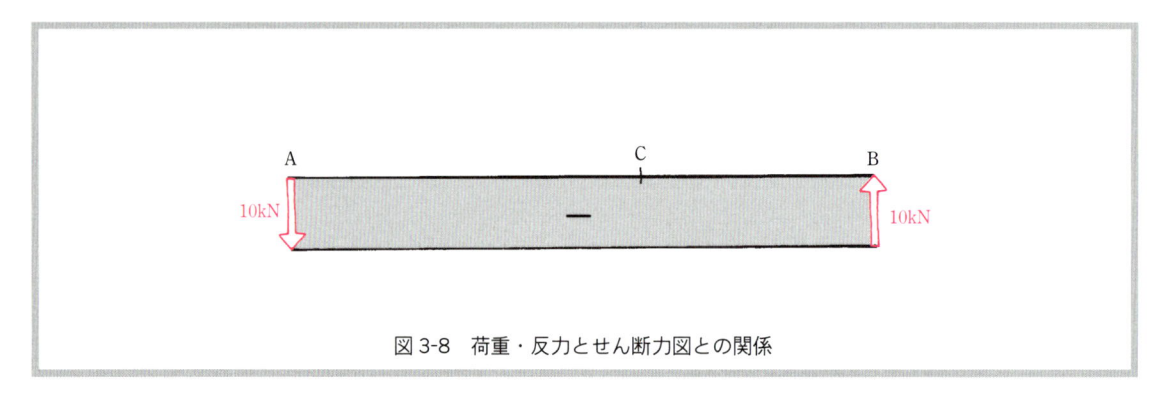

図3-8の関係をもとに、**矢印図法**によってせん断力図を描いてみましょう。

矢印図法（モーメント荷重を受ける単純梁）

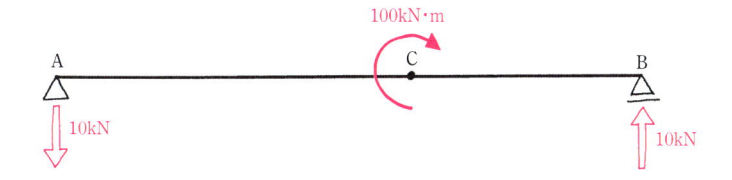

モーメント荷重を受ける単純梁（p39）

手順1 必ず一番左から始めてください。一番左の反力（下向き10kN）を点Aから矢印で下げます。

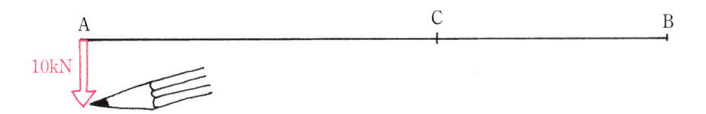

手順2 矢印の先から次の力が現れるまで水平線を引きます。

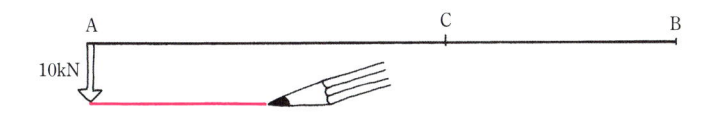

手順3 モーメント荷重にぶつかりますが、無視し水平線を引き続けます。

Point モーメント荷重はせん断力図には無関係

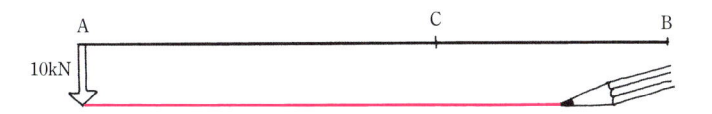

手順4 水平線は点Bに至ります。点Bで反力（上向き10kN）を描き、軸上に至ります。

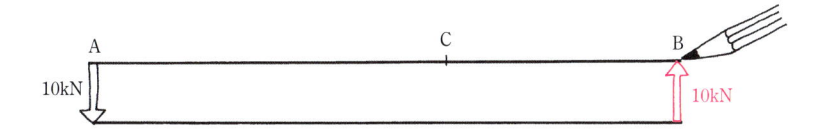

手順5 梁下の部分に－の符号を付け、せん断力の値を書き込み、完成です。

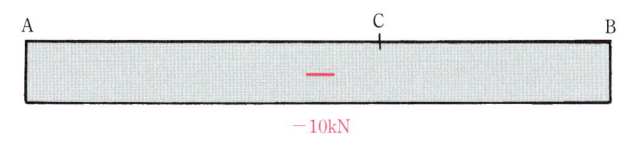

−10kN

せん断力図（完成図）

4 単純梁　集中荷重の場合

矢印図法は図3-9のようなラーメンにも適用できます。

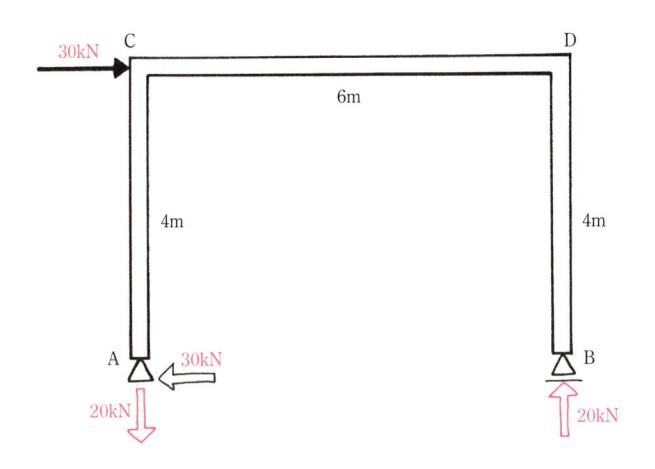

図3-9　水平力を受けるラーメン（p45）

図3-10のように荷重・反力の矢印をせん断力図に重ねてみます。

左柱では、水平力と支点Aの水平反力が一対のせん断力を作り出していることがわかります。右柱では、支点Bがローラーであり、水平反力がないのでせん断力も0kNです。

梁のせん断力は柱を介して支点A、Bに伝わります。したがって、両支点の鉛直反力がせん断力に相当しています。

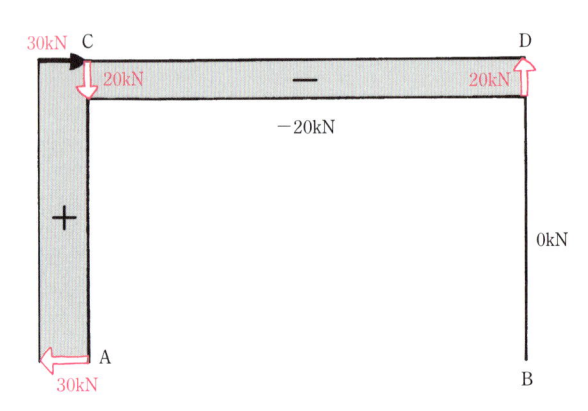

図3-10　荷重・反力とせん断力図との関係

図3-10の関係をもとに、**矢印図法**でせん断力図を描いてみましょう。

矢印図法（水平力を受ける単純ラーメン）

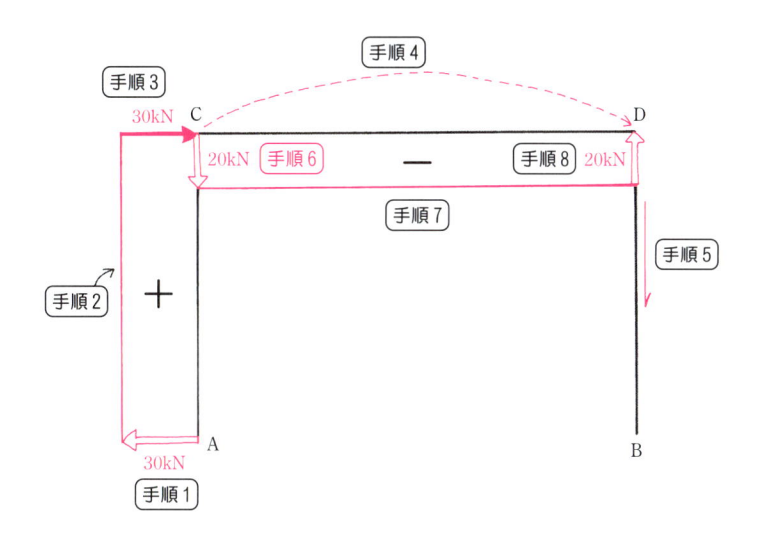

矢印図法でせん断力図を描く

◆ 柱の作図

手順1　左側（点A）から始めます。柱に対して直角の反力（左向き30kN）を軸から立ち上げます。

手順2　力が作用していないA-C間は柱軸に平行に直線を引きます。

手順3　点Cの水平力30kNを平行線に続けて描きます。

手順4　30kNで描いた矢印の先端の位置（軸上）を右の柱上端（点D）に移します。

手順5　右柱は力が作用していないので点Dから柱軸上をたどり、点Bに至ります。これで左右柱の作図は終了です。

◆ 梁の作図

手順6　左側の点Cから始めます。点Cには梁直角方向の力はありませんが、反力（下向き20kN）が柱を介して梁に作用しています。反力20kNを点Cから下ろします。

手順7　力が作用していないC-D間は梁に対して平行線を引きます。

手順8　点Dには反力（上向き20kN）が柱を介して作用しています。反力20kNを平行線に続いて立ち上げ、軸上点Dに至ります。

手順9　ラーメンの外側を＋、内側を－としてグラフを完成させます（図3-10）。

例題 3-1 p49 の 3 ヒンジラーメンについて矢印図法によってせん断力図を描きなさい。

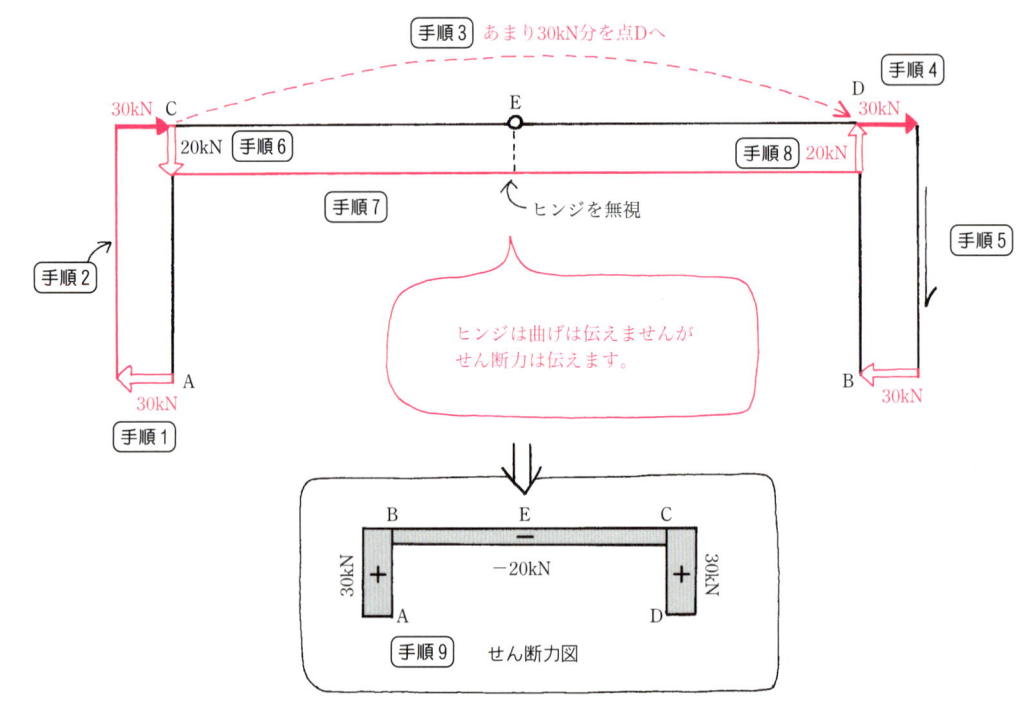

3 ヒンジラーメン（p49）のせん断力図を矢印図法で描く

解 答

◆柱の作図

手順1 左側（点A）から始めます。柱に対して直角の反力（左向き30kN）を軸から立ち上げます。

手順2 力が作用していないA-C間は柱軸に平行に直線を引きます。

手順3 点Cの水平力60kNを平行線に続けて描きます。30kNで点Cに至り、あまりを点Dに移します。

手順4 点Dから水平力のあまり30kNを水平に立ち上げます。

手順5 柱軸上を平行にたどり、点Bに至り、反力（右向き30kN）を描いて点Bに至ります。

◆梁の作図

手順6 左側の点Cから始めます。反力（下向き20kN）を点Cから下ろします。

手順7 力が作用していないC-D間は梁に対して平行線を引きます。ヒンジは無視します。

手順8 点Dには反力（上向き20kN）が柱を介して作用しています。反力20kNを平行線に続いて立ち上げ、軸上点Dに至ります。

手順9 ラーメンの外側を＋、内側を－としてグラフを完成させます。

3・2 曲げモーメント図の作図法
（その1　スパナ化法）

曲げモーメント図を描くためには、まず曲げモーメントとは何かを理解しなくてはなりません。p34の集中荷重を受ける単純梁を使って、曲げモーメントについて解説します。

1　単純梁　集中荷重の場合

荷重点Cに注目してみましょう。曲げモーメントは左右一対でできあがっており、図3-11のように点Cの部分を左右からねじっています。

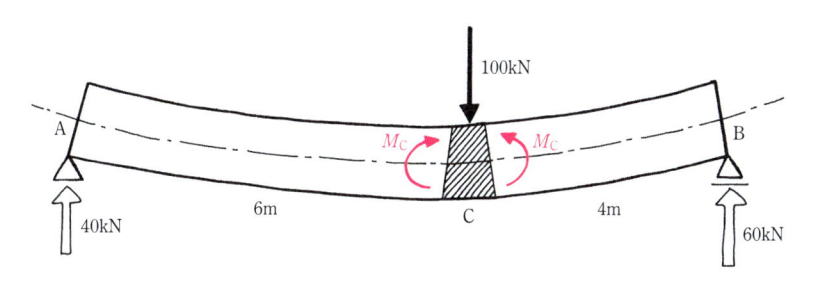

図 3-11　集中荷重を受ける単純梁

曲げモーメントを理解しやすくするため、点Cの左右を図3-12のように左右2本のスパナに見立ててみます。点Cは左右から**反力×距離**のモーメントでねじられていることがわかります。したがって、点Cの曲げモーメントは左右どちらで計算しても240kN・mになるのです。このように梁をスパナに見立て、曲げモーメントを理解した上でその値を求める方法を**スパナ化法**と称しておきます。

曲げモーメントのイラスト化（スパナ化法）

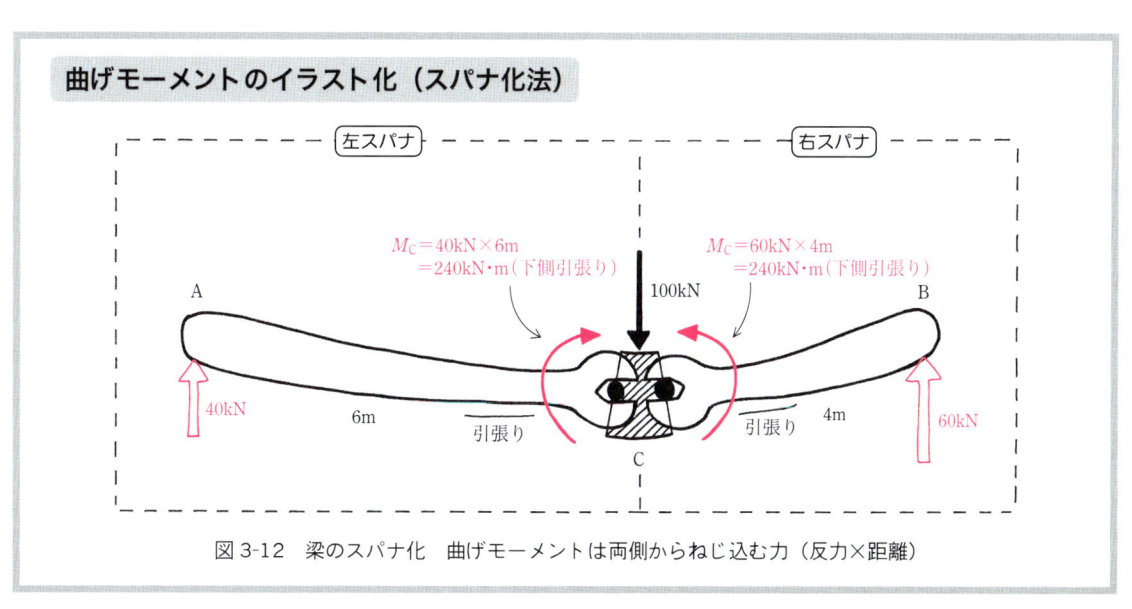

左スパナ　　　　　　　　右スパナ

$M_C = 40\text{kN} \times 6\text{m}$
$= 240\text{kN·m}$（下側引張り）

$M_C = 60\text{kN} \times 4\text{m}$
$= 240\text{kN·m}$（下側引張り）

図 3-12　梁のスパナ化　曲げモーメントは両側からねじ込む力（反力×距離）

曲げモーメントが理解できたら、次に曲げモーメント図の特徴をおさえておきます。

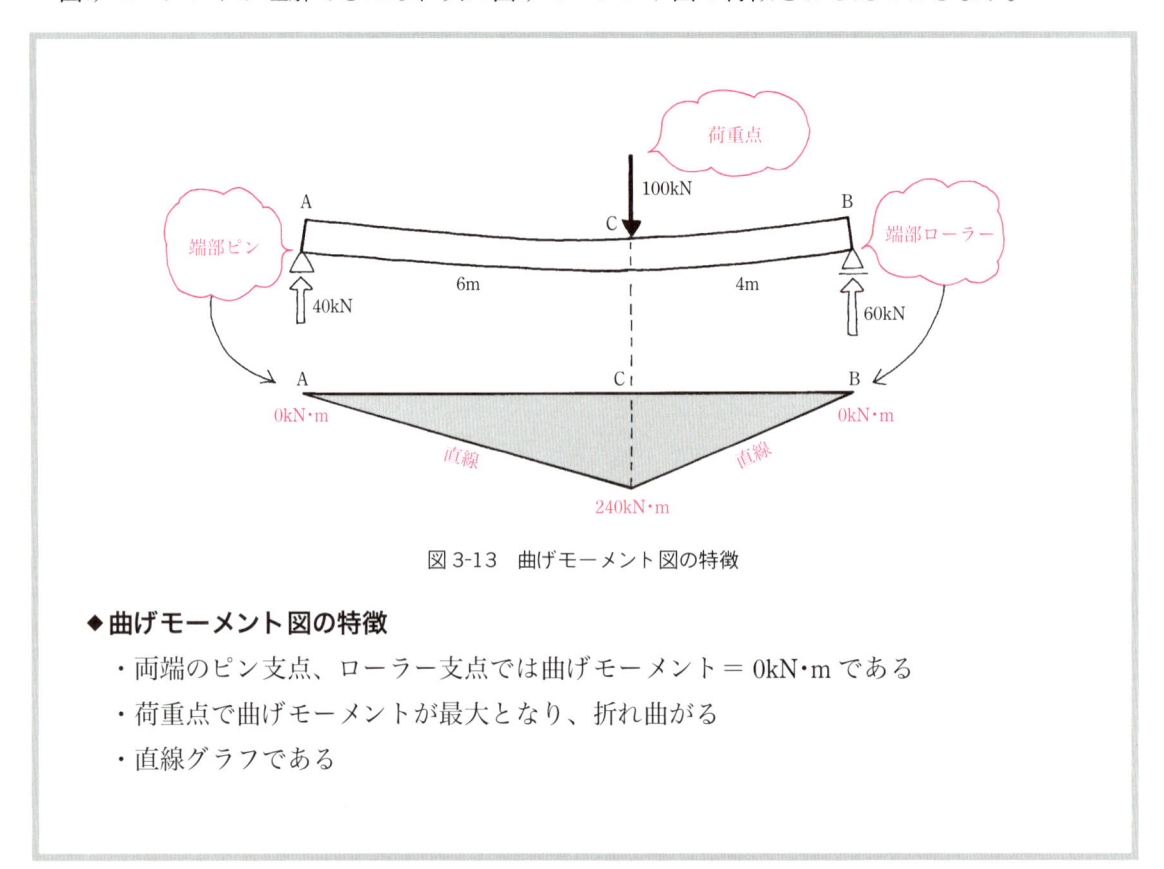

図 3-13　曲げモーメント図の特徴

◆ **曲げモーメント図の特徴**
・両端のピン支点、ローラー支点では曲げモーメント＝ 0kN・m である
・荷重点で曲げモーメントが最大となり、折れ曲がる
・直線グラフである

p37 図 2-12(c)のように、AC 間では　$M = 40x$ kN・m　です。この式より曲げモーメント図は
$$M = 反力 \times 距離 x$$
となる一次関数（直線グラフ）です。したがって、距離 $x = 0$m のピン支点 A では $M = 0$kN・m となり、支点から離れるにしたがって曲げモーメントの値が大きくなるのです。この特徴より、曲げモーメント図を描くポイントは次のようになります。

曲げモーメント図を描くポイント
・両端のピン・ローラーで $M = 0$ kN・m をおさえる
・荷重点の曲げモーメントの値を求める
・直線グラフでまとめる

以上の 3 点をおさえれば曲げモーメント図は容易に描けるのです。

スパナ化法（集中荷重を受ける単純梁）

手順1　両端（A, B）のピン・ローラーの曲げモーメント＝0kN・mをプロットします。

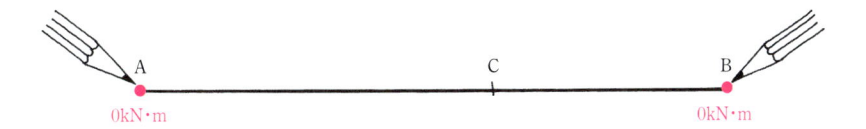

ピン・ローラー　$M=0$kN・mをプロット

手順2　荷重点Cの曲げモーメントをスパナ化法で求めます。スパナ化は左右どちらでもかまいません。

　スパナの変形から引張りが出る側をおさえ、引張りが出る側に曲げモーメント値をプロットします。

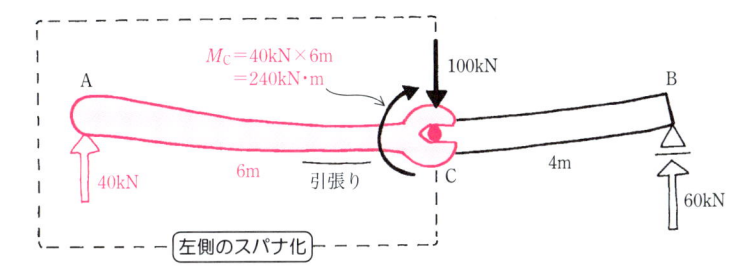

$M_C = 40$kN $\times 6$m $= 240$kN・m

100kN, 40kN, 60kN, 6m, 4m, 引張り

左側のスパナ化

スパナ化法で荷重点の曲げモーメントを求める

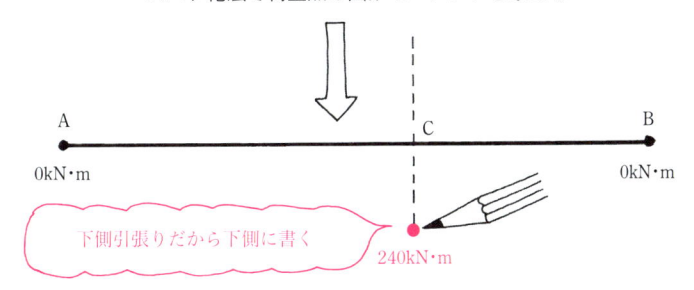

下側引張りだから下側に書く

240kN・m

荷重点の値をプロット

手順3　A-C-Bを直線で結んで曲げモーメント図を完成させます。

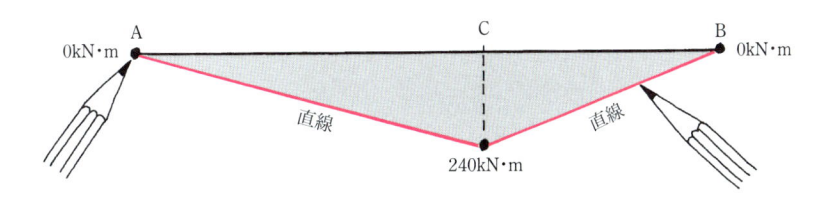

直線　240kN・m　直線

曲げモーメント図（完成図）

2 単純梁　モーメント荷重の場合

p39 で紹介したモーメント荷重を受ける単純梁の曲げモーメント図をスパナ化法で描いてみます。

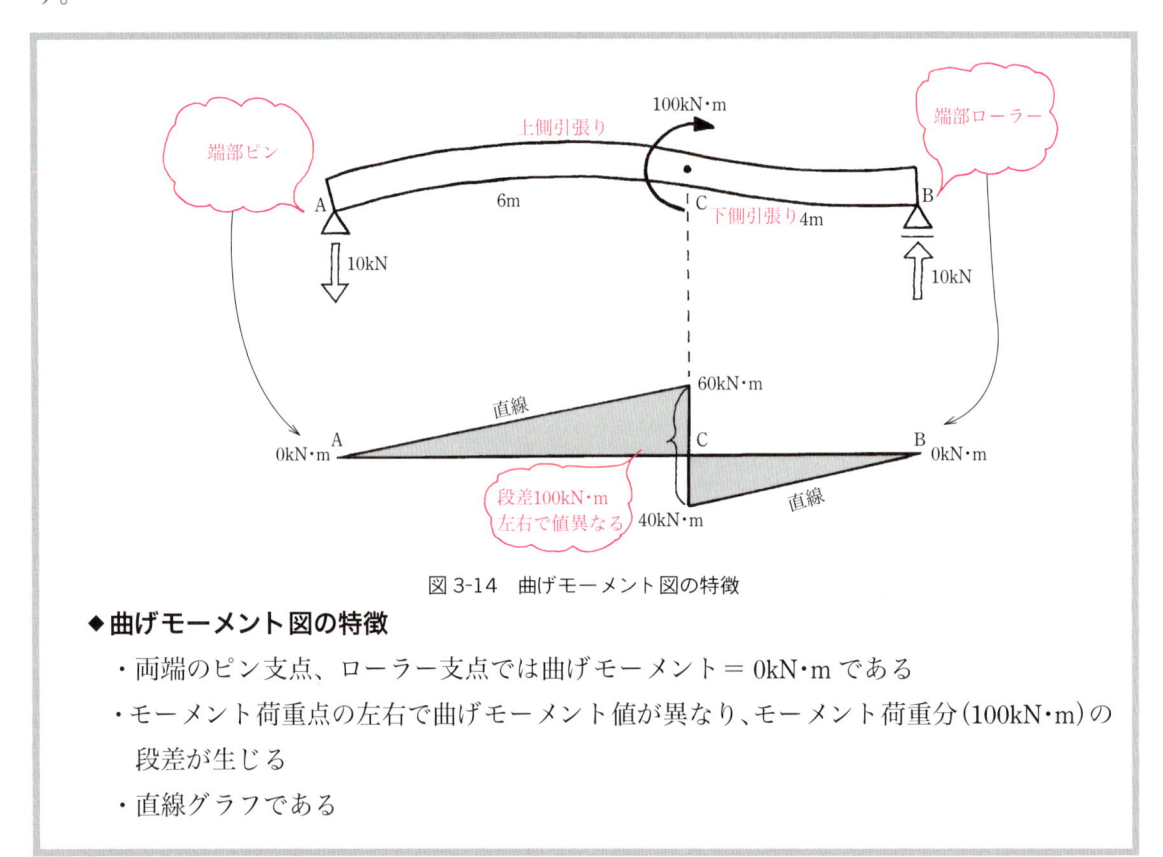

図 3-14　曲げモーメント図の特徴

◆**曲げモーメント図の特徴**
- 両端のピン支点、ローラー支点では曲げモーメント＝0kN・m である
- モーメント荷重点の左右で曲げモーメント値が異なり、モーメント荷重分（100kN・m）の段差が生じる
- 直線グラフである

モーメント荷重による変形は図3-14のようになります。AC間では上側引張り、CB間では下側引張り、モーメント荷重のある点Cで引張り側が入れ替わるのです。そのため、曲げモーメント図に段差ができるのです。この特徴より曲げモーメント図を描くポイントは次のようになります。

曲げモーメント図を描くポイント
- 両端のピン・ローラーで $M = 0$ kN・m をおさえる
- モーメント荷重点左右の曲げモーメントの値を求める
- 直線グラフでまとめる

以上の3点をおさえて曲げモーメント図を描けばよいのです。

スパナ化法（モーメント荷重を受ける単純梁）

手順1 両端のピン・ローラーの曲げモーメント＝0 kN·m をプロットします。

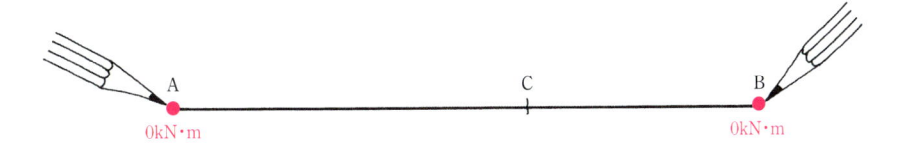

ピン・ローラー $M = 0$ kN·m をプロット

手順2 モーメント荷重点C左右の曲げモーメントをスパナ化法で求めます。

スパナの変形から引張りが出る側をおさえ、引張りが出る側に曲げモーメント値をプロットします。

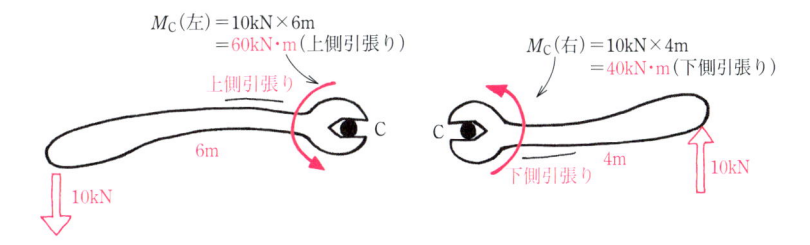

M_C(左) $= 10$kN $\times 6$m
$= 60$kN·m（上側引張り）

M_C(右) $= 10$kN $\times 4$m
$= 40$kN·m（下側引張り）

スパナ化法で荷重点左右の曲げモーメントを求める

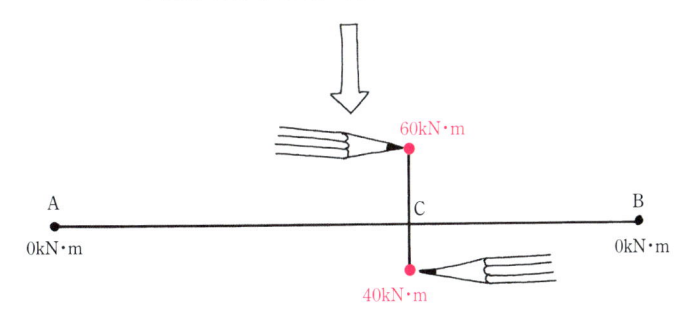

荷重点左右の値をプロット

手順3 A-C間、C-B間を直線で結んで曲げモーメント図を完成させます。

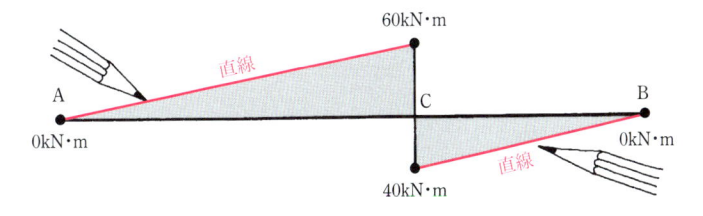

曲げモーメント図 （完成図）

例題 3-2 図のように集中荷重を受ける片持ち梁のせん断力図、曲げモーメント図を描きなさい。

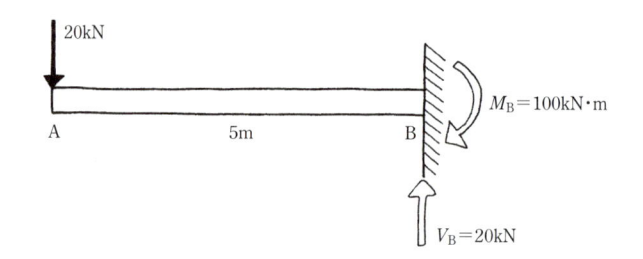

集中荷重を受ける片持ち梁

反力計算については、p27 参照

解 答

手順1 矢印図法でせん断力図を描きます。

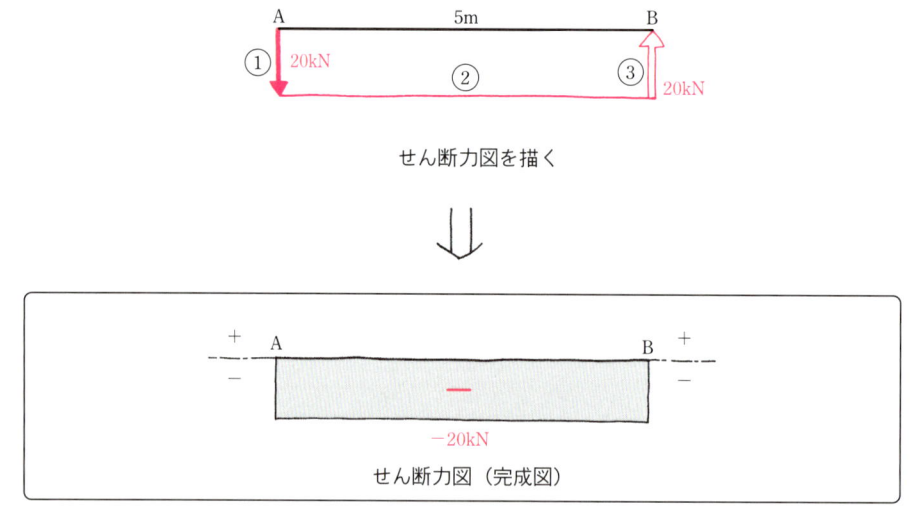

せん断力図を描く

せん断力図（完成図）

手順2 自由端 A で曲げモーメント＝0 kN・m。荷重（20kN）から離れるにしたがって曲げモーメントは大きくなり、固定支点 B で最大になります。点 B の曲げモーメント値 M_B をスパナ化法により求めて、曲げモーメント図を完成させます。

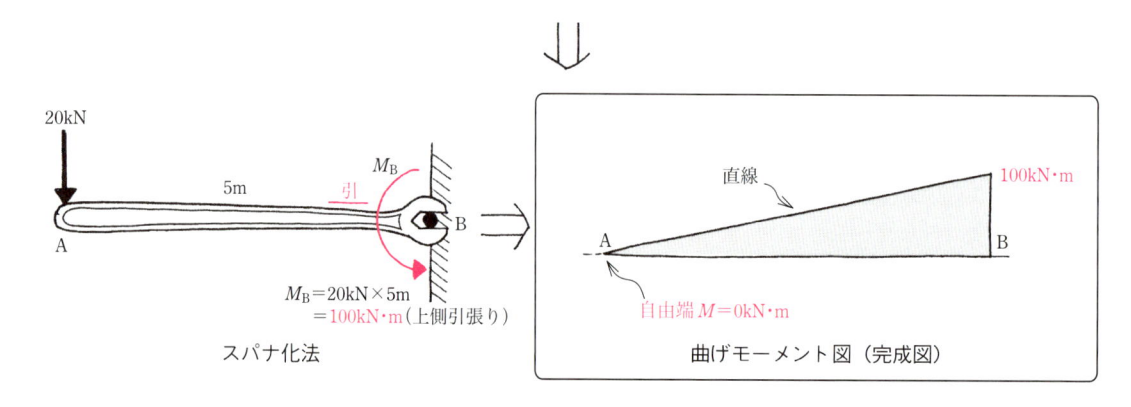

$M_B = 20\text{kN} \times 5\text{m} = 100\text{kN・m}$（上側引張り）

スパナ化法

曲げモーメント図（完成図）

自由端 $M = 0\text{kN・m}$

例題 3-3 図のように 2 つの集中荷重を受ける単純梁のせん断力図、曲げモーメント図を描きなさい。

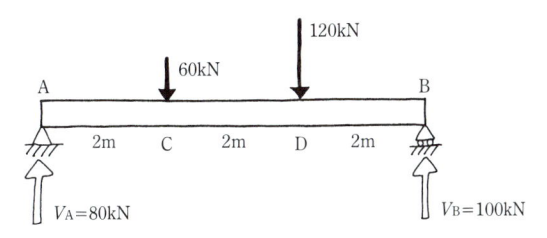

2 つの集中荷重を受ける単純梁

反力計算については、1 章練習問題解答 p183 参照

解 答

手順 1 矢印図法でせん断力図を描きます。

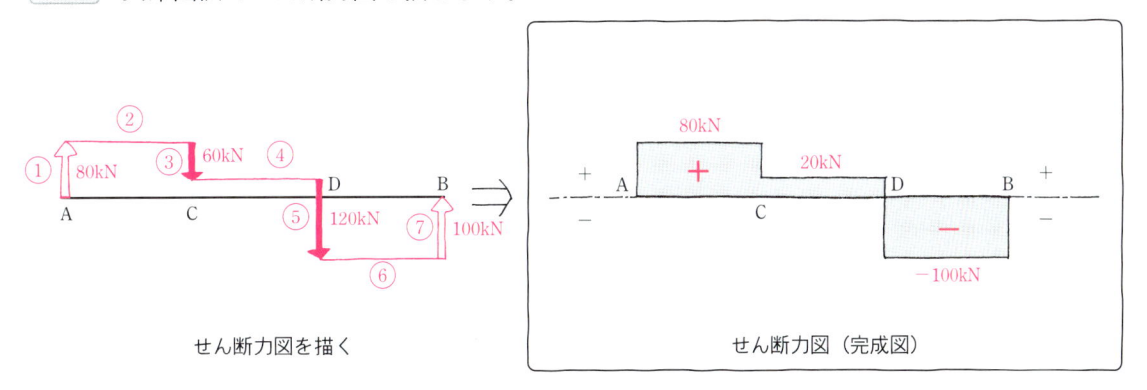

せん断力図を描く　　せん断力図（完成図）

手順 2 両端ピン・ローラーで曲げモーメント $M_A = M_B = 0$ kN·m。荷重点 C、点 D の曲げモーメント値 M_C、M_D をスパナ化法によって求め、曲げモーメント図を完成させます。

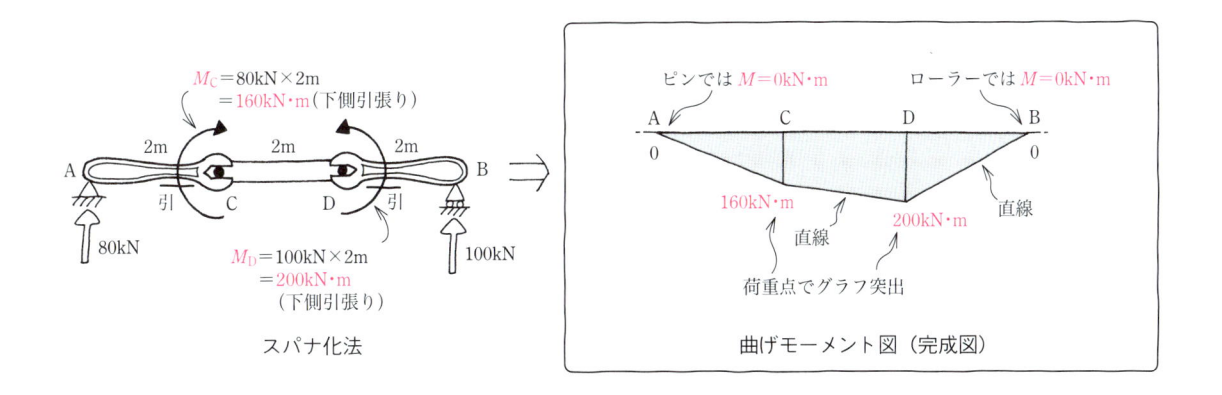

$M_C = 80\text{kN} \times 2\text{m} = 160\text{kN·m}$（下側引張り）

$M_D = 100\text{kN} \times 2\text{m} = 200\text{kN·m}$（下側引張り）

スパナ化法　　曲げモーメント図（完成図）

3 単純ラーメン　集中荷重

p45 で紹介した水平力を受ける単純ラーメンの曲げモーメント図をスパナ化法で描いてみます。図 3-15 より、曲げモーメント図の特徴を捉えてみましょう。

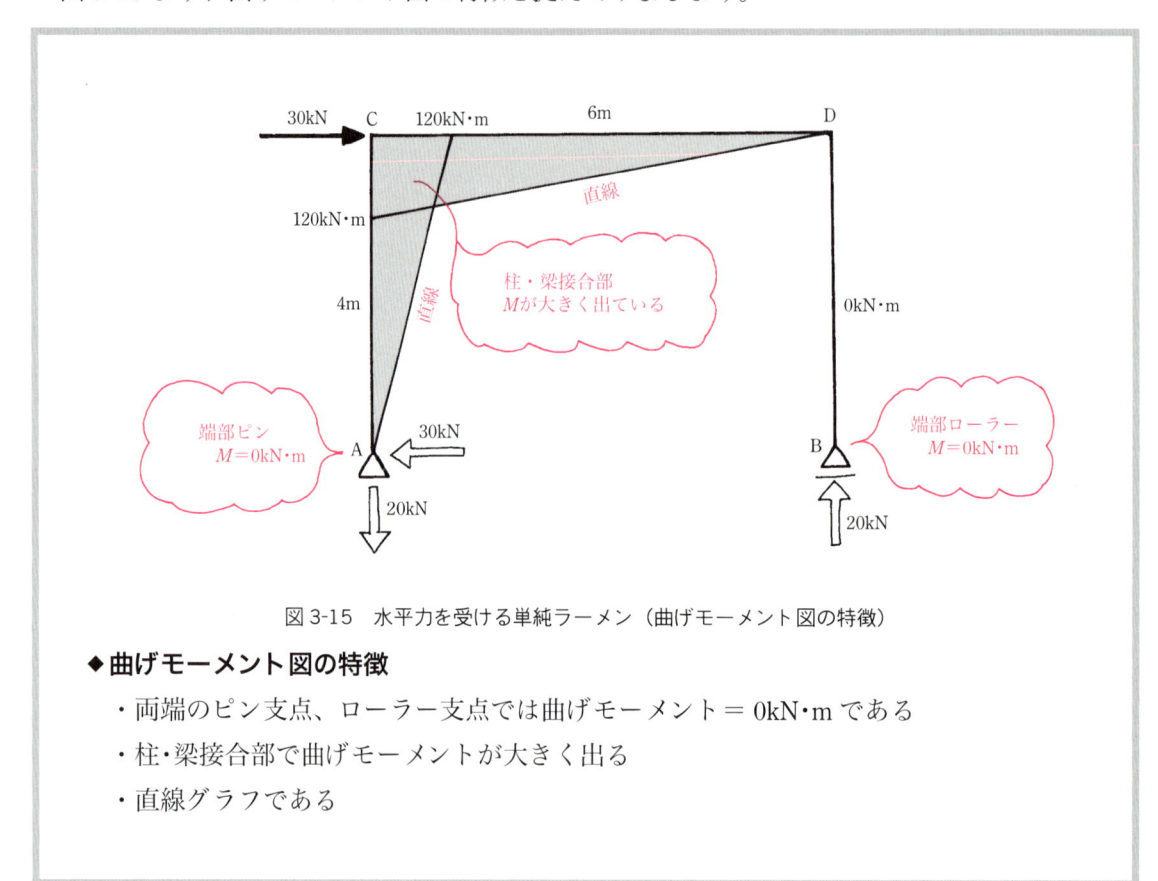

```
         30kN  C  120kN·m      6m        D
         →                                
                                      直線
              120kN·m
                      直線   柱・梁接合部
                            M が大きく出ている
              4m                              0kN·m

  端部ピン          30kN                    端部ローラー
  M=0kN·m   A     ←                    B    M=0kN·m
                  △                       △
                  ↓20kN                    ↑20kN
```

図 3-15　水平力を受ける単純ラーメン（曲げモーメント図の特徴）

◆ **曲げモーメント図の特徴**
- 両端のピン支点、ローラー支点では曲げモーメント＝ 0kN·m である
- 柱・梁接合部で曲げモーメントが大きく出る
- 直線グラフである

左柱の曲げモーメントは柱脚の水平反力によって生じています。したがって、柱脚から最も離れた柱頭（柱・梁接合部）で柱部最大の曲げモーメントが生じるのです。水平反力のない右柱には曲げモーメントは生じません。集中荷重を受ける単純梁で得た特徴も合わせると、曲げモーメント図を描くポイントは次のようになります。

曲げモーメント図を描くポイント
- 両端のピン・ローラーで $M = 0$ kN·m をおさえる
- 荷重点の曲げモーメントの値を求める
- 柱・梁接合部の曲げモーメントの値を求める
- 直線グラフでまとめる

以上の 4 点をおさえて曲げモーメント図を描けばよいのです。

スパナ化法（水平力を受ける単純ラーメン）

手順1　両端のピン・ローラーの曲げモーメント＝0kN・m をプロットします。

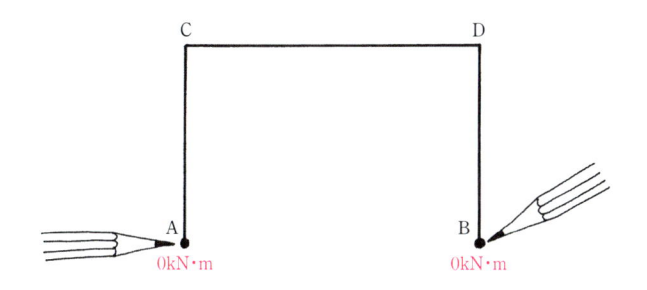

ピン・ローラー　$M = 0$kN・m をプロット

手順2　左柱頭（点C）にスパナを掛け、柱を柄にして水平反力による曲げモーメントを求めます。スパナの変形から引張りが出る側をおさえ、引張りが出る側（右側）に曲げモーメント値（120kN・m）をプロットします。右柱頭（点D）も同様にスパナ化しますが、水平反力がないので、$M_D = 0$kN・m。A-C間を直線で結び、柱の曲げモーメント図の完成です。

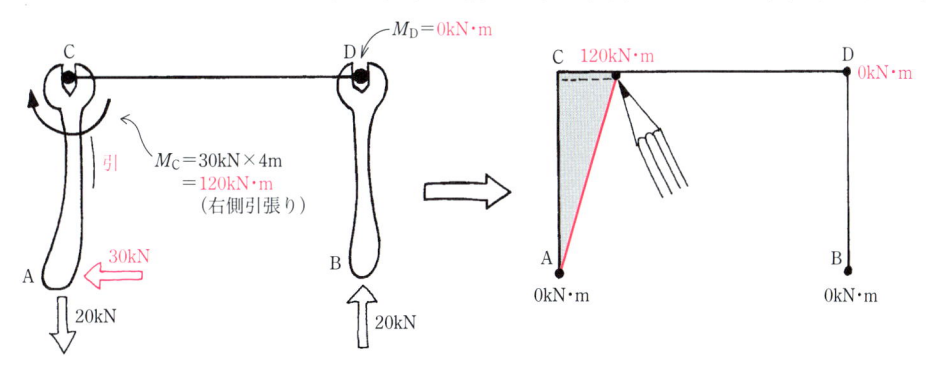

$M_D = 0$kN・m

$M_C = 30$kN $\times 4$m $= 120$kN・m
（右側引張り）

30kN
20kN
20kN

スパナ化　　　　　　　　　柱・梁接合部の値をプロット

手順3　点C、Dでは、柱と梁の曲げモーメントの大きさが等しく内側なら内側どうし（外側であれば外側どうし）でまとめます。C-D間を直線で結んで曲げモーメント図全体の完成です。

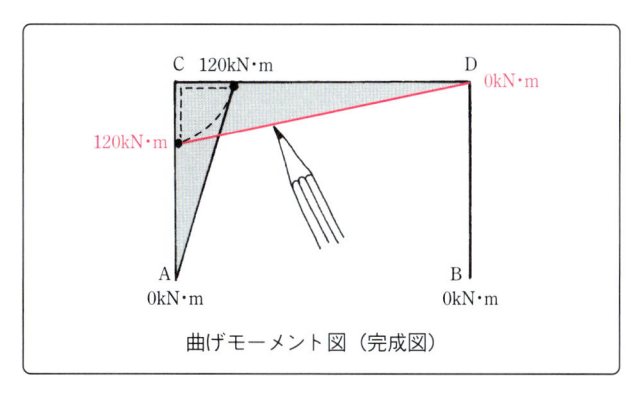

曲げモーメント図（完成図）

例題 3-4 図のように鉛直および水平荷重を受けるラーメンについてせん断力図および曲げモーメント図を描きなさい。

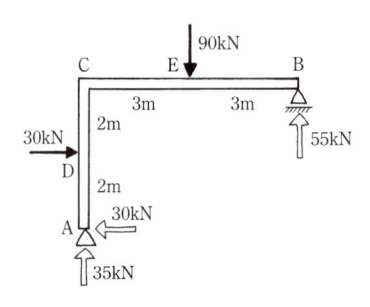

水平・鉛直荷重を受けるラーメン

反力計算は、1章練習問題解答 p184 参照

解 答

● せん断力図を矢印図法によって描きます

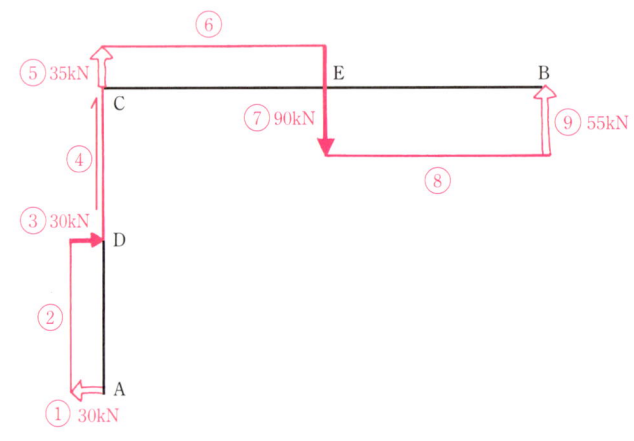

せん断力図を描く

◆ 柱の作図

① 左側（点 A）から始めます。点 A の水平反力 30kN を矢印方向（左向き）に出します。
② 力が作用していないところは柱に平行に直線を描きます。
③ 点 D の水平力 30kN を矢の方向（右向き）に続け、軸上点 D に至ります。
④ 点 D から柱に沿って進み、点 C に至ります。

◆ 梁の作図

⑤ 左側の点 C から始めます。点 A の反力（上向き 35kN）の矢印を点 C から上げます。
⑥ 力が作用していないところは水平に進みます。
⑦ 点 E の鉛直荷重 90kN を下ろします。
⑧ 力が作用していないところは水平に進みます。
⑨ 点 B の反力（上向き 55kN）を上げて軸上点 B に至ります。
⑩ ラーメンの外側を＋、内側を－としてグラフを完成させます。

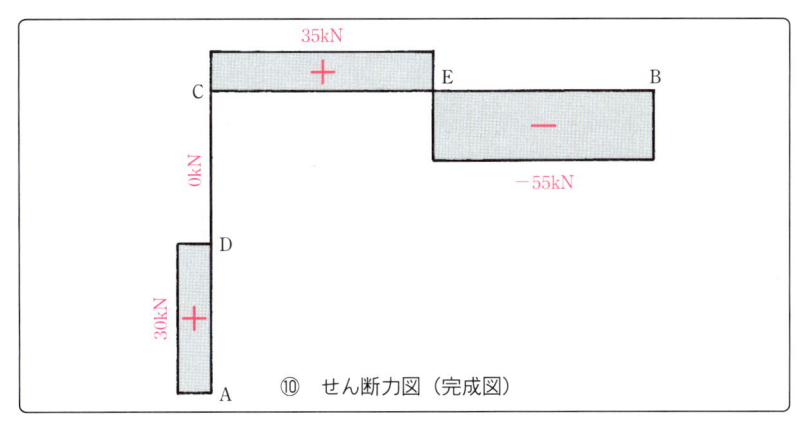

⑩ せん断力図（完成図）

● スパナ化法で曲げモーメント図を描いてみます。
　①両端のピン、ローラーで曲げモーメント＝0kN・mをプロットします。
　②柱・梁接合部Cにスパナをかけ、M_Cを求めます。
　③荷重点D、Eにスパナをかけ、M_D、M_Eを求めます。
　④各点を直線で結んで曲げモーメント図を完成させます。

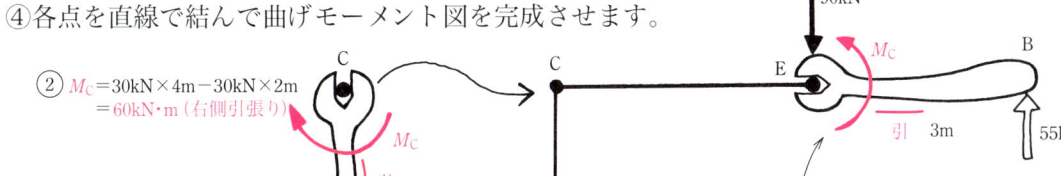

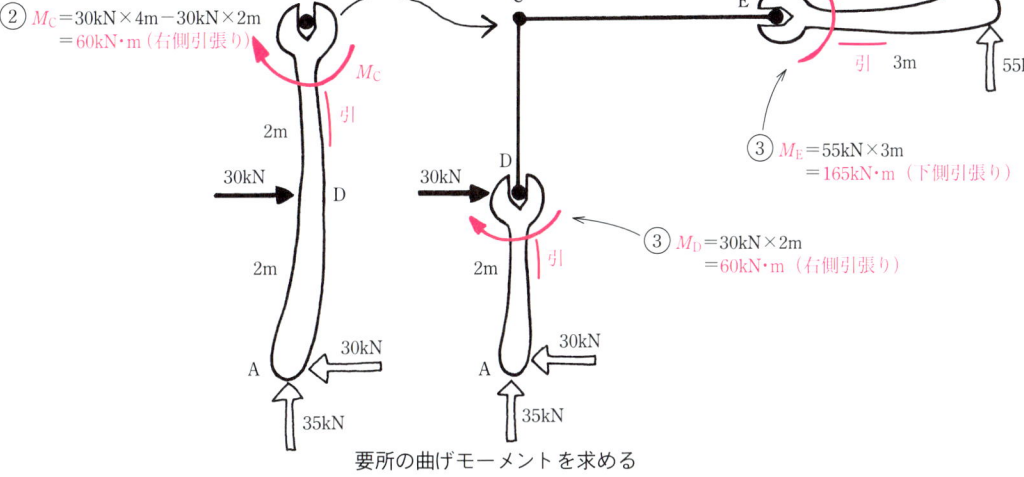

② $M_C = 30\text{kN} \times 4\text{m} - 30\text{kN} \times 2\text{m}$
　　　 $= 60\text{kN}\cdot\text{m}$（右側引張り）

③ $M_E = 55\text{kN} \times 3\text{m}$
　　　 $= 165\text{kN}\cdot\text{m}$（下側引張り）

③ $M_D = 30\text{kN} \times 2\text{m}$
　　　 $= 60\text{kN}\cdot\text{m}$（右側引張り）

要所の曲げモーメントを求める

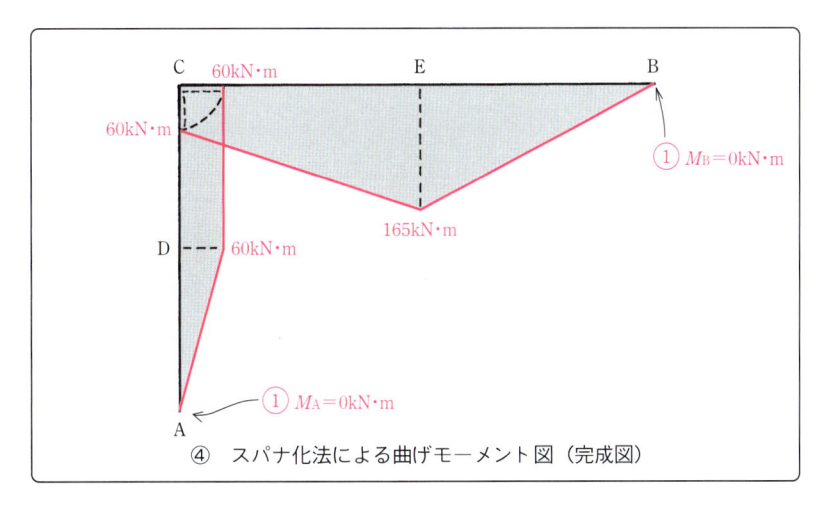

① $M_B = 0\text{kN}\cdot\text{m}$

① $M_A = 0\text{kN}\cdot\text{m}$

④ スパナ化法による曲げモーメント図（完成図）

3・3 曲げモーメント図の作図法
（その2　面積法）

　分布荷重問題は少しやっかいです。曲げモーメント最大となる地点を見つけるのが困難であったり、合力化の操作が必要になったりするからです。このような分布荷重問題に対しては、曲げモーメントとせん断力との関係を利用するのが有効です。

◆**曲げモーメントとせん断力との関係**

　基本事項を図3-16の単純梁で考察します。

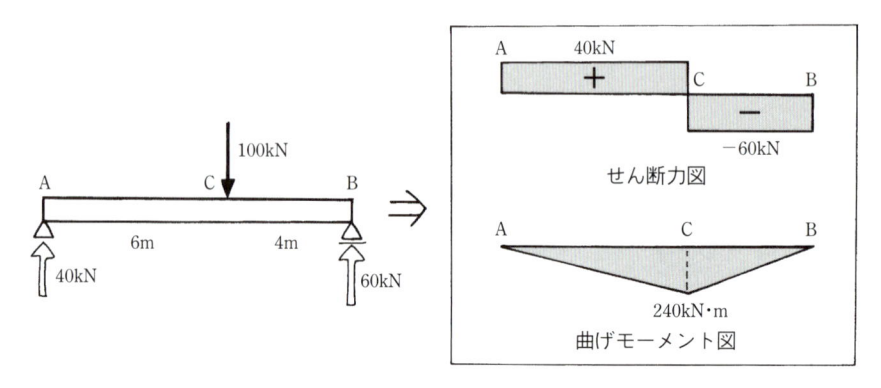

図3-16　集中荷重を受ける単純梁

---

point　せん断力の値＝曲げモーメント図の傾き

曲げモーメント図のグラフの傾きを計算してみます。

　　曲げモーメント図　A-C間の傾き $= \dfrac{240\text{kN·m}-0}{6\text{m}} = 40\text{kN} = Q_{AC}$

　　曲げモーメント図　C-B間の傾き $= \dfrac{0-240\text{kN·m}}{4\text{m}} = -60\text{kN} = Q_{CB}$

このように、曲げモーメント図の傾きはせん断力の値になっているのです。

---

point　曲げモーメントの値＝せん断力図の面積

　点Cの曲げモーメントは反力にA-C間の距離を乗じることによって求めることができます。

　　$M_C = 240\text{kN·m} =$ 反力 $40\text{kN} \times$ A-C間の距離 $6\text{m} =$ せん断力図 A-C間の面積

このように曲げモーメントの値はせん断力図の面積として求めることができるのです。

面積法（分布荷重を受ける単純梁）

これらの関係を p38 図 2-13 であつかった分布荷重の問題に適用します。

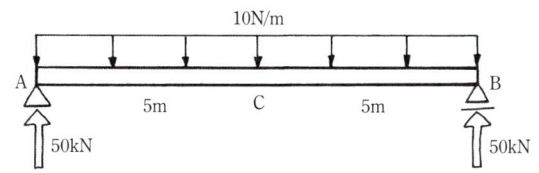

分布荷重を受ける単純梁

手順1 矢印図法でせん断力図を描き、曲げモーメントが最大となる地点を見つけます。曲げモーメント最大の地点では、曲げモーメント図の傾きが 0 です。したがって、せん断力が 0kN の地点で曲げモーメンが最大になります。

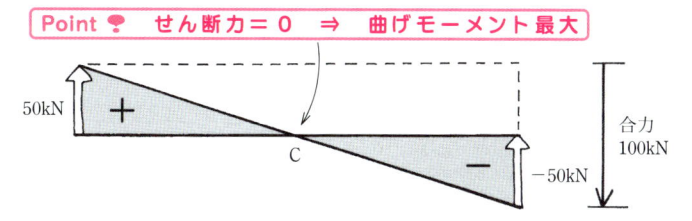

Point せん断力＝0 ⇒ 曲げモーメント最大

せん断力図を描き、曲げモーメント最大の地点を見つける

手順2 せん断力図で、一番左（点A）から点Cまでの面積を求めます。それが最大曲げモーメントの値です。面積計算で曲げモーメントを求めるので、<u>面積法</u>と称しておきます。

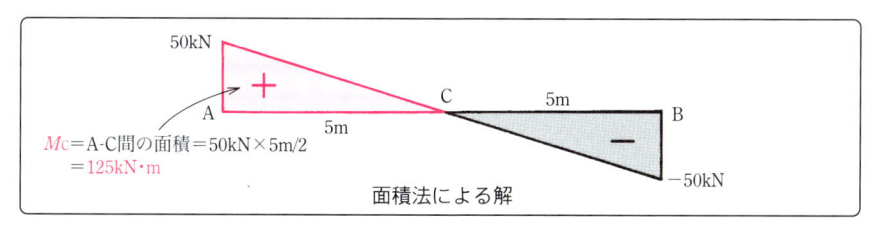

M_C = A-C間の面積 = 50kN × 5m/2
= 125kN·m

面積法による解

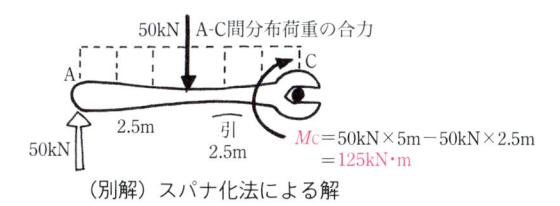

M_C = 50kN × 5m − 50kN × 2.5m
= 125kN·m

（別解）スパナ化法による解

手順3 ピン・ローラーで曲げモーメント 0kN·m、点Cの最大値を曲線で結んで曲げモーメント図を完成させます。面積法の結果は軸の下側を＋として描きます。

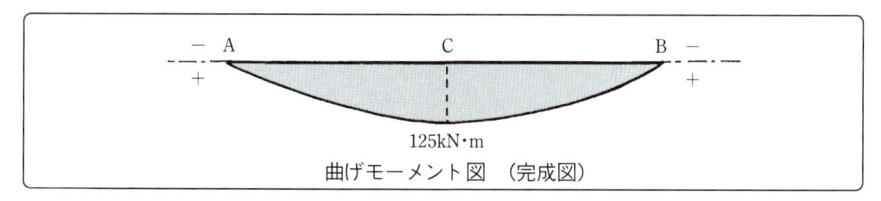

125kN·m

曲げモーメント図（完成図）

例題 3-5 図のように分布荷重を受ける片持ち梁のせん断力図、曲げモーメント図を描きなさい。

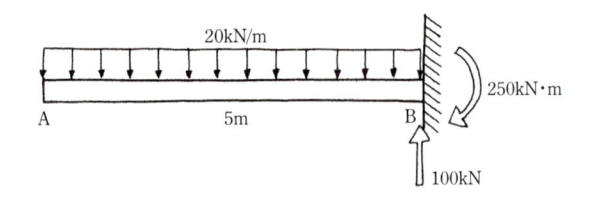

分布荷重を受ける片持ち梁

反力計算については、1章練習問題解答 p183 参照

解　答

手順1 矢印図法でせん断力図を描きます。

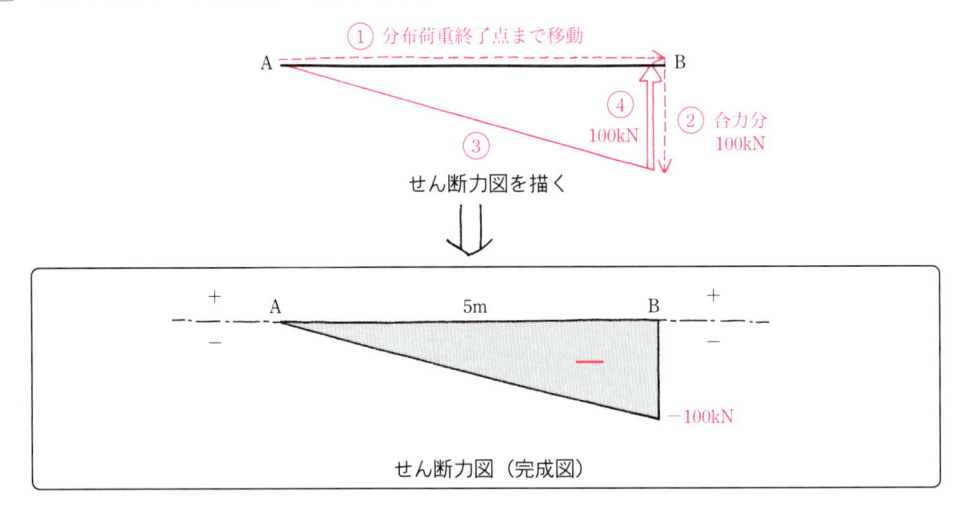

せん断力図を描く

せん断力図（完成図）

手順2 せん断力図をもとに、点Bの曲げモーメント値 M_B を**面積法**で求め、曲げモーメント図を完成させます。−の数値なので軸の上側に描きます。

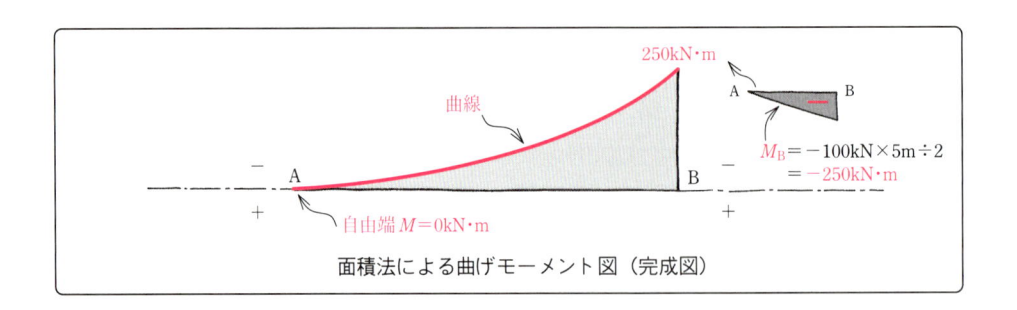

$M_B = -100\text{kN} \times 5\text{m} \div 2 = -250\text{kN·m}$

自由端 $M = 0\text{kN·m}$

面積法による曲げモーメント図（完成図）

例題 3-6 図のように分布荷重を受ける単純梁のせん断力図、曲げモーメント図を描きなさい。

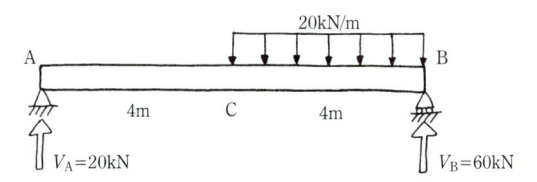

分布荷重を受ける片持ち梁

反力計算については、1章練習問題解答 p183 参照

解答

手順1 矢印図法でせん断力図を描きます。

せん断力図を描く

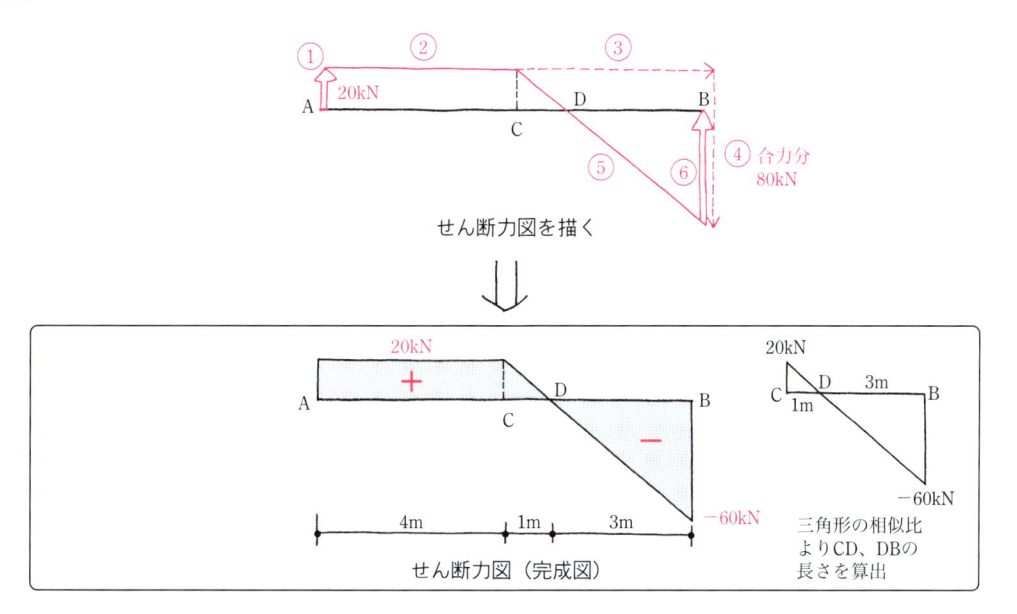

せん断力図（完成図）

三角形の相似比よりCD、DBの長さを算出

手順2 せん断力図をもとに、点C、点Dの曲げモーメント値 M_C、M_D を**面積法**で求め、曲げモーメント図を完成させます。＋の数値なので軸の下側に描きます。

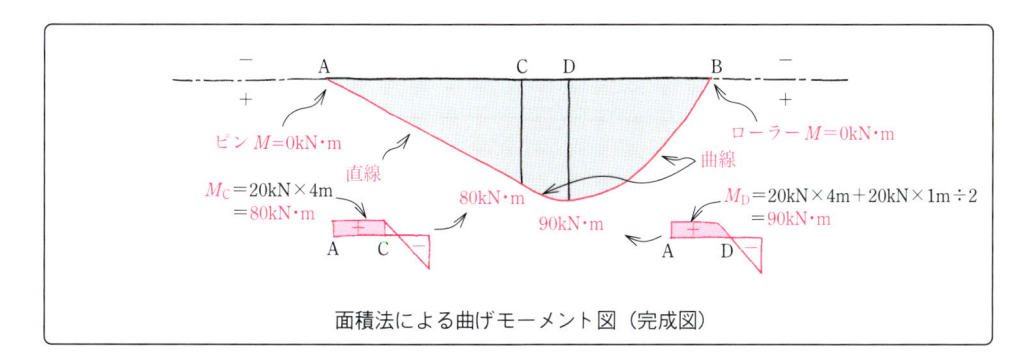

ピン $M=0$ kN・m
ローラー $M=0$ kN・m
$M_C = 20\text{kN} \times 4\text{m} = 80\text{kN·m}$
$M_D = 20\text{kN} \times 4\text{m} + 20\text{kN} \times 1\text{m} \div 2 = 90\text{kN·m}$

面積法による曲げモーメント図（完成図）

例題 3-7 図のように分布荷重と集中荷重を受ける梁についてせん断力図および曲げモーメント図を描きなさい。

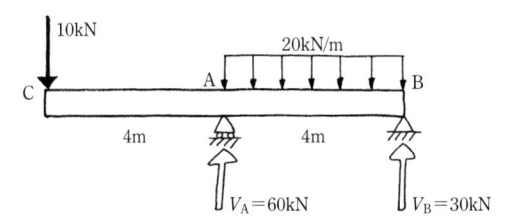

分布荷重を受ける単純梁

反力計算は、1章練習問題解答 p183 参照

解 答

手順1 せん断力図を矢印図法によって描きます。

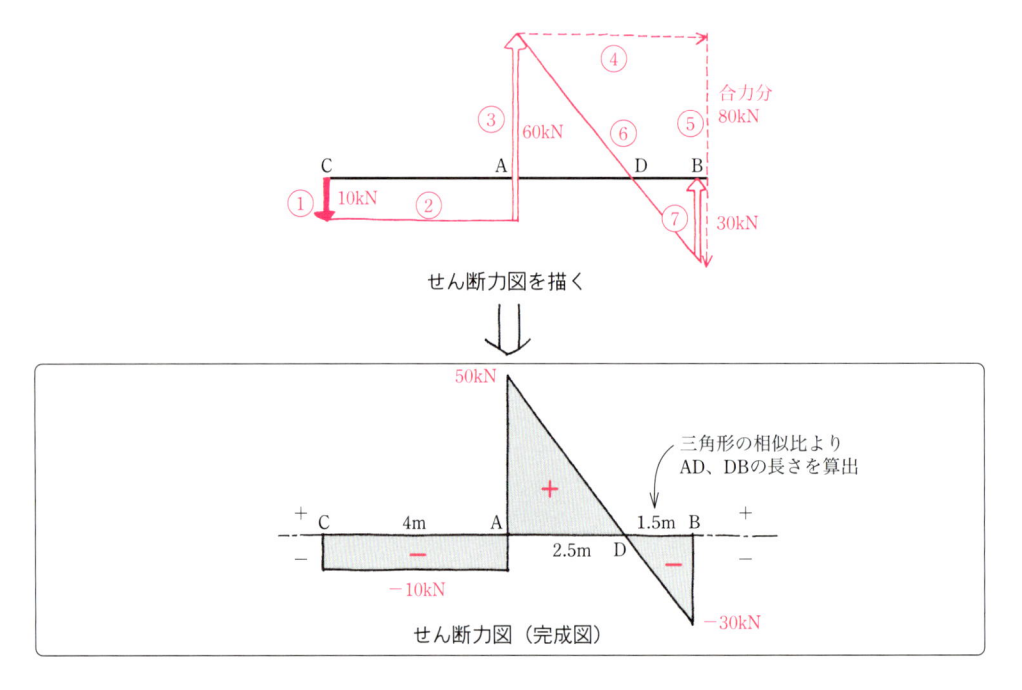

せん断力図を描く

せん断力図（完成図）

手順2 せん断力図をもとに、点A、点Dの曲げモーメント値 M_A、M_D を**面積法**で求め、曲げモーメント図を完成させます。

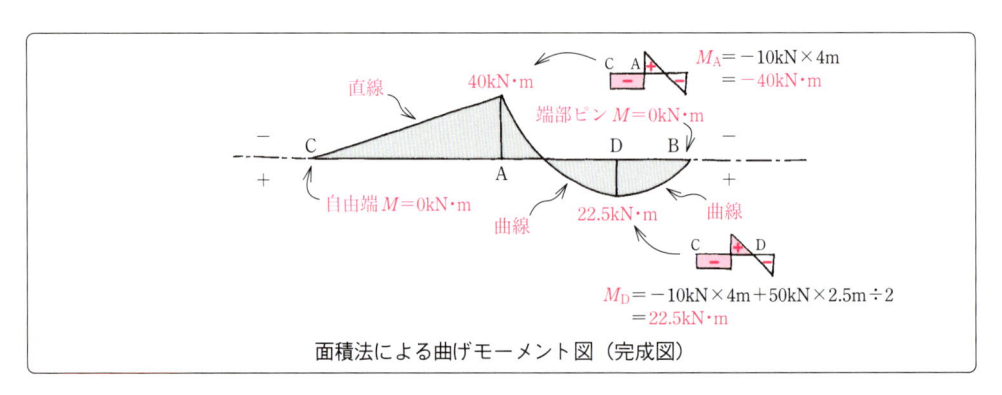

$M_A = -10\text{kN} \times 4\text{m} = -40\text{kN}\cdot\text{m}$

$M_D = -10\text{kN} \times 4\text{m} + 50\text{kN} \times 2.5\text{m} \div 2 = 22.5\text{kN}\cdot\text{m}$

面積法による曲げモーメント図（完成図）

3・4 重ね合わせの原理

複数の力を受ける構造物を計算する場合、それぞれの力について考え、最後に重ね合わせる（足し合わせる）ことによって解を得ることができます。これを**重ね合わせの原理**といい、弾性領域の構造体について利用することができます。

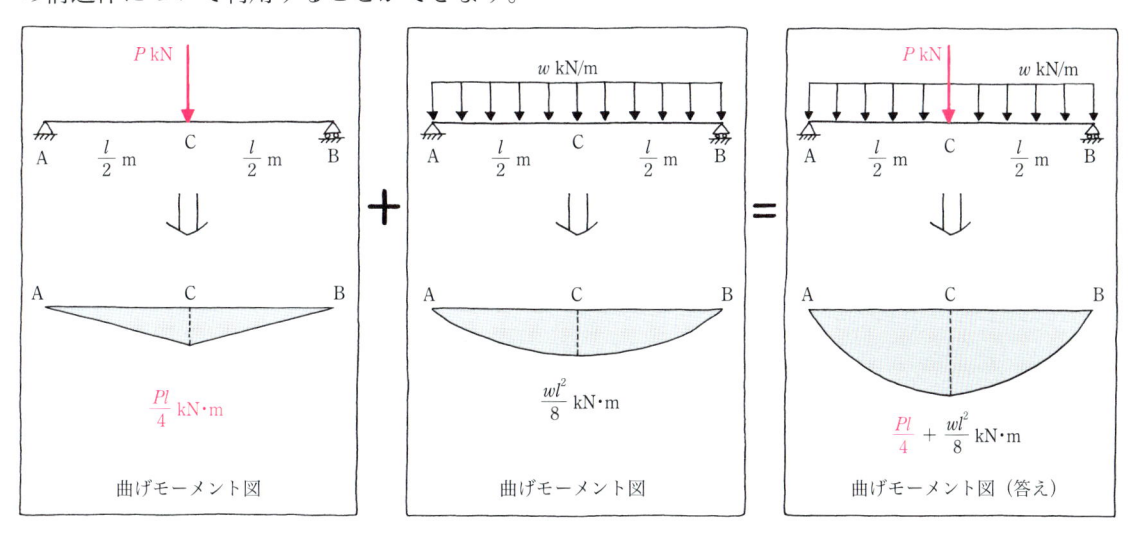

図 3-17 重ね合わせの原理

例題 3-8 (a)の曲げモーメント図をもとに重ね合わせの原理を用いて、(b)の曲げモーメント図を描きなさい。

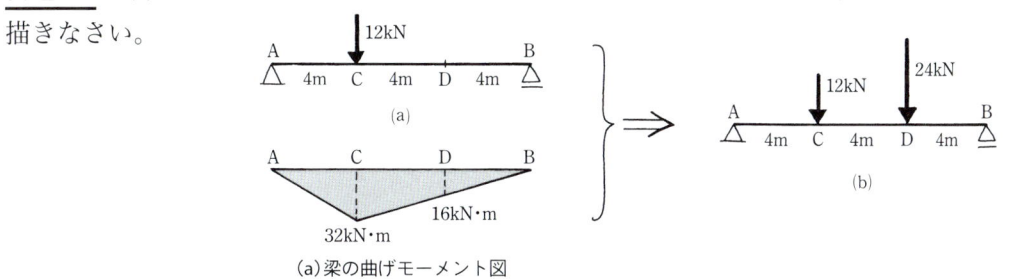

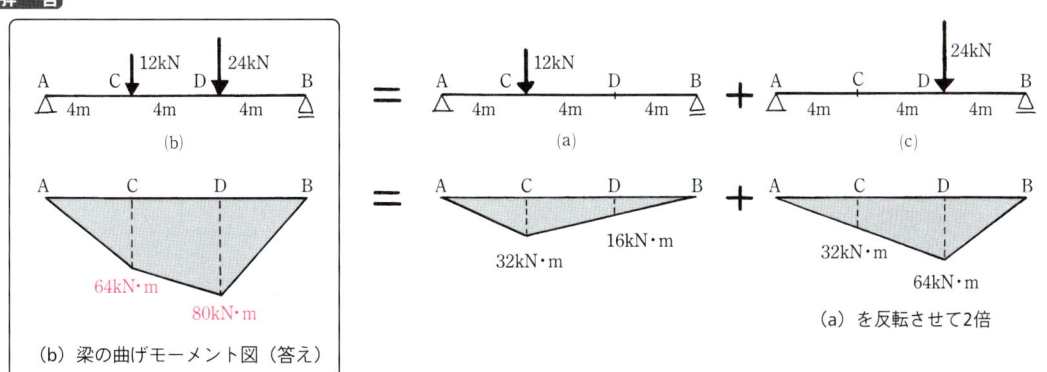

(a) 梁の曲げモーメント図

解 答

(b) 梁の曲げモーメント図（答え）

(a)を反転させて2倍

練習問題

問題 3-1 次の梁について曲げモーメント図、せん断力図を描きなさい。

(1)

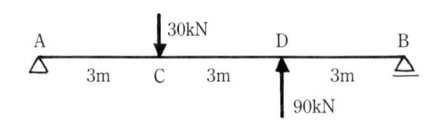

(2)

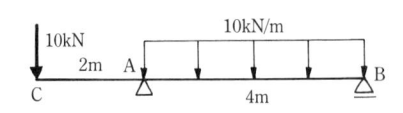

(3)

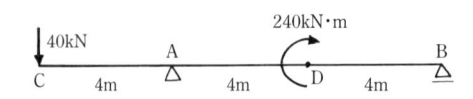

問題 3-2 次のラーメンについて曲げモーメント図、せん断力図を描きなさい。

(1)

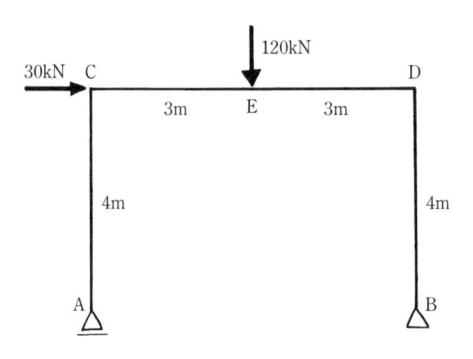

(2)

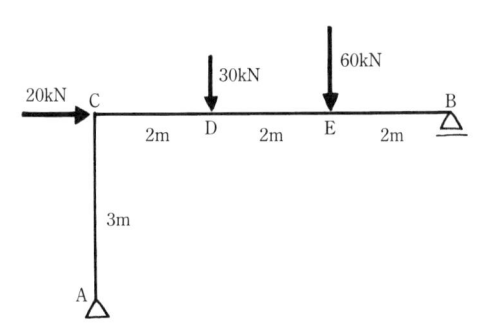

4章 静定トラスの解法

4・1 切断法

　トラスとは三角形を組み合わせて作り出す構造物です。トラスは解き方から分類すると、2形体に分けることができます。各部の名称特徴と合わせて図4-1に示します。

荷重：節点のみに作用
節点：部材間のつなぎ目ヒンジであり曲げモーメントを伝えない
部材：軸方向力(引張力・圧縮力)しか発生しない

(a) 単純梁型　　　　　　　　　　　　(b) 片持ち梁型

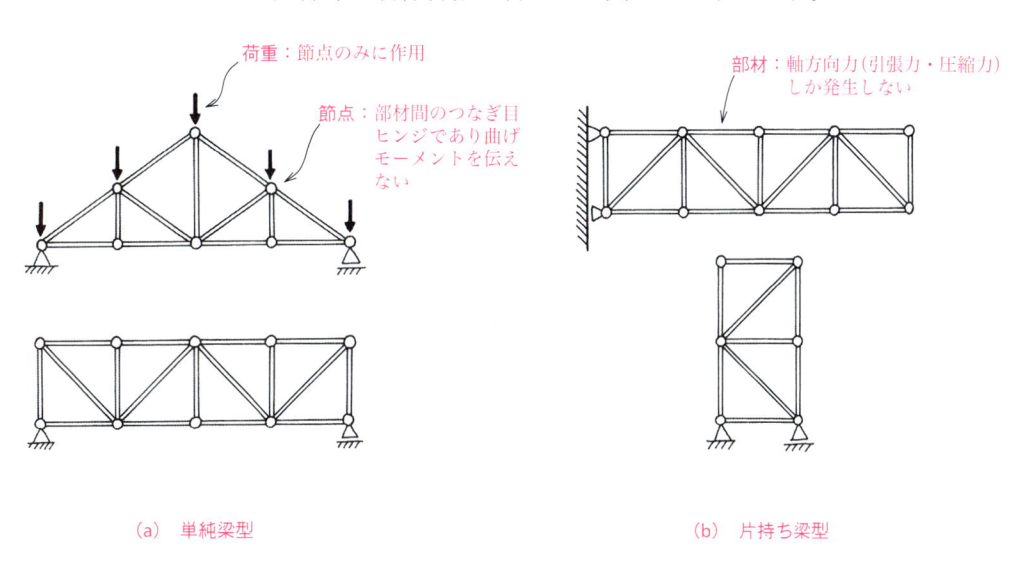

図4-1　トラスの特徴、名称、2形体

　形体によって若干解法手順が異なりますので、それぞれについて解説していきます。
(a) **単純梁型**……2つの支点が離れており、単純梁のような形体をしたもの
(b) **片持ち梁型**……2つの支点間が隣接し、構造体が突出した片持ち梁のような形体のもの

1 単純梁型の場合

図 4-2 の単純梁型トラスについて、3 部材の軸方向力 N_{CD}、N_{CG}、N_{FG} を求めてみます。

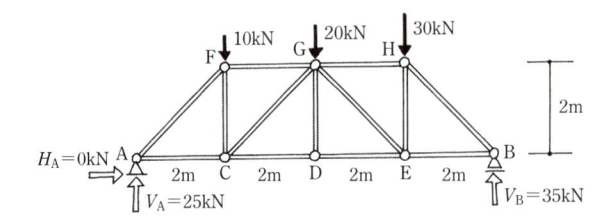

図 4-2　単純梁型トラス

手順 1　反力を求めます。単純梁型トラスを解くには反力が必要です。

$\Sigma X = 0$： $H_A = 0$　　　　　　　　　　　　　　　　　　　　式 4-1(a)

$\Sigma Y = 0$： $V_A + V_B - 10 - 20 - 30 = 0$　⇒　$V_A + V_B = 60$　式 4-1(b)

$\Sigma M_A = 0$： $10 \times 2 + 20 \times 4 + 30 \times 6 - V_B \times 8 = 0$　　式 4-1(c)

⇒　$H_A = 0\text{kN}$　　$V_A = 25\text{kN}$　　$V_B = 35\text{kN}$

手順 2　求めたい部材の位置で図 4-3 のように切断します。切断して軸方向力を求める手法なので**切断法**と呼ばれています。

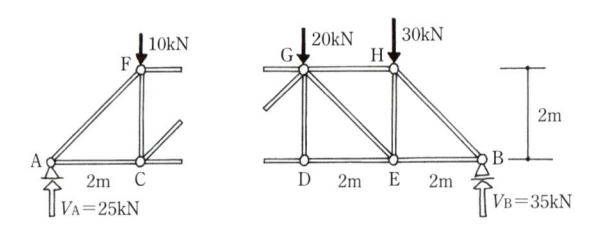

図 4-3　トラスを切断する

手順 3　切断した片側を取り出し、切断位置に軸方向力の矢印を描きます。図 4-4 のように矢印は必ず部材から出る方向（引張力の方向）に描きます。

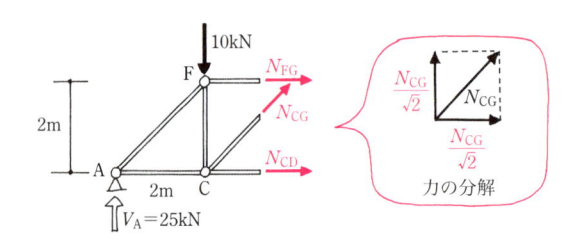

図 4-4　軸方向力の矢印を描く

手順 4 図 4-4 について、力の釣り合い式をたてて軸方向力を求めます。斜め方向の力 N_{CG} は水平・鉛直方向に分解し（p12 参照）、力の釣り合い式に入れます。

$$\Sigma X = 0 : \quad N_{FG} + \frac{1}{\sqrt{2}} N_{CG} + N_{CD} = 0 \qquad \text{式 4-2（a）}$$

$$\Sigma Y = 0 : \quad 25 - 10 + \frac{1}{\sqrt{2}} N_{CG} = 0 \qquad \text{式 4-2（b）}$$

$$\Sigma M_C = 0 : \quad 25 \times 2 + N_{FG} \cdot 2 = 0 \qquad \text{式 4-2（c）}$$

モーメントの釣り合い式 $\Sigma M = 0$ については、図 4-5 のように未知の軸方向力（N_{CD}、N_{CG}、N_{FG}）上に直線を引き、それらの直線の**交点を中心**とします。交点を作る 2 つの未知の軸方向力が式に現れないので、未知数 1 つの簡単な式が得られるからです。

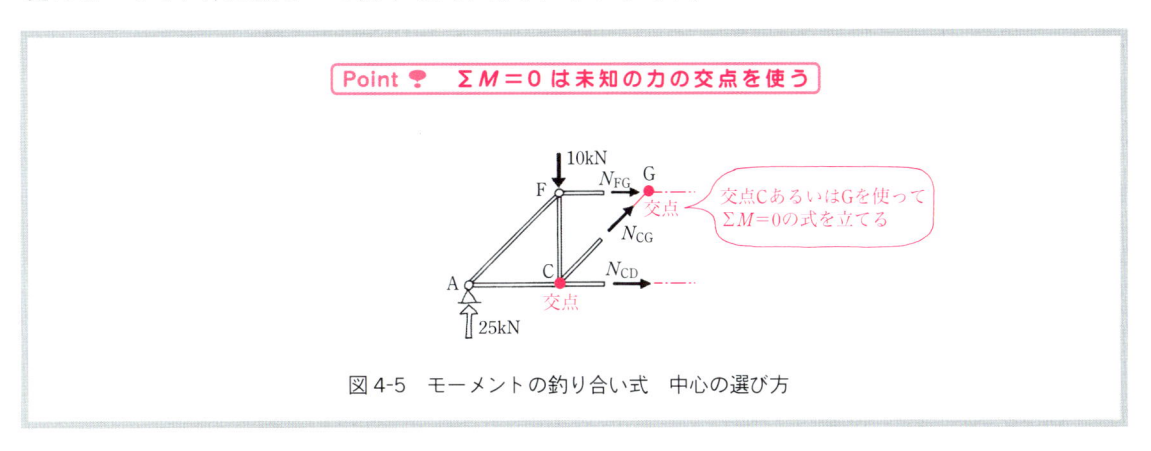

> **Point** $\Sigma M = 0$ は未知の力の交点を使う
>
> 図 4-5　モーメントの釣り合い式　中心の選び方

手順 5 力の釣り合い式を解いて軸方向力を求めます。

$$N_{CD} = 40\text{kN（引張力）} \quad N_{CG} = -15\sqrt{2}\text{kN（圧縮力）} \quad N_{FG} = -25\text{kN（圧縮力）}$$

矢印は引張力の方向に設定しましたので、**＋の結果は引張力、－の結果は圧縮力**と判断します。

2　片持ち梁型の場合

図 4-6 の片持ち梁型トラスについて、3 部材の軸方向力 N_{CD}、N_{CG}、N_{FG} を切断法で求めてみます。

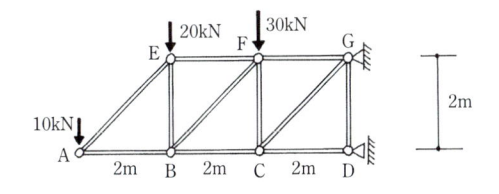

図 4-6　片持ち梁型トラス

片持梁型は反力を求める必要がありません。切断後、反力のない方を選び、力の釣り合い式をたてればよいからです。

[手順1] 求めたい部材の位置で切断します。

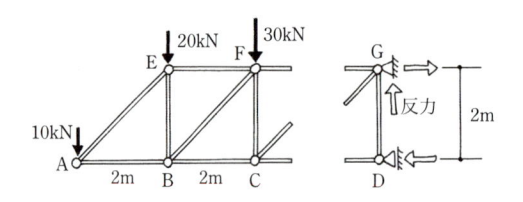

図4-7 トラスを切断する

[手順2] 図4-7の反力がない方を取り出し、切断位置に力の矢印を描きます。矢印は部材から出る方向（引張力の方向）に描きます。

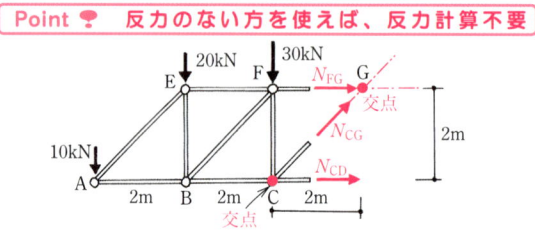

図4-8 軸方向力矢印を描く（軸方向力の交点も示しておく）

[手順3] 図4-8について、力の釣り合い式をたてます。ただし、$\Sigma X = 0$ は未知数3つの入った複雑な式になるので、ここでは図4-8に示した2つの交点（C、G）を利用してモーメントの釣り合い式を2つたてることにします。

$$\Sigma Y = 0: \quad \frac{1}{\sqrt{2}} N_{CG} - 10 - 20 - 30 = 0 \qquad \text{式4-3(a)}$$

$$\Sigma M_C = 0: \quad N_{FG} \cdot 2 - 10 \times 4 - 20 \times 2 = 0 \qquad \text{式4-3(b)}$$

$$\Sigma M_G = 0: \quad -N_{CD} \cdot 2 - 10 \times 6 - 20 \times 4 - 30 \times 2 = 0 \qquad \text{式4-3(c)}$$

[手順4] 力の釣り合い式を解いて軸方向力を求めます。

$N_{CD} = -100$kN（圧縮力）　　$N_{CG} = 60\sqrt{2}$kN（引張力）　　$N_{FG} = 40$kN（引張力）

4・2 節点法

次に図 4-9 のような簡単なトラスについて考えてみましょう。

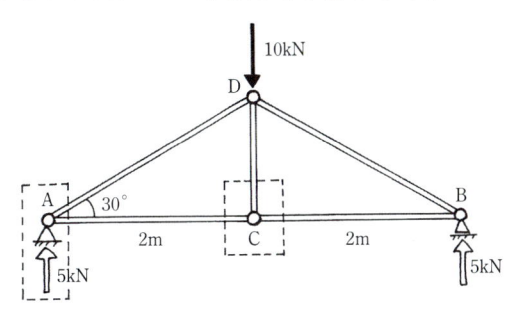

図 4-9 トラスを節点法で解く

反力を求め、図 4-10（図 4-9 点線枠 A）のように節点まわりに 2 本の部材を切断します。節点まわりで取り出して解く手法なので**節点法**と呼ばれています。

なお、節点法では 2 つの釣り合い式（$\Sigma X = 0$、$\Sigma Y = 0$）から軸方向力を求めますので、3 つ以上の未知の軸方向力がある節点には適用できません。

Point 未知の軸方向力は 2 つまで

◆節点 A について

手順1 切断した部材から出る方向に未知の軸方向力 N_{AC}、N_{AD} を設定します。

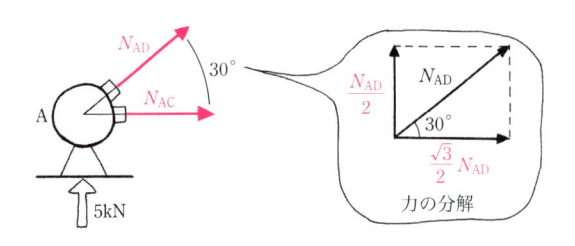

図 4-10 節点 A まわりで切断する　軸方向力の設定

手順2 図 4-10 について、水平方向および鉛直方向の力の釣り合い式をたてます。斜め方向の力は水平成分と鉛直成分に分解して式に入れます。

$$\Sigma X = 0 : \quad N_{AC} + \frac{\sqrt{3}}{2} N_{AD} = 0 \qquad \text{式 4-4（a）}$$

$$\Sigma Y = 0 : \quad \frac{1}{2} N_{AD} + 5 = 0 \qquad \text{式 4-4（b）}$$

手順3 力の釣り合い式を解いて N_{AC}、N_{AD} を求めます。

$N_{AC} = 5\sqrt{3}$ kN（引張力）　　　$N_{AD} = -10$ kN（圧縮力）

◆節点 C について

次に図4-11(図4-9点線枠C)のように節点Cまわりで取り出してみます。先に行った節点Aの計算で、N_{AC} の値はすでに判明していますので、ここでの未知数は N_{CD}、N_{BC} の2つです。

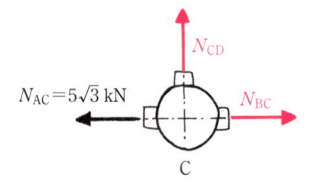

図4-11 節点Cまわりで切断する 軸方向力の設定

図4-11について、水平方向および鉛直方向の力の釣り合い式をたてます。

$\Sigma X = 0$: $-N_{AC} + N_{BC} = 0$ ($N_{AC} = 5\sqrt{3}$kN をすでに求めている)

$\Rightarrow N_{BC} = 5\sqrt{3}$kN (引張力)

$\Sigma Y = 0$: $N_{CD} = 0$

部材 CD の軸方向力 N_{CD} は 0kN であることがわかりました。

このようにトラス部材には軸方向力が0になるケースがあるのです。軸方向力0の部材は次のような場合に現れます。

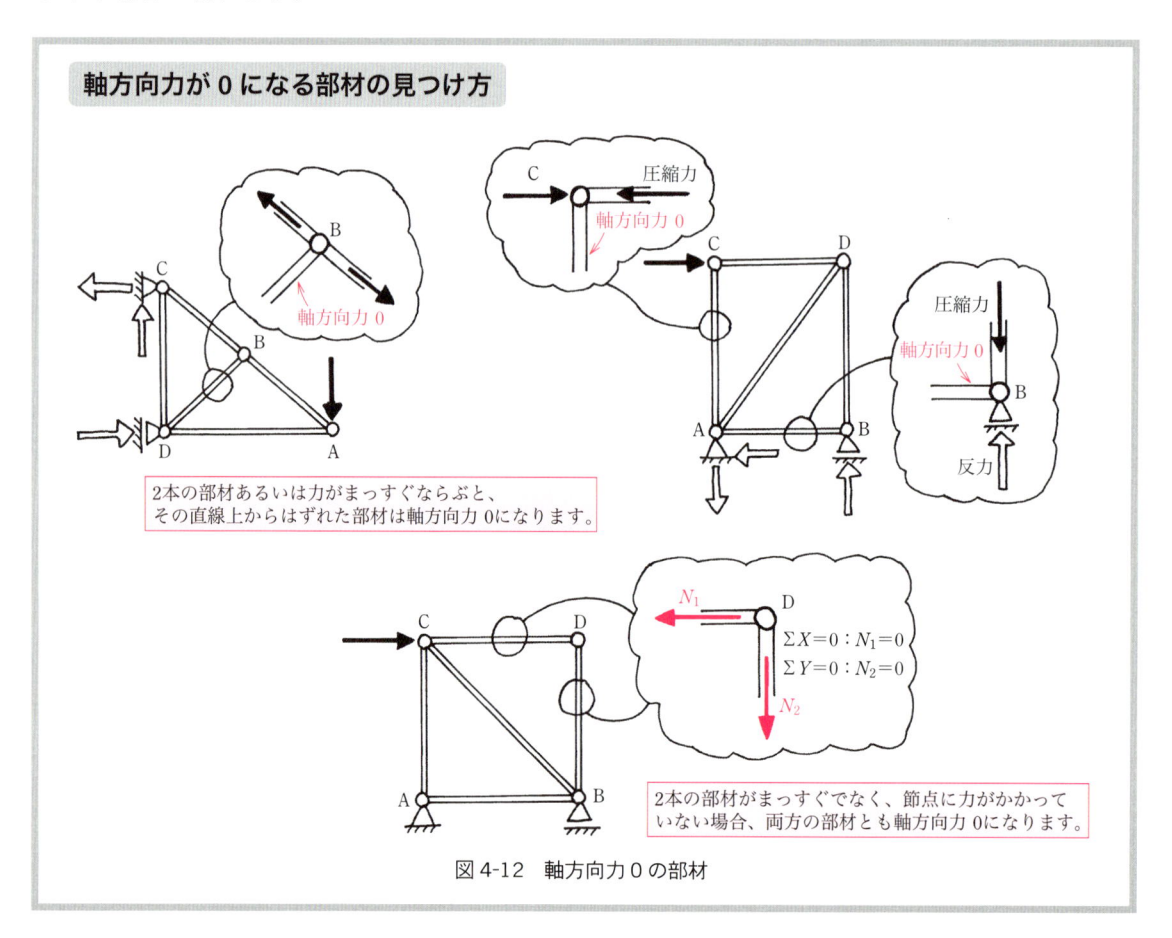

軸方向力が0になる部材の見つけ方

2本の部材あるいは力がまっすぐならぶと、その直線上からはずれた部材は軸方向力0になります。

2本の部材がまっすぐでなく、節点に力がかかっていない場合、両方の部材とも軸方向力0になります。

図4-12 軸方向力0の部材

4・3　図解法

図解法は節点法の釣り合い式計算を作図に置き換えた方法です。先に述べた節点法の結果をもとに図解法を解説します。

節点 A の結果を図 4–13 に再掲します。

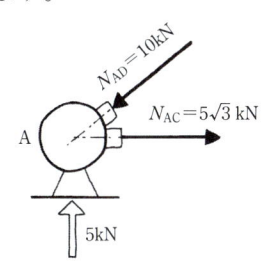

図 4-13　節点 A にかかる力

図 4–13 に現れる矢印を組みなおすと図 4–14 のように三角形ができあがります。このように力が釣り合っていると、力の矢印は一周するのです。

Point　力が釣り合うとき、力の矢印は一周する

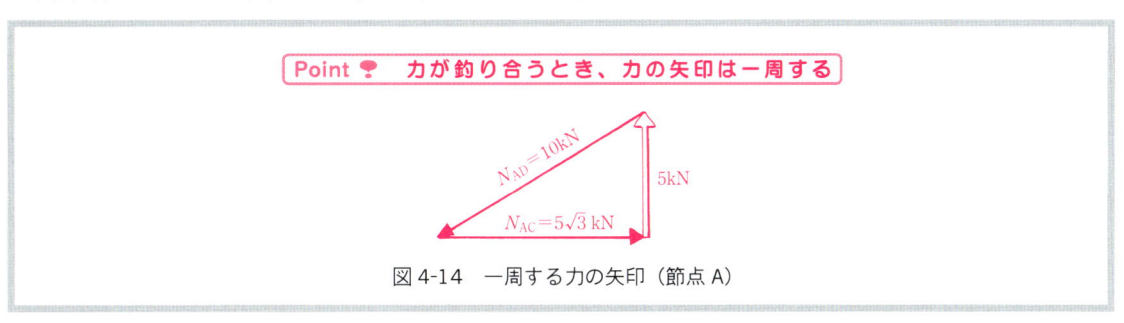

図 4-14　一周する力の矢印（節点 A）

節点 C についても同じように考えてみます。節点 C の結果を図 4–15 に再掲します。

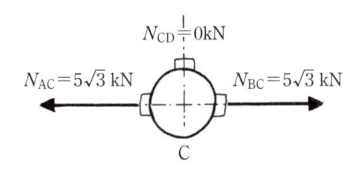

図 4-15　節点 C にかかる力

図 4–15 に現れる矢印を組みなおすと、図 4–16 のように往復する矢印ができあがります。やはり力の矢印は一周（この場合往復）するのです。

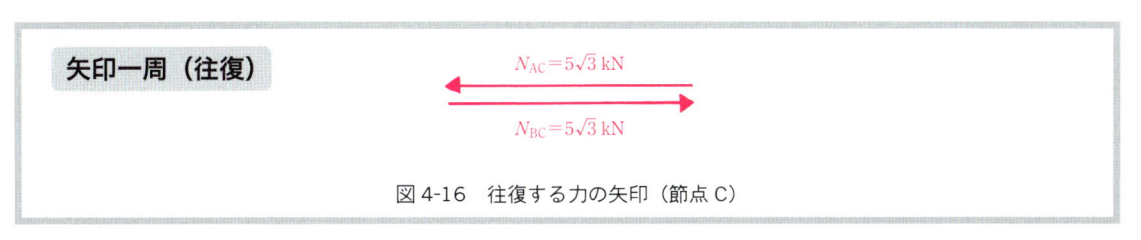

矢印一周（往復）

図 4-16　往復する力の矢印（節点 C）

この性質を利用してトラス部材の軸方向力を求める方法が**図解法**なのです。図4-9のトラスを再度、図解法で解いてみます。

節点A　図解法による解法手順

手順1　節点Aを切り出します。反力5kNは矢印で描き、未知の軸方向力 N_{AC}、N_{AD} は点線で描きます。

手順2　矢印と点線を組みなおして一周する図形を組み立てます。ここでは、三角形を組み立てることができました。

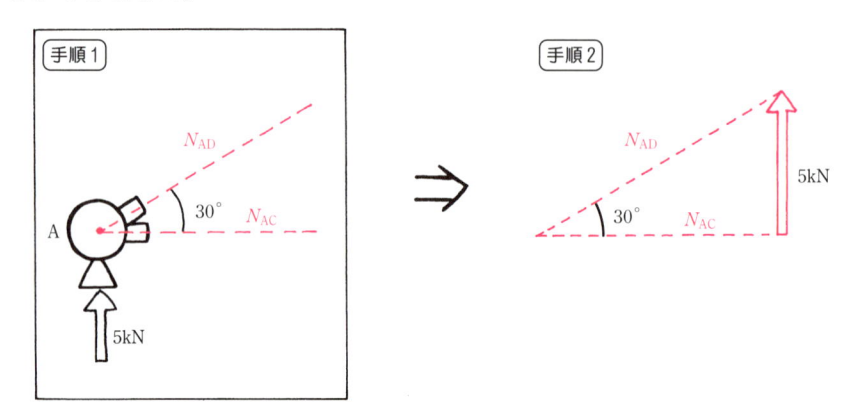

手順3　点線上に N_{AC}、N_{AD} の矢印に描き込みます。矢印は一周するように方向を定めます。

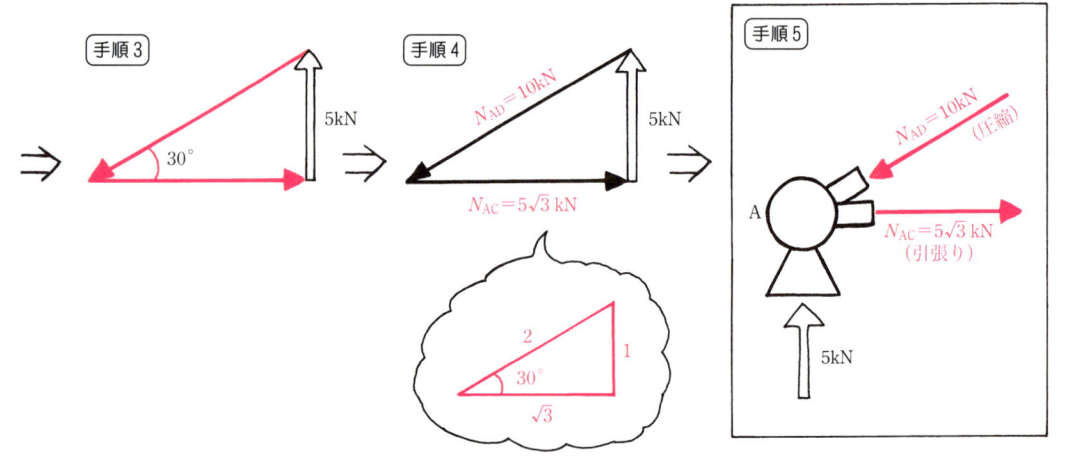

手順4　力の大きさは矢の長さに相当します。三角形の三辺の比（1：2：√3）をもとに、反力が5kNであることから、N_{AC}、N_{AD} の大きさ（矢印の長さ）を計算します。N_{AC} の大きさは $5\sqrt{3}$kN、N_{AD} の大きさは10kNとなります。

手順5　矢印をもとの位置に戻します。節点から出る矢印は引張力、節点に入る矢印は圧縮力と判断します。したがって次のような結果が得られます。

$$N_{AC} = 5\sqrt{3}\text{kN（引張力）} \qquad N_{AD} = 10\text{kN（圧縮力）}$$

節点C 図解法による解法手順

手順1 節点Cを切り出します。N_{AC}はすでに$5\sqrt{3}$kN（引張力）と判明しています。引張力ですから、節点から出る方向に描きます。未知の軸方向力N_{BC}、N_{CD}は点線で描きます。

手順2 矢印と点線を組みなおして一周する図形を組み立てます。N_{CD}があると一周しないので、$N_{CD}=0$とし、N_{AC}とN_{BC}で往復する形を作ります。

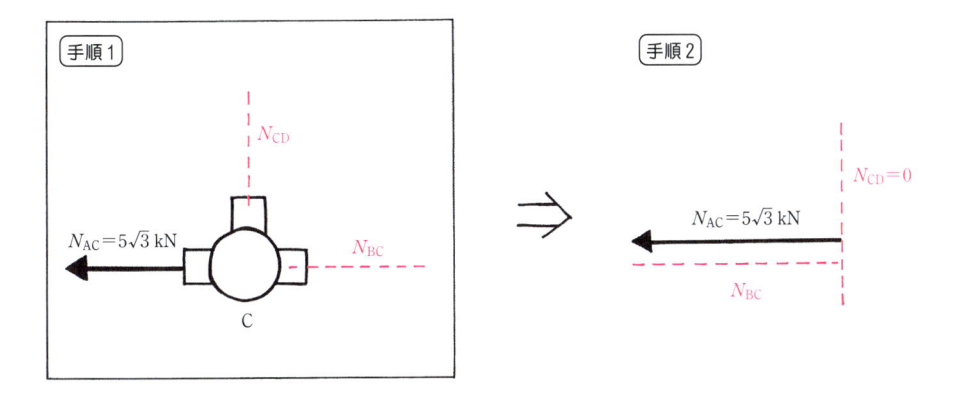

手順3 点線上にN_{BC}の矢印を描き込みます。矢印は往復するように方向を定めます。

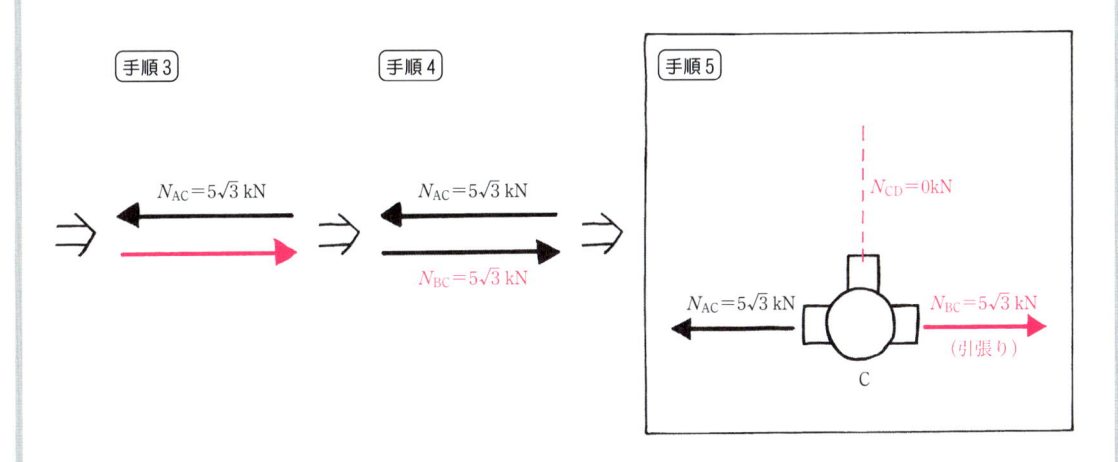

手順4 N_{BC}の大きさを定めます。N_{AC}と等しく$5\sqrt{3}$kNになります。

手順5 矢印をもとの位置に戻します。N_{BC}は節点から出る方向になり、引張力と判断します。

$N_{BC}=5\sqrt{3}$kN（引張力）　　　$N_{CD}=0$kN

練習問題

問題 4-1 次のトラスの①、②、③部材の軸方向力を求めなさい。

(1)

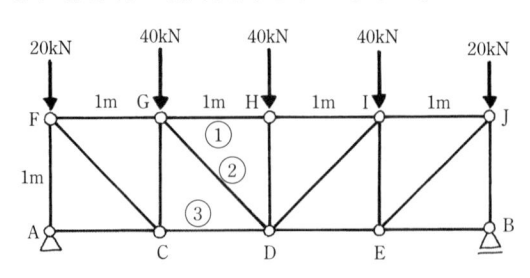

(2)

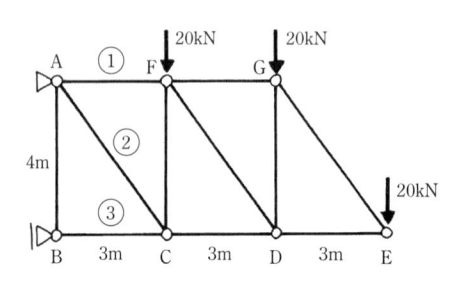

(3)

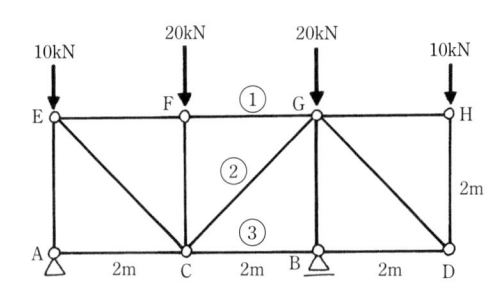

問題 4-2 次のトラスのすべての部材について軸方向力を求めなさい。

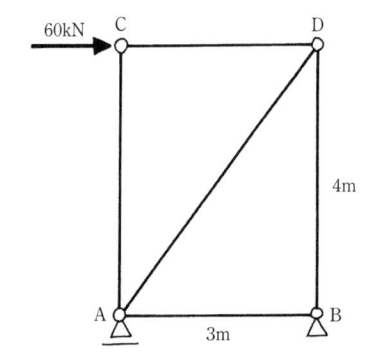

5章 断面に関する数量

部材断面の数量について解説していきます。断面でまず目に入る数量は**断面積**（単位：mm²）です。断面積も重要な数量です。

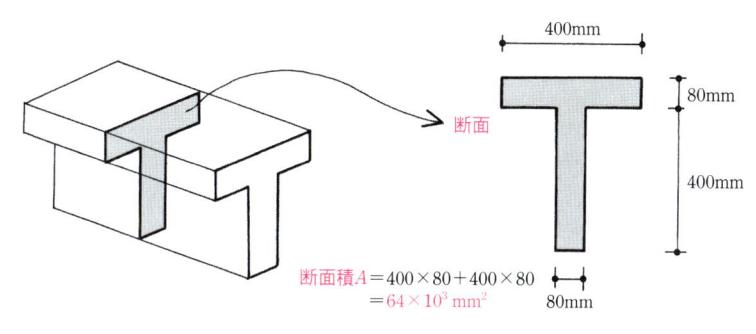

断面積 $A = 400 \times 80 + 400 \times 80 = 64 \times 10^3 \text{ mm}^2$

図 5-1　部材の断面と断面積

5・1　図心と断面1次モーメント

図心とは、断面を厚さ一定の板と考えたときの重心位置です。長方形断面であれば、図5-2(a)のように対角線の交点になります。厚さ一定の長方形の板を図心の位置で吊るしてみると、図5-2(b)のように板は水平を保ちます。

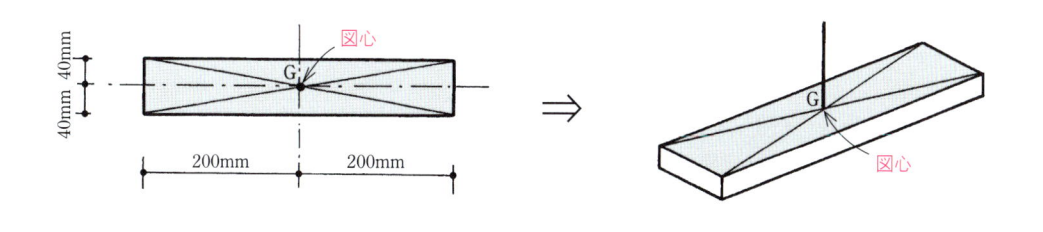

図 5-2(a)　長方形断面の図心　　　　図 5-2(b)　図心で吊るす

T形断面の図心 G を求めてみましょう。断面を厚さ一定の板にすると、図心位置 G で板を吊るせば図 5-3(a) のように板は水平を保ちます。図 5-3(b) のように T 形断面の下端に基準線を引いておき、図心位置を基準線からの距離 y とし、y を求める過程を示します。

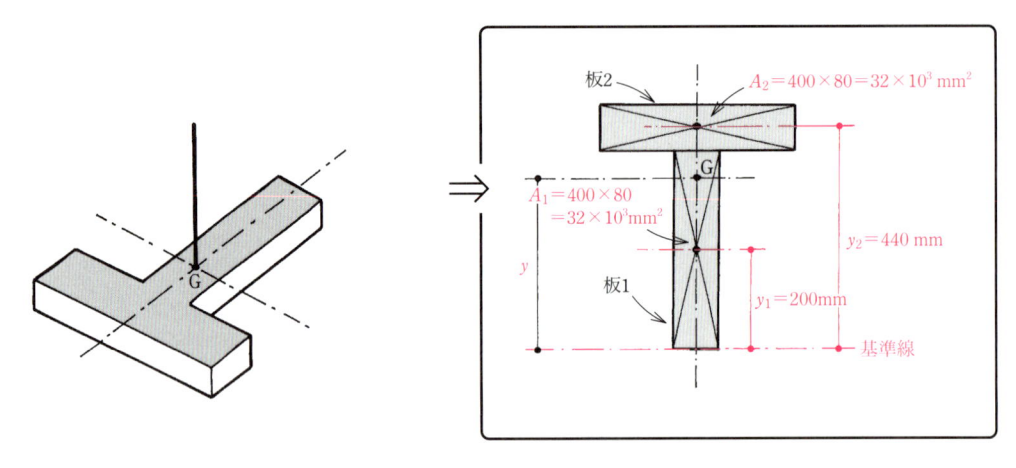

図 5-3(a)　T 形の板を図心で吊るす　　　　図 5-3(b)　図心を求めるための準備

手順1　図 5-3(b) のように T 形断面を 2 つの長方形に分け、それぞれの長方形の面積 A_1、A_2 と基準線から各長方形の図心までの距離 y_1、y_2 を求めます。

手順2　図 5-3(c) のように、図心 G で吊るした状態で真横から見てみます。板 1、板 2 の重量をそれぞれの図心の位置に合力（集中荷重）としてかけます。

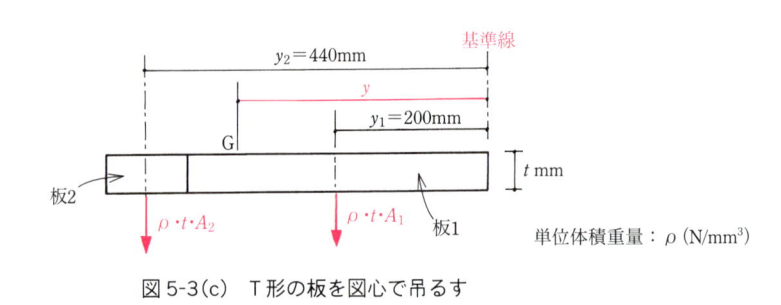

図 5-3(c)　T 形の板を図心で吊るす

手順3　図 5-3(c) で点 G を中心とする力のモーメントの釣り合い式を板厚 t、単位体積重量 ρ としてたてます。

$$\Sigma M_G = 0 : \quad \rho \cdot t \cdot A_1 (y - y_1) - \rho \cdot t \cdot A_2 (y_2 - y) = 0 \qquad 式5\text{-}1$$

式 5-1 より、y を求めます。

$$y = \frac{A_1 \cdot y_1 + A_2 \cdot y_2}{A_1 + A_2} = \frac{32 \times 10^3 \times 200 + 32 \times 10^3 \times 440}{32 \times 10^3 + 32 \times 10^3} = 320 \text{mm} \qquad 式5\text{-}2$$

T形断面の図心までの距離 y を表す式5-2は次のような構成になっています。

> **図心位置の算定式**
>
> $$\text{図心までの距離}\, y = \frac{(\text{断面積} \times \text{図心までの距離})\text{の総和}\,(\Sigma A_i \cdot y_i)}{\text{全断面積}\,(\Sigma A_i)} \qquad \text{公式 4}$$

公式4の分子 $\Sigma A_i \cdot y_i$ を**断面1次モーメント**（単位：mm^3）といいます。

例題 3-1 下図の断面の図心 $G(x, y)$ を求めなさい。

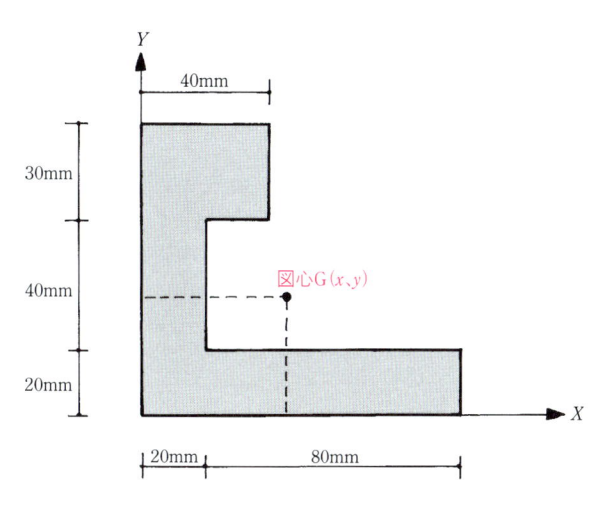

解答

手順1 右図のように準備します。

- 断面を長方形に分割する。
- 分割した長方形の面積を求める。
- X、Y それぞれの軸から各長方形の図心までの距離を求めておきます。

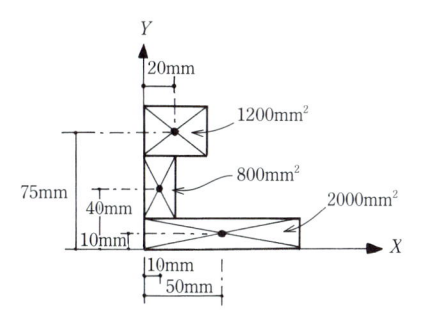

手順2 準備図より図心を求めます。

◆ X 軸について

$$y = \frac{2000 \times 10 + 800 \times 40 + 1200 \times 75}{2000 + 800 + 1200} = 35.5\,\text{mm}$$

◆ Y 軸について

$$x = \frac{2000 \times 50 + 800 \times 10 + 1200 \times 20}{2000 + 800 + 1200} = 33.0\,\text{mm}$$

$G(x, y) = (33.0\,\text{mm}, 35.5\,\text{mm})$ （答え）

5・2 断面2次モーメント

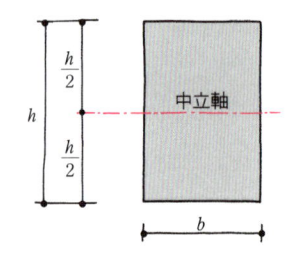

1 長方形断面の断面2次モーメント

断面2次モーメント（単位：mm⁴）は曲げを受ける部材に必要となる数量です。

部材に力をかけて曲げてみると、図5-4(a)→(b)のように部材は弓なりに変形します。

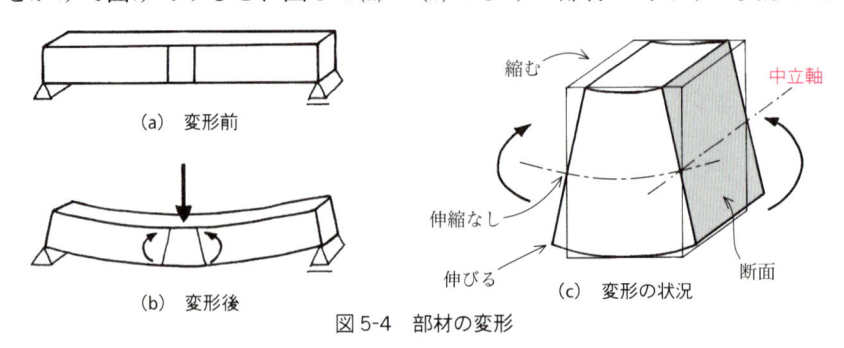

(a) 変形前
(b) 変形後
(c) 変形の状況

図5-4 部材の変形

一部分を取り出して見ると、図5-4(c)のように、上側は縮み、下側は伸び、そして中央には伸びも縮みも生じない場所があります。曲がる部材の中で伸縮が生じないところを**中立軸**といいます。**均一な材料でできた部材なら、断面中の中立軸は図心の位置と一致します。**

断面2次モーメント I は中立軸の位置が重要です。図5-5のように、中立軸を中央にもつ長方形断面の断面2次モーメント I（単位：mm⁴）は公式5aで求めることができます。

図5-5 長方形断面の断面2次モーメント

断面2次モーメント I

$$I = \frac{bh^3}{12}$$

公式5a

また図5-6のように、離れた軸についての断面2次モーメントは公式5bによって求めることができます。

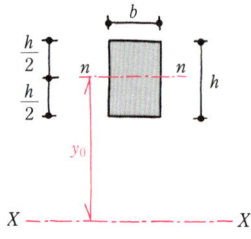

図5-6 離れた軸についての断面2次モーメント

離れた軸についての断面2次モーメント I_X

$$I_X = I_n + A \cdot y_0^2$$

公式5b

I_n：n軸についての断面2次モーメント（mm⁴）
A：断面積（mm²）

2 薄肉断面の断面 2 次モーメント

鉄骨部材として使われる薄肉断面の断面 2 次モーメントは、図 5–7、図 5–8 のように足し算や引き算によって求めることができます。ただし、図 5–9 のように**中立軸がすべて一致していなければ足し引きすることはできない**ので注意してください。

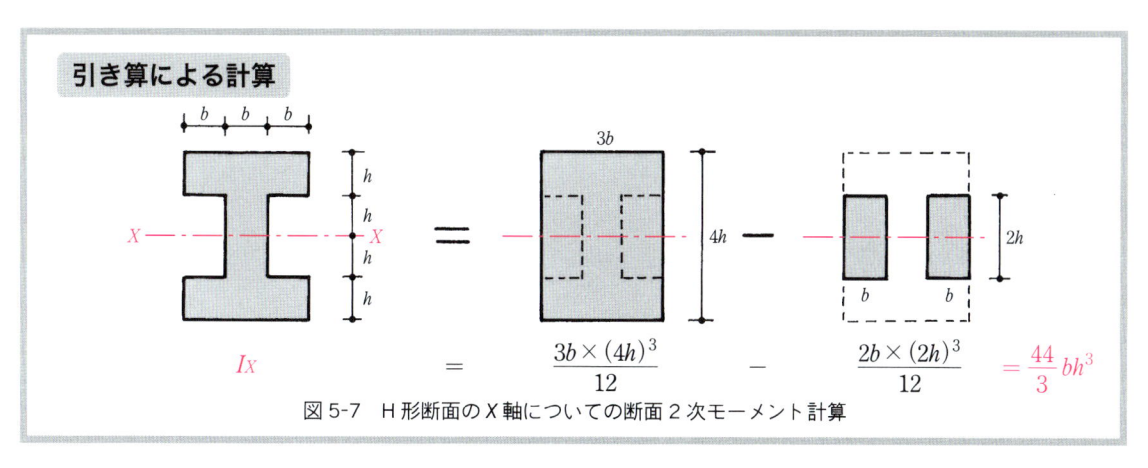

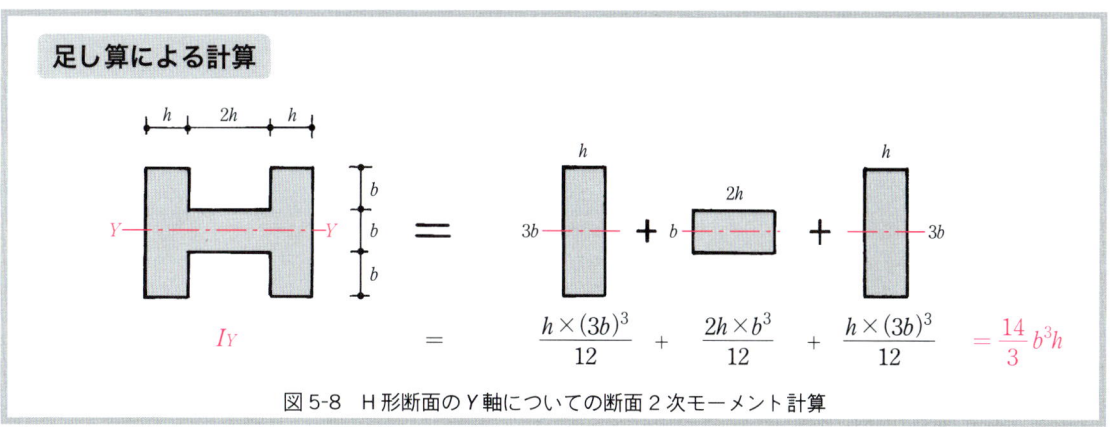

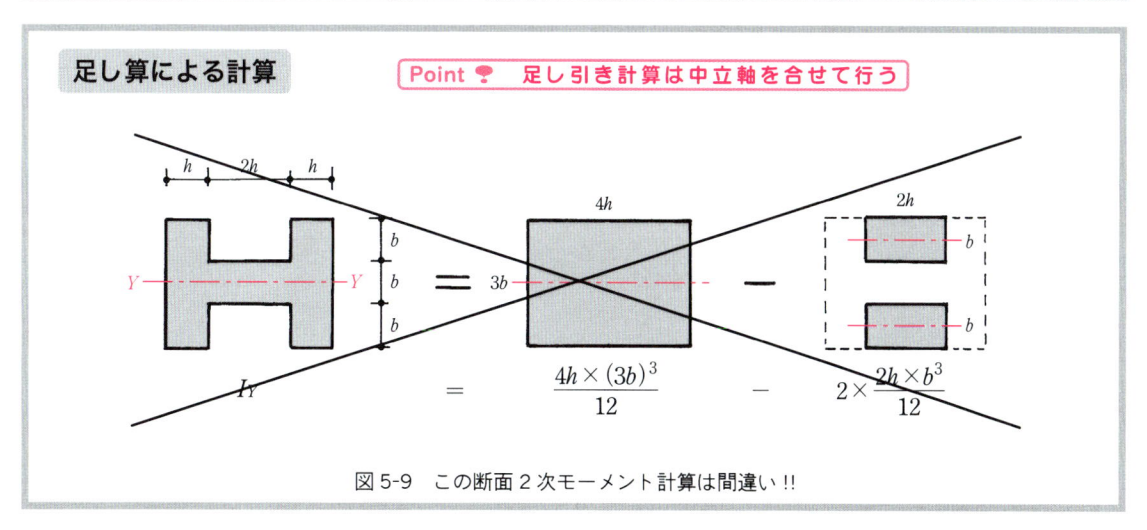

引き算による計算

$$I_X = \frac{3b \times (4h)^3}{12} - \frac{2b \times (2h)^3}{12} = \frac{44}{3}bh^3$$

図 5-7 H 形断面の X 軸についての断面 2 次モーメント計算

足し算による計算

$$I_Y = \frac{h \times (3b)^3}{12} + \frac{2h \times b^3}{12} + \frac{h \times (3b)^3}{12} = \frac{14}{3}b^3h$$

図 5-8 H 形断面の Y 軸についての断面 2 次モーメント計算

足し算による計算　　Point　足し引き計算は中立軸を合せて行う

$$I_Y = \frac{4h \times (3b)^3}{12} - 2 \times \frac{2h \times b^3}{12}$$

図 5-9 この断面 2 次モーメント計算は間違い !!

5・3　断面係数

断面係数 Z（単位：mm³）は公式 6a のように中立軸から断面上端（あるいは下端）までの距離で断面 2 次モーメントを除することによって得られます。

断面係数 Z の一般式

$$Z = \frac{\text{断面 2 次モーメント } I}{\text{中立軸から上（下）端までの距離 } y}$$　公式 6a

図 5–10 のような長方形断面の場合、断面係数 Z は

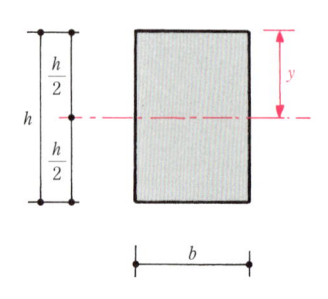

図 5-10　長方形断面の断面係数

長方形断面の断面係数 Z

$$Z = \frac{I}{\frac{h}{2}} = \frac{\frac{bh^3}{12}}{\frac{h}{2}} = \boxed{\frac{bh^2}{6}}$$　公式 6b

となります。

図 5–11 のような断面の場合、断面 2 次モーメント計算のように、足し引き計算はできません。図 5–7 のように断面 2 次モーメントを引き算で求めた後、公式 6a にしたがって求めます。

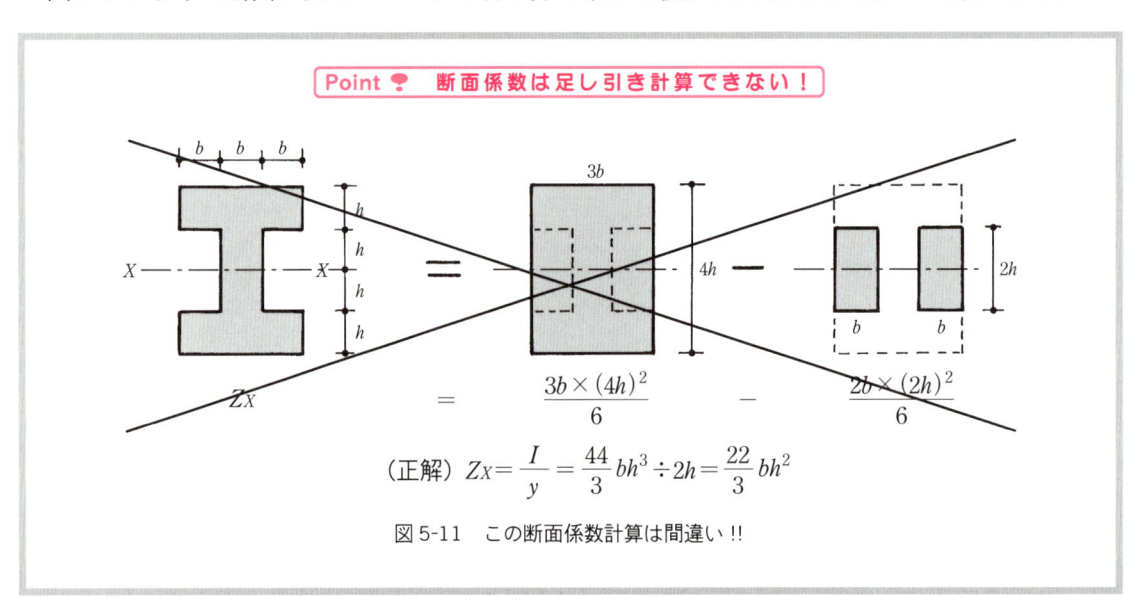

Point　断面係数は足し引き計算できない！

$$Z_X = \frac{3b \times (4h)^2}{6} - \frac{2b \times (2h)^2}{6}$$

（正解）$Z_X = \dfrac{I}{y} = \dfrac{44}{3} bh^3 \div 2h = \dfrac{22}{3} bh^2$

図 5-11　この断面係数計算は間違い!!

参考メモ　　断面 2 次モーメント公式

(a) 長方形断面　　　　(b) X軸に関する断面 2 次モーメント

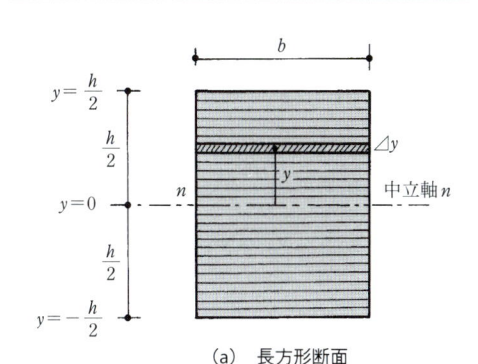

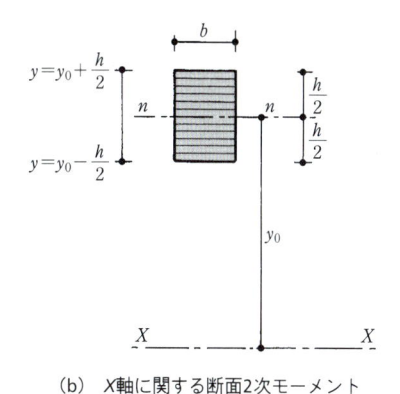

図 A　断面 2 次モーメント I

断面 2 次モーメントは**断面積×距離^2**が元になる数量です。

図 A(a)のように断面を中立軸と平行に細かく(幅$\triangle y$)分けます。小割り 1 つの面積は$b \cdot \triangle y$であり、中立軸から小割りまでの距離yとします。2 次モーメント（断面積×距離^2）は$b \cdot \triangle y \cdot y^2$となり、これを$y = -h/2$から$h/2$まで足し合わせたもの（積分したもの）が断面 2 次モーメントIになります。

$$I = b \cdot y^2 \cdot \triangle y \text{ を } y = -h/2 \text{ から } h/2 \text{ まで足し合わせる}$$

$$\Rightarrow \quad I = \int_{-\frac{h}{2}}^{\frac{h}{2}} by^2 dy = b\left[\frac{1}{3}y^3\right]_{-\frac{h}{2}}^{\frac{h}{2}} = \boxed{\frac{bh^3}{12}}$$

が得られます。

図 A(b)のX軸に関する断面 2 次モーメントI_Xは、X軸とn軸との離れた距離をy_0とすると、$y = y_0 - h/2$から$y_0 + h/2$までを積分したものになりますので

$$\begin{aligned}
I_X &= \int_{y_0 - \frac{h}{2}}^{y_0 + \frac{h}{2}} by^2 dy \\
&= b\left[\frac{1}{3}y^3\right]_{y_0 - \frac{h}{2}}^{y_0 + \frac{h}{2}} = \frac{b}{3}\left\{\left(y_0 + \frac{h}{2}\right)^3 - \left(y_0 - \frac{h}{2}\right)^3\right\} \\
&= \frac{bh^3}{12} + bhy_0^2 = \boxed{I_n + Ay_0^2}
\end{aligned}$$

　　　I_n：n 軸に関する断面 2 次モーメント　　　A：断面積

が得られます。

練習問題

問題 5-1 次の断面の図心位置 $G(x, y)$ を求めなさい。

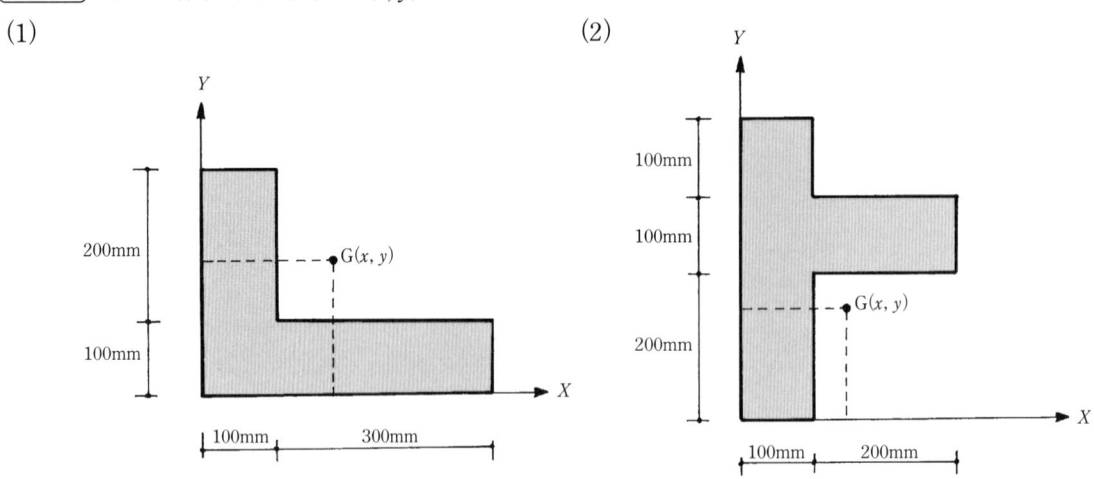

(1)

(2)

問題 5-2 次の断面の中立軸に関する断面2次モーメント I、断面係数 Z を求めなさい。

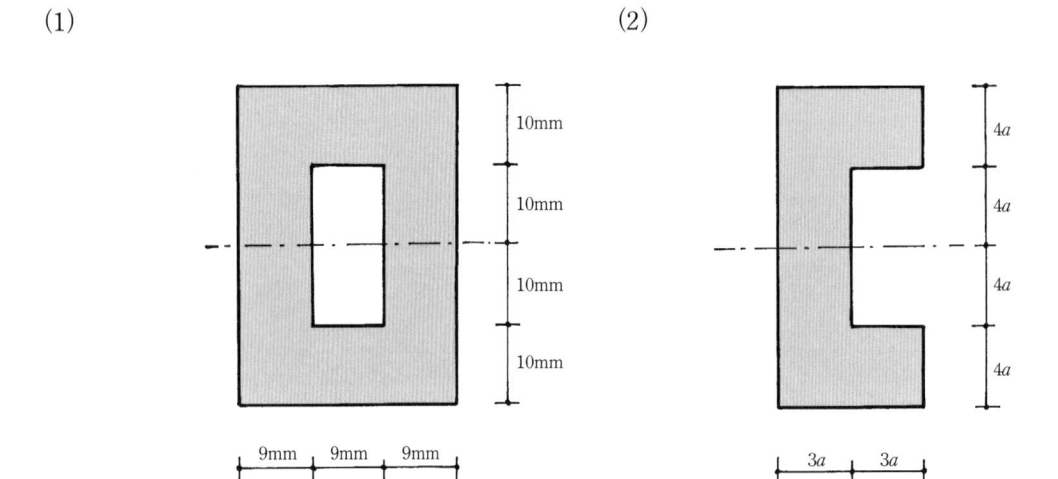

(1)

(2)

問題 5-3 次の断面の X 軸に関する断面2次モーメント I_X を求めなさい。

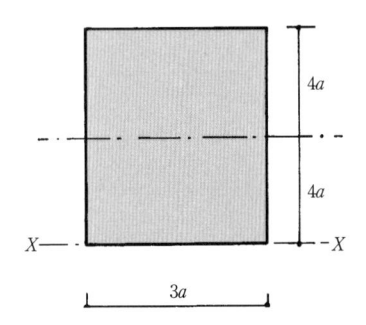

6章
応力度

　断面には広がりがあります。1本の矢印で表してきた軸方向力（引張力、圧縮力）、せん断力、曲げモーメントを詳しく観察すると、断面には分布する力が存在することがわかります。これを**応力度**といい、それぞれの応力に対して、**引張（圧縮）応力度、せん断応力度、曲げ応力度**があります。

6・1　引張（圧縮）応力度

　図6-1のように部材に軸方向力を与えてみます。このとき、部材は図6-1のように全体が均一に伸びたり縮んだりします。

(a)　均一に伸びる　　　　　(b)　均一に縮む

図6-1　部材を引張る・圧縮する

　均一に伸びたり縮んだりするということは、断面全体に均一な力が発生することを意味します。つまり、部材を引張ったり圧縮したりすると、図6-2のように、**断面全体に均一に分布する力**が発生するのです。この分布する力を引張りの場合、**引張応力度 σ_t（単位：N/mm^2）**、圧縮の場合、**圧縮応力度 σ_c（単位：N/mm^2）** といいます。

　2章で学んだ軸方向力 N は、図6-2のように軸方向の応力度 σ の合力にあたり、両者の関係は次式で表すことができます。

　　　$\sigma \cdot A = N$　　　　　　　　　　　　　　　　　　　　式6-1
　　　　　ここで　A：断面積

したがって、

> **引張（圧縮）応力度σ**
>
> $$\sigma = \frac{N}{A}$$
>
> N：軸方向力（N）　　A：断面積（mm²）
>
> 公式7

となります。

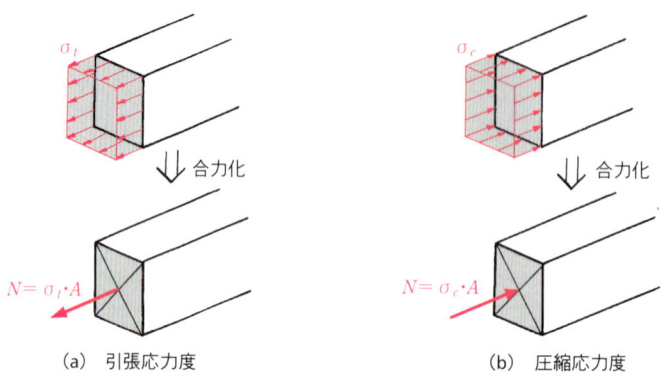

図6-2　軸方向の応力度

引張（圧縮）応力度は部材の伸び縮みに関係しています。図6-3のように部材に引張力 N をかけ、元の長さ l（mm）に対して $\varDelta l$（mm）だけ伸びたとします。公式8のように元の長さに対する伸びの割合を**ひずみ度ε（無次元数）**といいます。

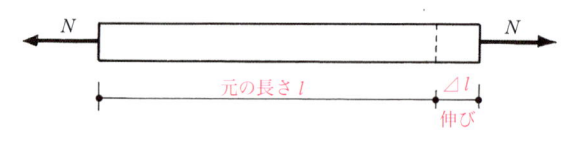

図6-3　部材の伸び

> **ひずみ度ε**
>
> $$\varepsilon = \frac{\varDelta l}{l}$$
>
> l：元の部材長（mm）　　$\varDelta l$：部材の伸びあるいは縮み（mm）
>
> 公式8

引張（圧縮）応力度σとひずみ度εとの間には公式9の関係が成立します。

> **応力度－ひずみ度関係式**
>
> $$\sigma = E \cdot \varepsilon$$
>
> σ：引張（圧縮）応力度（N/mm²）　　ε：ひずみ度（無次元）
> E：ヤング係数（N/mm²）　弾性係数であり、材種によって定まる
>
> 公式9

公式9は力と変形の関係が比例関係にあるという**フックの法則**の式です。

フックの法則

図6-4(a)のようにバネにおもりを吊るし、伸びを測る実験をすると、図6-4(b)のようなグラフが得られます。グラフのような、力と変形との比例関係を**フックの法則**といいます。一般的なフックの法則の式を式6-2に示しておきます。

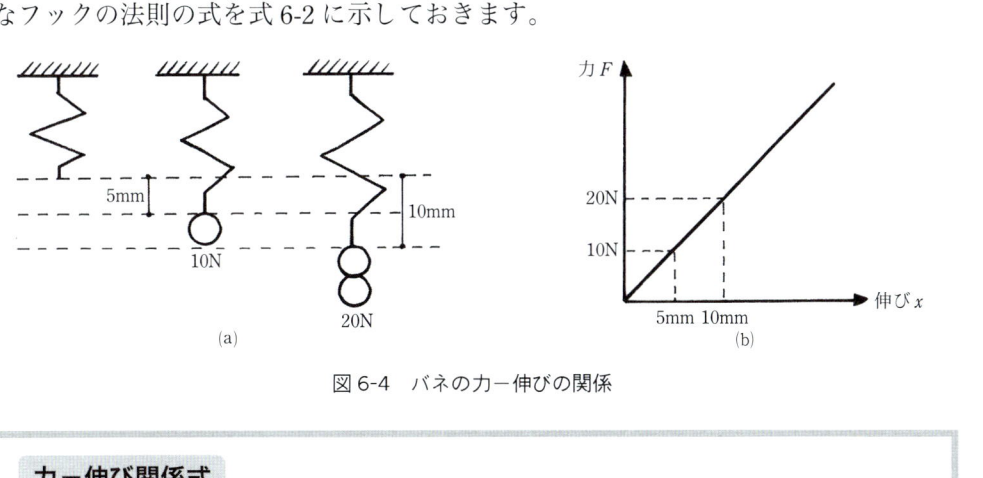

図6-4　バネの力－伸びの関係

力－伸び関係式

$$F = k \cdot x \qquad 式6\text{-}2$$

F：力（N）　　k：弾性定数（N/mm）　　x：伸び（mm）

弾性範囲（力を除去すると変形がもとに戻る領域）では、骨組の力と変形との関係は、このフックの法則に支配されているのです。

Point 弾性範囲では、力－変形関係は「フックの法則」による

例題 6-1　下図のように100 Nで引張られる部材の伸び$\triangle l$を求めなさい。
ただし、ヤング係数 $E = 2.0 \times 10^3$ N/mm^2 とします。

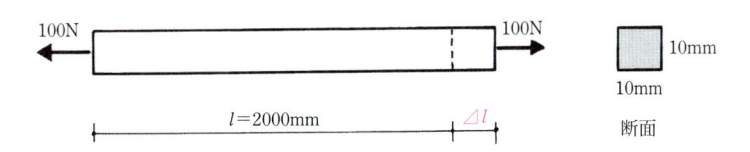

解答　部材の伸び$\triangle l$を求める式を導いてみます。公式9に公式7および公式8を代入します。

$$\sigma = E \cdot \varepsilon \;\Rightarrow\; \frac{N}{A} = E \cdot \frac{\triangle l}{l} \;\Rightarrow\; \boxed{\triangle l = \frac{N \cdot l}{E \cdot A}} \quad [\text{伸び算定式}]$$

$$\Rightarrow\; \triangle l = \frac{100\text{N} \times 2000\text{mm}}{2.0 \times 10^3 \text{N/mm}^2 \times 100\text{mm}^2} = \underline{1\text{mm}} \quad （答え）$$

6・2 曲げ応力度

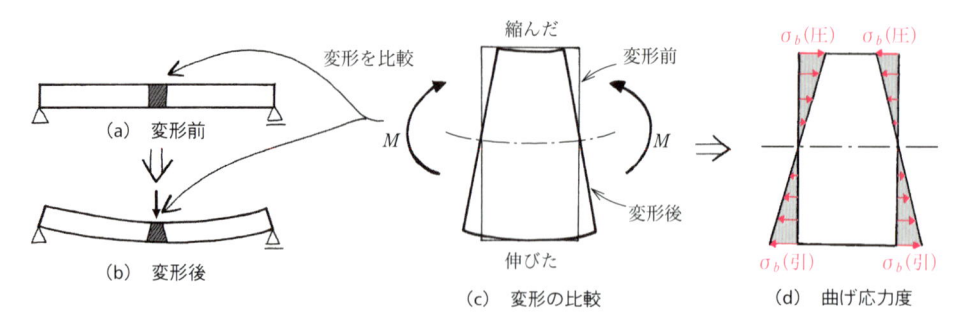

図6-5 曲げを受ける梁の変形

図6-5(a)→(b)のように梁を曲げると、梁の各部は長方形から扇形に変形します。(c)のように変形前と変形後を重ね合わせてみると、上側が縮み、下側は伸びていることはわかります。そして梁中央には伸びも縮みも生じない所（**中立軸**）があります。伸びているということは引張る力が生じていることを意味し、縮んでいるということは圧縮する力が生じていることを意味します。そして、伸び縮みの度合いから中立軸上で力0、上下端で力は最大になることがわかります。この推察をもとに断面に生じる力を描いたものが図6-5(d)であり、立体的に示したものが図6-6です。これが**曲げ応力度**（単位：N/mm²）であり、上下端の最大値を**縁応力度** σ_b といい、公式10で求めることができます。

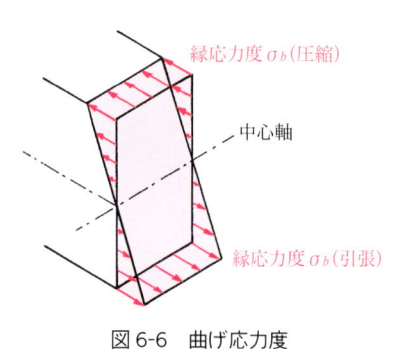

図6-6 曲げ応力度

曲げ応力度 σ_b（縁応力度　上下端での最大値）

$$\sigma_b = \frac{M}{Z}$$

公式10

M：曲げモーメント（N・mm）　　Z：断面係数（mm³）

6・3　せん断応力度

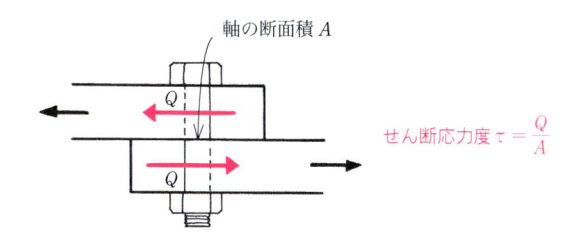

図6-7　せん断応力度（せん断力のみ受ける場合）

せん断力に対しても応力度があります。図6-7のようにせん断力のみを受ける場合の**せん断応力度 τ（単位：N/mm²）** は断面に対して均一であり、公式11aで求めることができます。

せん断応力度 τ（せん断力のみ受ける場合）

$$\tau = \frac{Q}{A}$$

公式 11a

Q：せん断力（N）　　A：断面積（mm²）

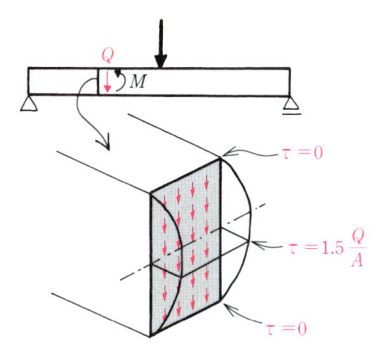

図6-8　せん断応力度（せん断力とともに曲げモーメントが生じている場合）

せん断力とともに曲げモーメントも生じている部材の場合、せん断応力度 τ は均一にならず、長方形断面の場合、図6-8のように上下端で0、中央で最大値（公式11b）となります。

せん断応力度の最大値 τ（せん断力とともに曲げモーメントが生じている場合）

$$\tau = 1.5 \times \frac{Q}{A}$$

公式 11b

Q：せん断力（N）　　A：断面積（mm²）

参考メモ　応力度の最大値について

(1) 曲げ応力度（縁応力度）

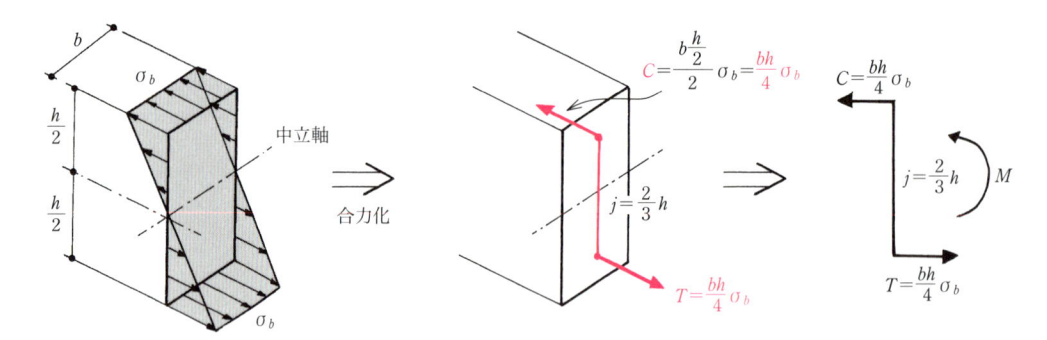

曲げモーメント M は曲げ応力度の合力に相当します。上図のように合力化し、偶力のモーメントより曲げモーメント M を求めます。式中 $bh^2/6$ は断面係数 Z です。

$$M = T \cdot j = C \cdot j = \frac{bh}{4}\sigma_b \frac{2h}{3} \Rightarrow \sigma_b = \frac{M}{\frac{bh^2}{6}} = \boxed{\frac{M}{Z}}$$

(2) せん断応力度（中央での最大値）

下図のように厚さ $\triangle x$ の要素を部材から切り出し、せん断応力度と曲げ応力度の力の釣り合い式（$\Sigma X = 0$）を立て、次のように導くことができます。

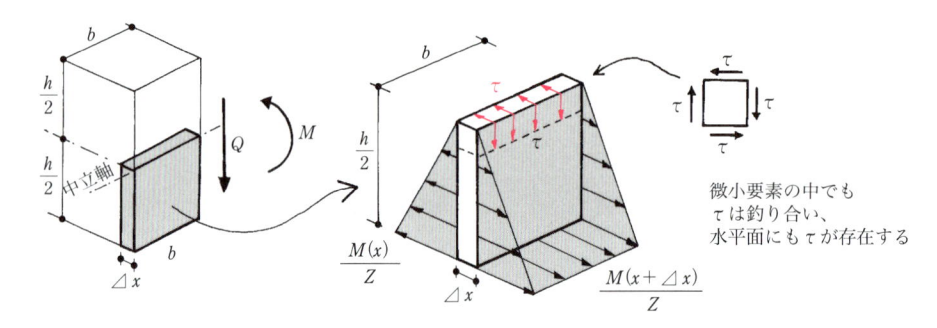

せん断応力度と曲げ応力度との関係

$$\Sigma X = 0: \quad -b \cdot \triangle x \cdot \tau - b \cdot \frac{h}{2} \cdot \frac{M(x)}{Z} \cdot \frac{1}{2} + b \cdot \frac{h}{2} \cdot \frac{M(x+\triangle x)}{Z} \cdot \frac{1}{2} = 0 \quad \left(Z = \frac{bh^2}{6} \text{ より}\right)$$

$$\tau = \frac{3}{2bh} \cdot \frac{M(x+\triangle x) - M(x)}{\triangle x}$$

せん断力 $Q = \dfrac{M(x+\triangle x) - M(x)}{\triangle x}$ （p76参照）および、断面積 $A = bh$ であることより、

$$\boxed{\tau = 1.5 \frac{Q}{A}}$$ となります。

6・4 許容応力度

材料には、これ以上力がかかると変形が戻らなくなったり、ひびが入ったりする限界値があります。設計をする上で部材にこのような損傷が生じないように、限界値より小さな値がその材料の許容値として定められています。この許容値のことを**許容応力度**といいます。

コンクリート、鋼材の許容応力度の概念を応力度–ひずみ度関係で図 6-9 に示します。基準となる強度 F に対して許容応力度が定められています。

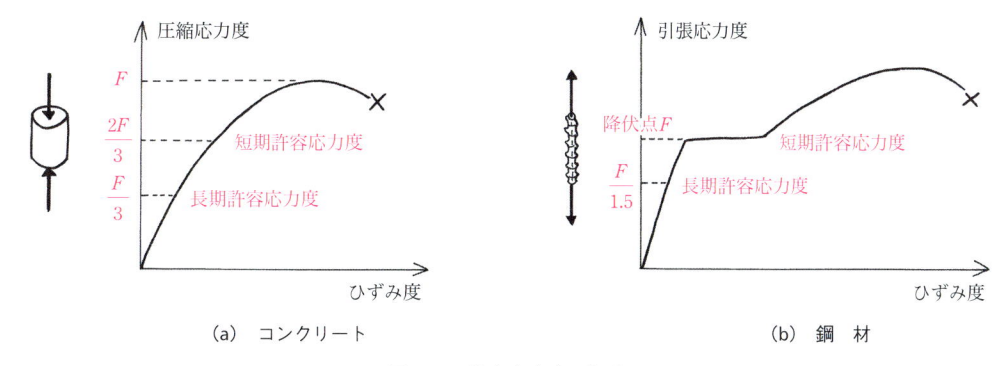

図 6-9 許容応力度の概念

構造設計では、構造物に発生する応力度が、許容応力度以下であれば部材に損傷は起こらず安全であると判断します。この設計法を**許容応力度設計**といいます。

> **Point** 生じている応力度 ≦ 許容応力度 なら安全!

例題 6-2

下図の単純梁に生じるせん断応力度の最大値、曲げ応力度の最大値を求め、許容応力度設計の観点から梁の安全性を検討しなさい。もし、再検討を必要とする場合は方策を考えなさい。

ただし、**許容せん断応力度** $f_s = 5 \text{ N/mm}^2$、**許容曲げ応力度** $f_b = 24 \text{ N/mm}^2$ とします。

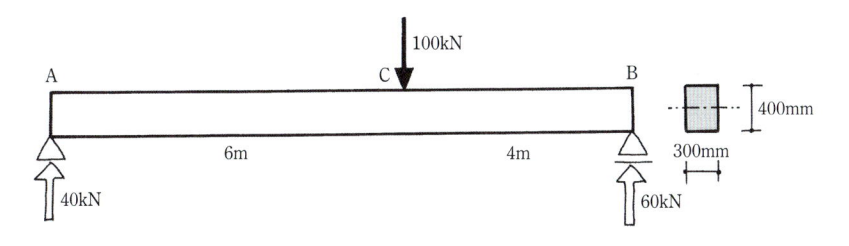

許容応力度に対する検討

解答

手順1 せん断力図、曲げモーメント図を描きます。

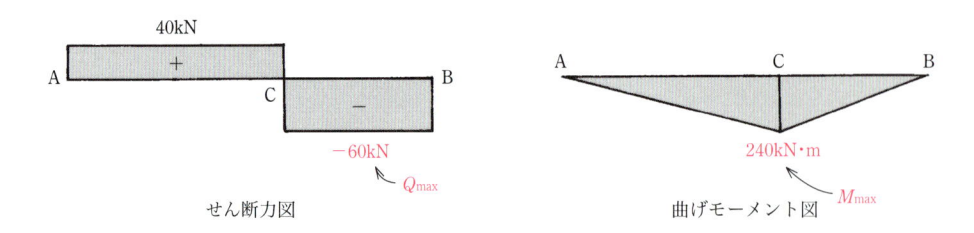

```
           40kN
    A ┌─────────┐             A           C           B
      │    +    │                ╲         │         ╱
      │         │ C           B     ╲      │      ╱
      └─────────┼─────────┐            ╲   │   ╱
                │    -    │               ╲│╱
                └─────────┘             240kN·m
                  -60kN                     ↖ M_max
                    ↖ Q_max
         せん断力図                    曲げモーメント図
```

手順2 それぞれの図より、最大値（せん断力は符号を考えず、最も大きい値）を読み取ります。

$Q_{max} = 60\text{kN}$

$M_{max} = 240\text{kN·m}$

手順3 断面積 A、断面係数 Z を求めます。

$A = 300\text{mm} \times 400\text{mm} = 120 \times 10^3 \text{mm}^2$

$Z = \dfrac{300 \times 400^2}{6} = 8 \times 10^6 \text{mm}^3$

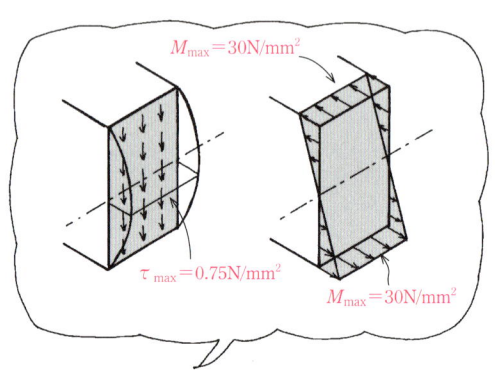

手順4 最大せん断応力度 τ_{max}、最大曲げ応力度 σ_{bmax} を求め、許容応力度との比較により梁の安全性を確認します。

$\tau_{max} = 1.5 \dfrac{Q_{max}}{A} = 1.5 \dfrac{60 \times 10^3 \text{N}}{120 \times 10^3 \text{mm}^2} = 0.75\text{N/mm}^2 \ < \ f_s = 5\text{N/mm}^2 \quad \text{OK} \quad ○$

$\sigma_{bmax} = \dfrac{M_{max}}{Z} = \dfrac{240 \times 10^6 \text{N·mm}}{8 \times 10^6 \text{mm}^2} = 30\text{N/mm}^2 \ > \ f_b = 24\text{N/mm}^2 \quad \text{NG} \quad ×$

曲げ応力度が許容曲げ応力度を超えてしまいました。したがって、再検討が必要になります。

再検討 曲げ応力度を小さくして許容曲げ応力度以下に抑える必要があります。そのためには断面係数 Z を大きくしなければなりません。梁せい h を変数として検討してみましょう。

$\dfrac{M}{Z} = \dfrac{240 \times 10^6 \text{N·mm}}{300 \times h^2/6} \leqq 24\text{N/mm}^2 \ \Rightarrow \ h \geqq 448\text{mm}$

となり、$h = 450\text{mm}$ とします。

$\dfrac{M}{Z} = \dfrac{240 \times 10^6 \text{N·mm}}{300 \times 450^2/6} = 23.7\text{N/mm}^2 \ \leqq \ f_b = 24\text{N/mm}^2 \quad \text{OK} \quad ○$

6・5　許容曲げモーメント

力 P を徐々に大きくしていくと、やがて図6-10のように縁応力度 σ_b が許容曲げ応力度 f_b に達します。このときの曲げモーメントを**許容曲げモーメント M_0** といいます。公式10より許容曲げ応力度 f_b と許容曲げモーメント M_0 との関係は式6-3のようになります。

$$\sigma_b = f_b = \frac{M_0}{Z} \qquad 式6\text{-}3$$

式6-3を次のように変形すれば許容曲げモーメント M_0 を求めることができます。

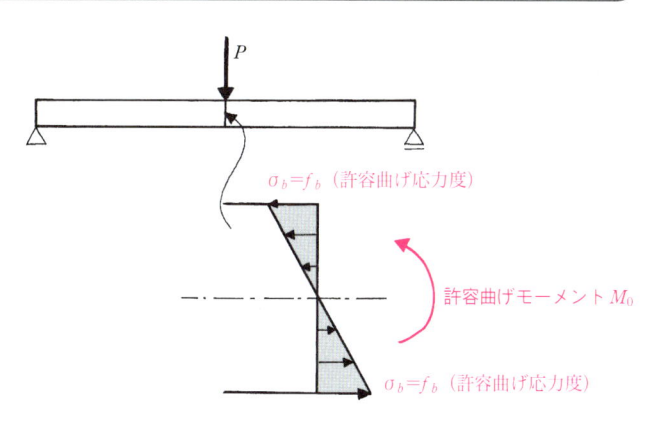

図6-10　許容曲げモーメント

許容曲げモーメント M_0

$$M_0 = f_b \cdot Z \qquad 公式12$$

f_b：許容曲げ応力度（N/mm²）　　Z：断面係数（mm³）

公式12より、材質を変えなければ Z が大きいほど、M_0 は大きくなることがわかります。

Point　断面係数が大きいほど部材は曲げに強い

例題6-3　(a)、(b)、(c) 3種類の断面を持つ部材を用意しました。どの断面の部材を使えば、曲げに対して最も強い梁になりますか。

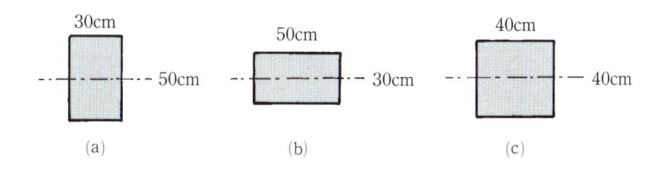

解答

断面係数が最も大きい梁が最も曲げに強い梁であるから断面係数 Z を比較すればよい。

$$Z_a = \frac{30 \times 50^2}{6} = 12500 \text{cm}^3 \qquad Z_b = \frac{50 \times 30^2}{6} = 7500 \text{cm}^3$$

$$Z_c = \frac{40 \times 40^2}{6} \fallingdotseq 10700 \text{cm}^3$$

Z_a が最も大きいから、(a)を使えば最も曲げに強い梁ができます。　（答え）

6・6 曲げ応力度と圧縮応力度との組み合わせ

1 曲げと圧縮を受ける部材

図 6-11 のように、曲げモーメントと圧縮力が同時に作用する柱について、応力度の状況を考察してみます。

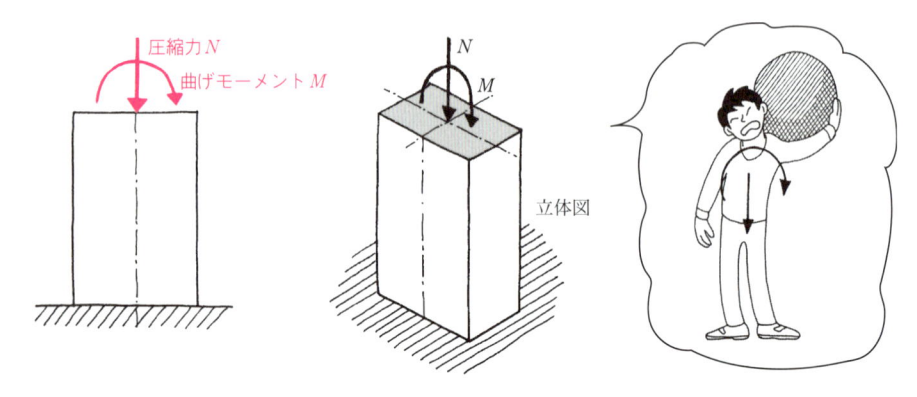

図 6-11　曲げモーメントと圧縮力を同時に受ける柱

曲げと圧縮を組み合わせて計算するときは、図 6-12 のように**重ね合わせの原理**（p81 参照）を利用します。

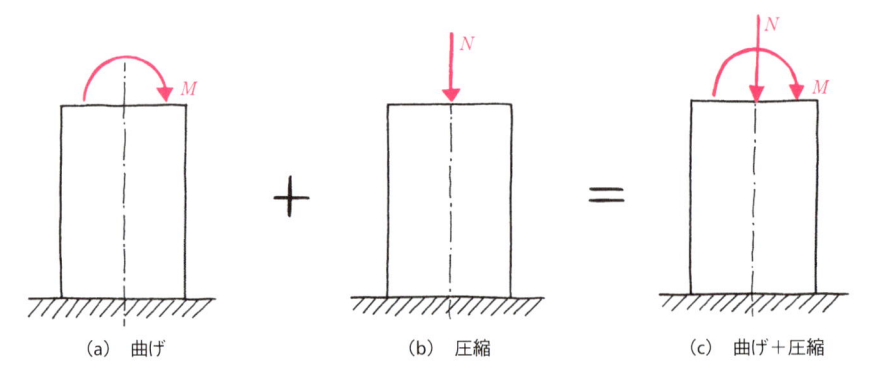

(a) 曲げ　　(b) 圧縮　　(c) 曲げ＋圧縮

図 6-12　曲げモーメントと圧縮力を同時に受ける柱

柱には、曲げ応力度と圧縮応力度が生じます。これらの応力度はともに断面に対して垂直方向の応力度なので、総じて**垂直応力度**とも呼ばれています。柱の中に生じる垂直応力度は、曲げ応力度と圧縮応力度の大小関係によって、図 6-13 のような 2 つの応力度状態が現れます。

曲げ応力度 σ_b ＞ 圧縮応力度 σ_c の場合

曲げ応力度が圧縮応力度を上回っていると、柱の片側に引張りが生じます。

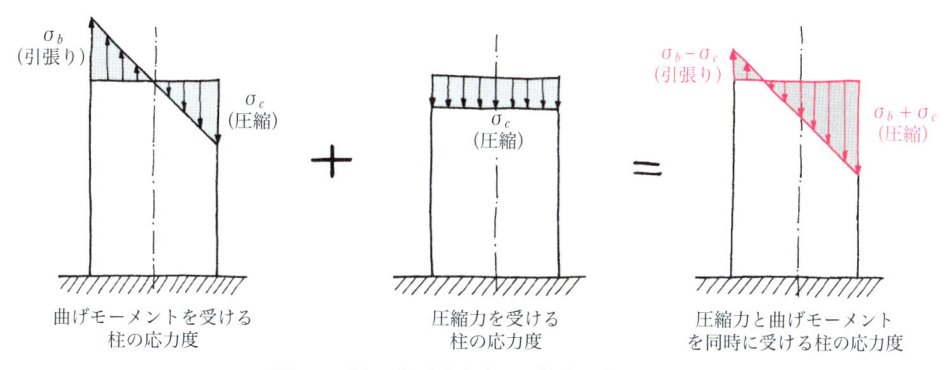

図6-13(a)　曲げ応力度＞圧縮応力度の場合

圧縮応力度 σ_c ＞ 曲げ応力度 σ_b の場合

圧縮応力度が曲げ応力度を上回っていると、柱は全面圧縮になります。

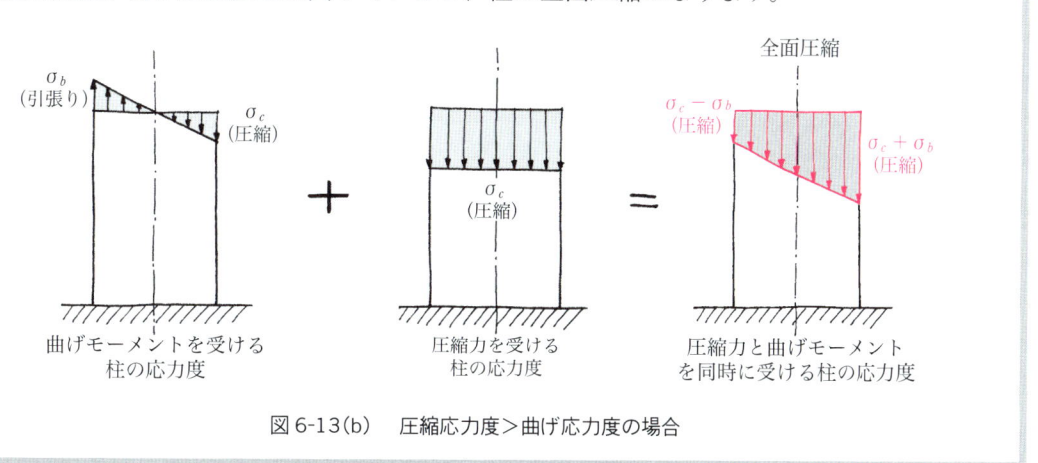

図6-13(b)　圧縮応力度＞曲げ応力度の場合

例題 6-4　次の柱の a-a 断面における垂直応力度の分布を描きなさい。

(1) 4kN、240kN、2m、300mm×400mm

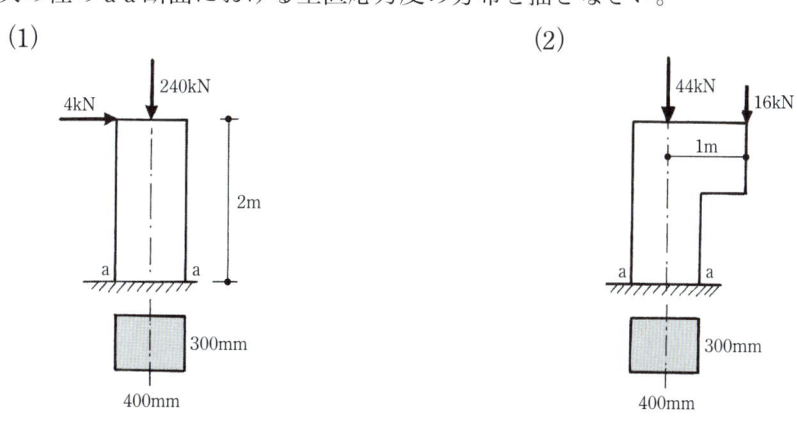

(2) 44kN、16kN、1m、300mm×400mm

解答 柱の断面は (1)、(2) 共通です。

手順1 断面積 A、断面係数 Z を求めます。Z の計算では中立軸の方向に注意しましょう。

$$A = 300 \times 400 = 120 \times 10^3 \text{mm}^2 \qquad Z = \frac{300 \times 400^2}{6} = 8 \times 10^6 \text{mm}^3$$

(1) について

手順2 曲げモーメント M、圧縮力 N を求めます。

$$\text{曲げモーメント } M = 4\text{kN} \times 2\text{m} = 8\text{kN·m} \qquad \text{圧縮力 } N = 240\text{kN}$$
$$= 8 \times 10^6 \text{N·mm} \qquad\qquad\qquad = 240 \times 10^3 \text{N}$$

手順3 曲げ応力度 σ_b、圧縮応力度 σ_c を求めます。

$$\text{曲げ応力度 } \sigma_b = \frac{M}{Z} \qquad\qquad \text{圧縮応力度 } \sigma_c = \frac{N}{A}$$
$$= \frac{8 \times 10^6 \text{N·mm}}{8 \times 10^6 \text{mm}^3} = 1.0\text{N/mm}^2 \qquad = \frac{240 \times 10^3 \text{N}}{120 \times 10^3 \text{mm}^2} = 2.0\text{N/mm}^2$$

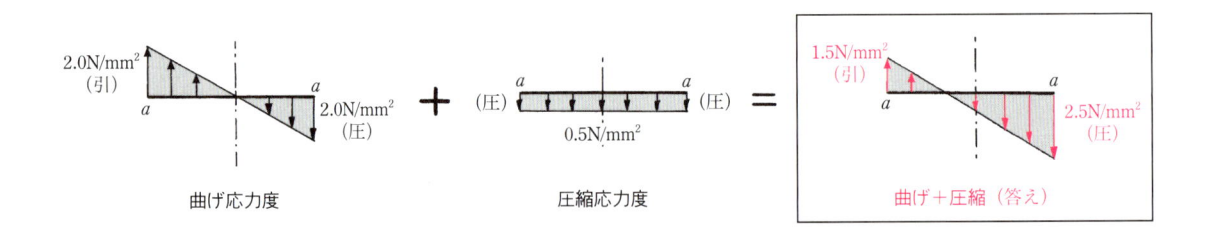

手順4 曲げ応力度と圧縮応力度の図を描き、足し合わせて答えを求めます。

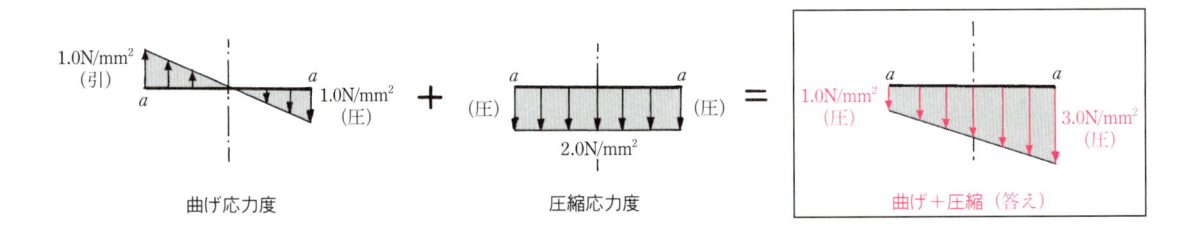

(2) について

$$\text{曲げモーメント } M = 16\text{kN} \times 1\text{m} = 16\text{kN·m} \qquad \text{圧縮力 } N = 44\text{kN} + 16\text{kN} = 60\text{kN}$$
$$= 16 \times 10^6 \text{N·mm} \qquad\qquad\qquad = 60 \times 10^3 \text{N}$$

$$\text{曲げ応力度 } \sigma_b = \frac{M}{Z} \qquad\qquad \text{圧縮応力度 } \sigma_c = \frac{N}{A}$$
$$= \frac{16 \times 10^6 \text{N·mm}}{8 \times 10^6 \text{mm}^3} = 2.0\text{N/mm}^2 \qquad = \frac{60 \times 10^3 \text{N}}{120 \times 10^3 \text{mm}^2} = 0.5\text{N/mm}^2$$

2 偏心荷重を受ける部材

　図6-14のように柱中心から距離eだけ離れた位置に集中荷重Pをかけてみます。このように中心から離れた位置の荷重を**偏心荷重**、距離eを**偏心距離**といいます。偏心荷重を受ける柱は図6-15のように曲げと圧縮を同時に受ける柱として考えることができます。

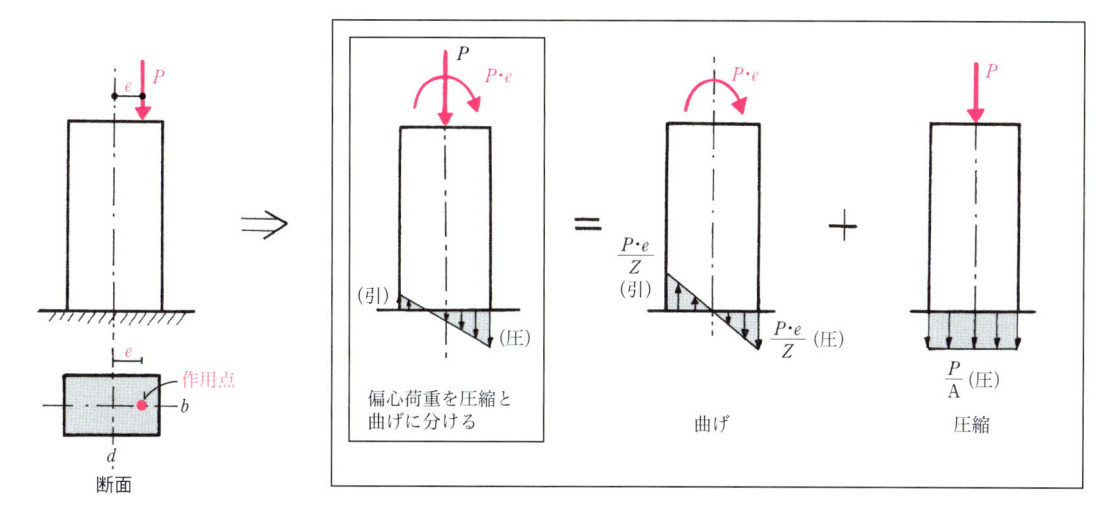

図6-14　偏心荷重を受ける柱　　　　図6-15　偏心荷重を受ける柱の考え方

　偏心荷重を受ける柱について、断面が全面圧縮になる場合の偏心距離eの条件を求めてみましょう。全面圧縮になるためには**圧縮応力度σ_c＞曲げ応力度σ_b（引張り）**が条件となります。
　$\sigma_c > \sigma_b$となるeの範囲を求めてみます。

$$\sigma_c > \sigma_b \ \Rightarrow\ \frac{P}{A} > \frac{P \cdot e}{Z} \ \Rightarrow\ \frac{P}{bd} > \frac{P \cdot e}{\dfrac{bd^2}{6}} \ \Rightarrow\ e < \frac{d}{6}$$

　eが$d/6$未満であれば柱には圧縮しか生じないことがわかります。この考察より、偏心距離eによる垂直応力度の状態は表6-1のようになります。

表6-1　偏心距離eによる垂直応力度の状態

偏心距離e	$e > \dfrac{d}{6}$	$e = \dfrac{d}{6}$	$e < \dfrac{d}{6}$
応力度状態	引張・圧縮	応力度0・圧縮	全面圧縮

参考メモ　断面の核

偏心荷重を面内に広げてみます。図 A のように X、Y 軸から離れた任意の位置 (x, y) に偏心圧縮力 P をかけて、全面圧縮になる荷重点の範囲を考察してみましょう。

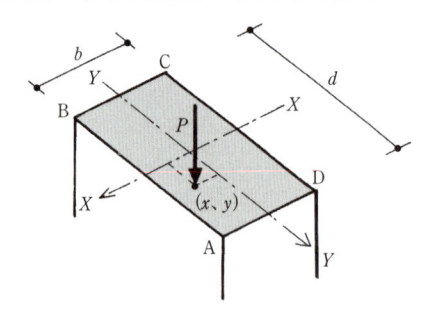

図A　X、Y両軸から隔たった荷重

全面圧縮になるためには、柱の四隅の応力度がすべて圧縮になることが条件になります。図 B のように、P と M_x と M_y に分けて考え、組み合わせた四隅の応力度がすべて 0 以下（圧縮を − とする）になる条件を導きます。

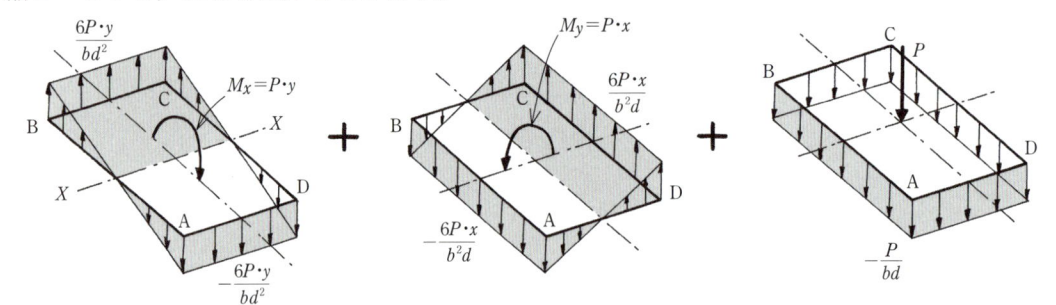

図B　M_xとM_yとPの重ね合わせ

条件を満たす範囲を断面中に示したものが図 C です。このように偏心荷重によって全面圧縮になる範囲は**断面の核**と呼ばれています。

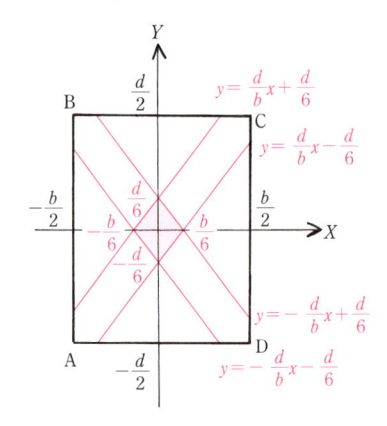

図C　偏心荷重によって全面圧縮になる範囲（断面の核）

練習問題

問題 6-1 次の構造物を、許容応力度設計の観点から安全性を検討しなさい。
ただし、許容せん断応力度 $f_s = 20\text{N/mm}^2$　許容曲げ応力度 $f_b = 200\text{N/mm}^2$ とします。

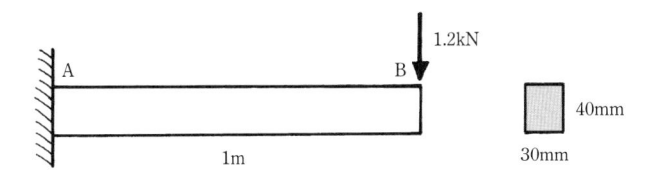

問題 6-2 次のような力を受ける部材について、その伸縮による点 C の水平変位量 δ_C を求めなさい。ただし、ヤング係数 $E = 2.0 \times 10^3 \text{N/mm}^2$ とします。

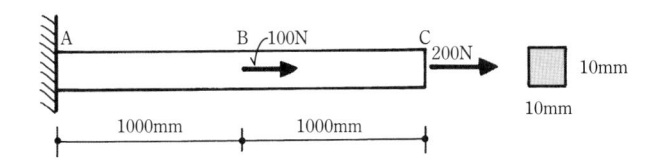

問題 6-3 次のような断面をもつ部材の許容曲げモーメントを求めなさい。
ただし、許容曲げ応力度 $f_b = 200\text{N/mm}^2$ とします。

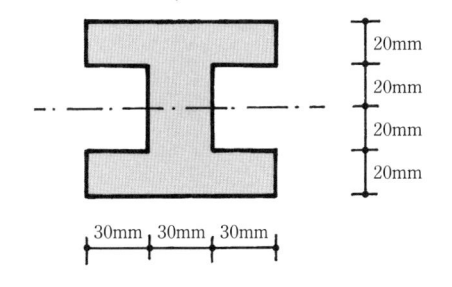

問題 6-4 次のような力を受ける柱の a–a 断面について垂直応力度分布の図を描きなさい。

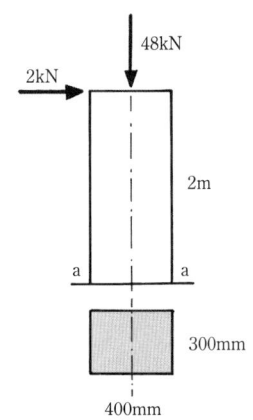

7章 たわみ・たわみ角

7・1 たわみ・たわみ角の基本公式

表7-1 たわみ δ (mm)・たわみ角 θ (rad) 基本公式

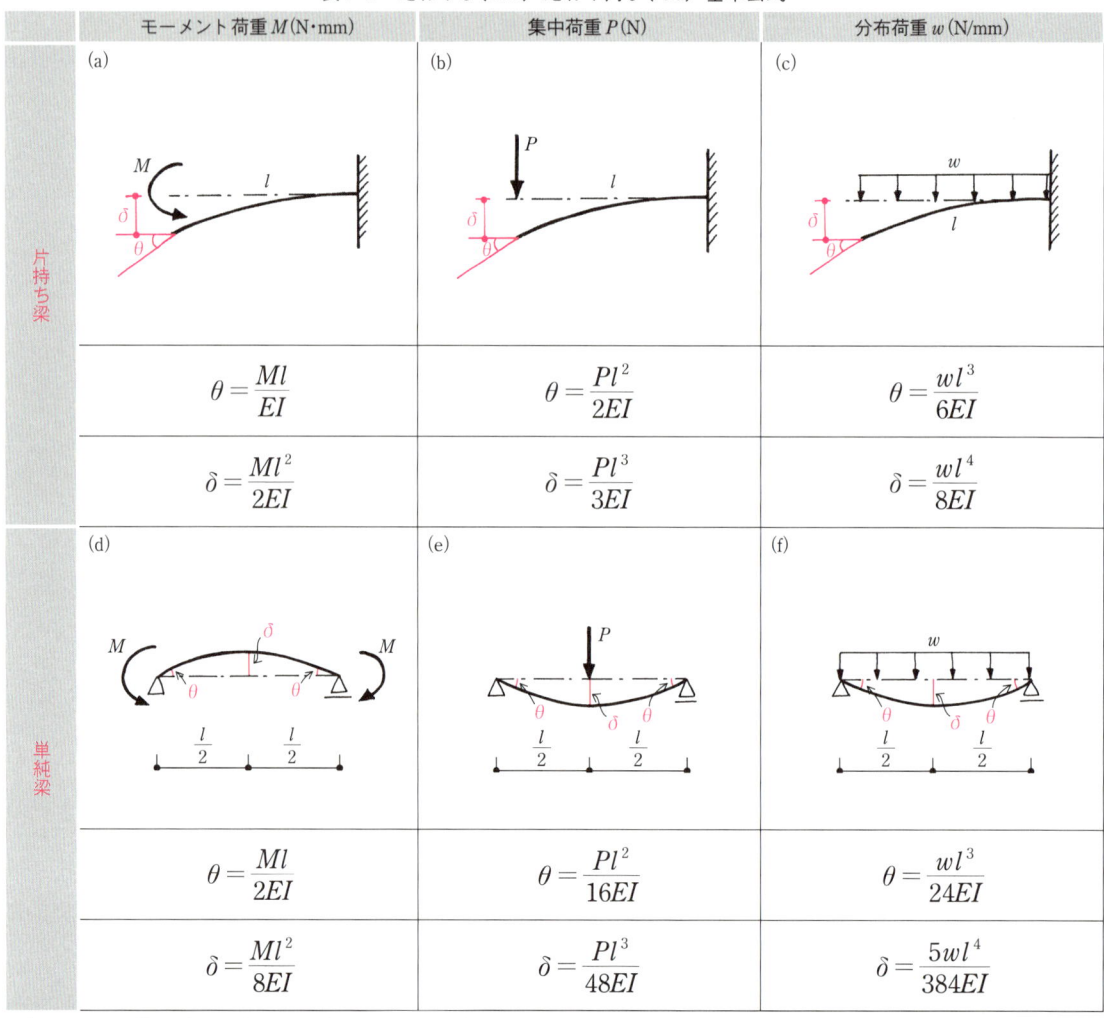

	モーメント荷重 M (N·mm)	集中荷重 P (N)	分布荷重 w (N/mm)
片持ち梁	(a) $\theta = \dfrac{Ml}{EI}$ $\delta = \dfrac{Ml^2}{2EI}$	(b) $\theta = \dfrac{Pl^2}{2EI}$ $\delta = \dfrac{Pl^3}{3EI}$	(c) $\theta = \dfrac{wl^3}{6EI}$ $\delta = \dfrac{wl^4}{8EI}$
単純梁	(d) $\theta = \dfrac{Ml}{2EI}$ $\delta = \dfrac{Ml^2}{8EI}$	(e) $\theta = \dfrac{Pl^2}{16EI}$ $\delta = \dfrac{Pl^3}{48EI}$	(f) $\theta = \dfrac{wl^3}{24EI}$ $\delta = \dfrac{5wl^4}{384EI}$

図中、E：ヤング係数 (N/mm²)、I：断面2次モーメント (mm⁴)、l：部材長 (mm)

例題 7-1 集中荷重を受ける単純梁のたわみ δ について次の問いに答えなさい。

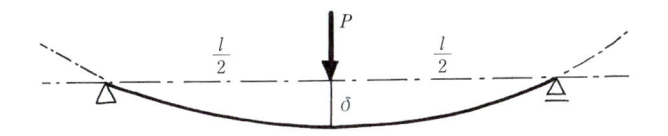

集中荷重を受ける単純梁のたわみ

単純梁のたわみ式　$\delta = \dfrac{Pl^3}{48EI}$

(1) 荷重 P が 2 倍になるとたわみ δ は何倍になりますか。

解　答　上の単純梁のたわみ式について、荷重 P を 2 倍（$2P$）にすると

$\delta = \dfrac{(2P)l^3}{48EI}$　となり、たわみ δ はもとの **2 倍**になります。

(2) 梁の長さ l が 2 倍になるとたわみ δ は何倍になりますか。

解　答　梁の長さ l が 2 倍（$2l$）になると

$\delta = \dfrac{P(2l)^3}{48EI} = \dfrac{8 \times Pl^3}{48EI}$　となり、たわみ δ はもとの **8 倍**になります。

(3) ヤング係数 E が 2 倍になるとたわみ δ は何倍になりますか。

解　答　ヤング係数 E が 2 倍（$2E$）になると

$\delta = \dfrac{Pl^3}{48(2E)I}$　となり、たわみ δ はもとの **$\dfrac{1}{2}$ 倍**になります。

(4) 梁のせい h が 2 倍になるとたわみ δ は何倍になりますか。

解　答　梁のせい h が 2 倍（$2h$）になると断面 2 次モーメント I は

$I = \dfrac{bh^3}{12}$　より

$I = \dfrac{b(2h)^3}{12} = \dfrac{8bh^3}{12}$　となり、

I はもとの 8 倍になります。**I が 8 倍**になると

$\delta = \dfrac{Pl^3}{48(8I)}$ となり、たわみ δ はもとの **$\dfrac{1}{8}$ 倍**になります。

7・2 傾斜によるたわみ

図7-1 中央に集中荷重を受ける片持ち梁のたわみ

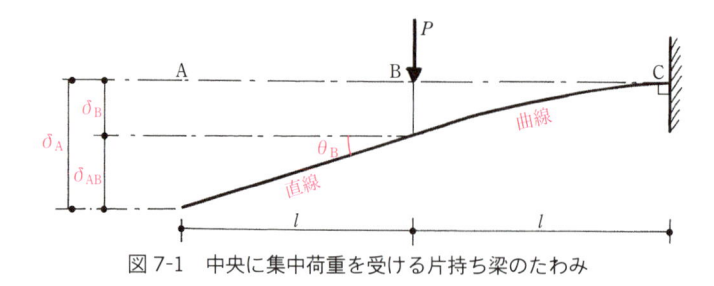

図7–1のように、片持ち梁の中央に集中荷重をかけた場合の自由端Aにおけるたわみδ_Aを求めてみましょう。B-C間は曲げによって変形していますが、A-B間は変形しておらず、直線的に傾斜してたわみを作っています。点Aでのたわみδ_Aを求めるためには点Bにおけるたわみδ_BにA-B間の傾斜によるたわみδ_{AB}を足し合わせなくてはなりません。

B-C間のたわみδ_Bは、表7–1の片持ち梁のたわみ式をそのまま使うことができます。

A-B間の傾斜によるたわみδ_{AB}は、図7-2のように直角三角形を取り出して考えます。

傾斜によるたわみの求め方

図7-2 傾斜によるたわみ

$$\sin\theta = \frac{\delta}{l} \Rightarrow \theta \fallingdotseq \frac{\delta}{l}$$

傾斜によるたわみ式

$$\delta = l \cdot \theta \quad 公式13$$

図7-2のθ、l、δの関係は上式のようにsinを使って表すことができますが、建築物の実際の変形では、たわみ角θは非常に小さい値になるので、その場合、近似的にsinをはずすことができ、傾斜によるたわみ式は公式13のようになります。したがって、図7-1の傾斜部のたわみδ_{AB}は、点Bでのたわみ角θ_BとA-B間の長さlの積によって求めることができ、最終的にδ_Aは次のようになります。

$$\delta_A = \delta_B + \delta_{AB} = \delta_B + l \cdot \theta_B$$
$$\delta_A = \frac{Pl^3}{3EI} + l \cdot \frac{Pl^2}{2EI} = \frac{5Pl^3}{6EI}$$

参考メモ　片持ち梁のたわみから単純梁のたわみを求める

片持ち梁のたわみ式を利用して、単純梁のたわみ式を求めることができます。

◆**両端にモーメント荷重を受ける場合**

単純梁の変形の中に片持ち梁の変形を見出します。図Aの点線枠のように単純梁を中央で分け、片側に注目しますと、先端にモーメント荷重を受ける片持ち梁の変形が現れます。

ここに片持ち梁のたわみ、たわみ角式を適用します。

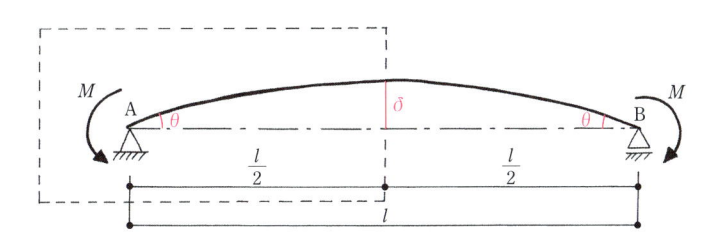

図A　両端にモーメント荷重を受ける単純梁

$$\delta = \left[基本式\ \frac{Ml^2}{2EI} \right] = \frac{M\left(\frac{l}{2}\right)^2}{2EI} = \boxed{\frac{Ml^2}{8EI}}$$

$$\theta = \left[基本式\ \frac{Ml}{EI} \right] = \frac{M\left(\frac{l}{2}\right)}{EI} = \boxed{\frac{Ml}{2EI}}$$

となり、単純梁のたわみ、たわみ角の式を導くことができました。

◆**中央に集中荷重を受ける場合**

同様に単純梁を中央で分け、片側に注目してみます。すると、反力が集中荷重として作用する片持ち梁の変形が現れます。点線枠内に片持ち梁のたわみ、たわみ角式を適用します。

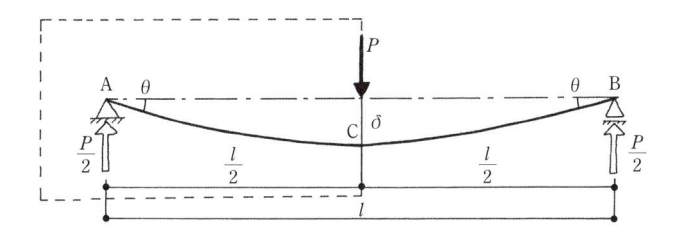

図B　単純梁から片持ち梁を取り出す

$$\delta = \left[基本式\ \frac{Pl^3}{3EI} \right] = \frac{\frac{P}{2}\left(\frac{l}{2}\right)^3}{3EI} = \boxed{\frac{Pl^3}{48EI}}$$

$$\theta = \left[基本式\ \frac{Pl^2}{2EI} \right] = \frac{\frac{P}{2}\left(\frac{l}{2}\right)^2}{2EI} = \boxed{\frac{Pl^2}{16EI}}$$

参考メモ　片持ち梁のたわみから単純梁のたわみを求める

◆**分布荷重を受ける場合**

　図Cの点線枠内のように単純梁を中央で分け、片側に注目してみます。すると、梁先端に反力が集中荷重として作用し、梁全体に分布荷重を受ける片持ち梁が現れます。

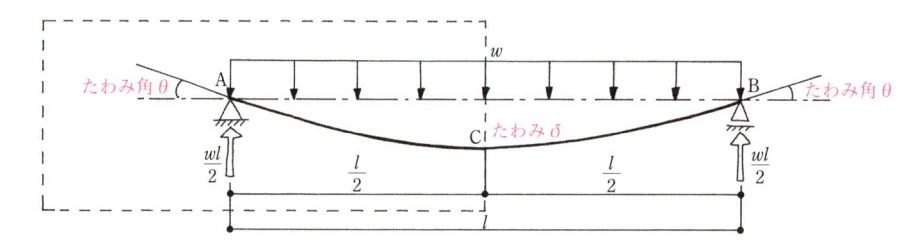

図C　単純梁から片持ち梁を取り出す

　図Dのように反力を集中荷重と考え、集中荷重によるたわみδ_1、たわみ角θ_1、分布荷重によるたわみδ_2、たわみ角θ_2を求めます。最後にそれぞれのたわみ（上向きを＋）、たわみ角（時計まわりを＋）を足し合わせることによって答えを得ます。

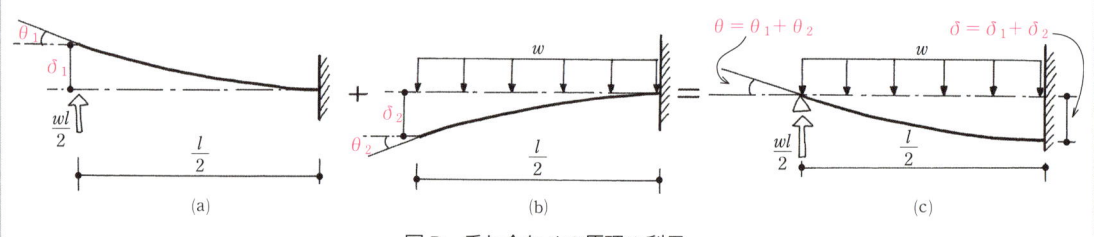

図D　重ね合わせの原理の利用

(c)　$\delta = \delta_1 + \delta_2$

$$= \frac{wl^4}{48EI} - \frac{wl^4}{128EI}$$

$\Leftarrow \begin{cases} (a)\delta_1 = \left[基本式\ \dfrac{Pl^3}{3EI}\right] = \dfrac{\frac{wl}{2}\left(\frac{l}{2}\right)^3}{3EI} = \dfrac{wl^4}{48EI} \\ (b)\delta_2 = \left[基本式\ \dfrac{wl^4}{8EI}\right] = -\dfrac{w\left(\frac{l}{2}\right)^4}{8EI} = -\dfrac{wl^4}{128EI} \end{cases}$

$$= \boxed{\frac{5wl^4}{384EI}}$$

(c)　$\theta = \theta_1 + \theta_2$

$$= \frac{wl^3}{16EI} - \frac{wl^3}{48EI}$$

$\Leftarrow \begin{cases} (a)\theta_1 = \left[基本式\ \dfrac{Pl^2}{2EI}\right] = \dfrac{\frac{wl}{2}\left(\frac{l}{2}\right)^2}{2EI} = \dfrac{wl^3}{16EI} \\ (b)\theta_2 = \left[基本式\ \dfrac{wl^3}{6EI}\right] = -\dfrac{w\left(\frac{l}{2}\right)^3}{6EI} = -\dfrac{wl^3}{48EI} \end{cases}$

$$= \boxed{\frac{wl^3}{24EI}}$$

練習問題

問題 7-1 梁1、梁2のたわみ、たわみ角についての問いです。ただし両梁は等質等断面（EI が等しい）とします。

梁1

梁2

(1) 梁1の長さ l を2倍にすると点Aでのたわみ、たわみ角はそれぞれ何倍になりますか。

(2) 梁2の長さ l を2倍にすると点Aでのたわみ、たわみ角はそれぞれ何倍になりますか。

(3) 梁1、梁2それぞれの点Aでのたわみが等しいとき、P と wl との比 $P:wl$ を求めなさい。

問題 7-2 次の梁の点Aでのたわみを求めなさい。ただしヤング係数 E、断面2次モーメント I とします。

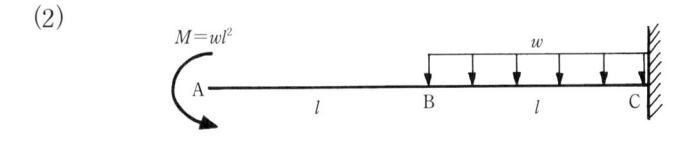

(1)

(2)

8章 不静定梁の解法

不静定構造は力の釣り合い式だけでは解けない構造物です。これを解くためには、力の釣り合い式に加えて変形を利用します。部材が変形しているということは、そこに力が存在することを意味します。変形の情報は力の情報でもあるのです。

不静定構造の解くために必要なもの

力の釣り合い式 ＋ 変形の情報（変形の適合条件式）

変形情報として、7章のたわみ・たわみ角式を利用します。

8・1 ローラー-固定梁の解法

図8-1のような片持ち梁の先端Aにローラー支点の付いた梁について考えてみましょう。

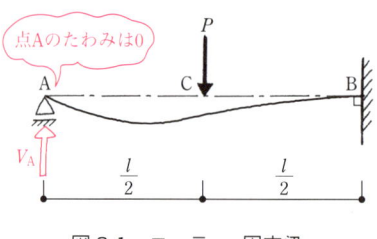

図8-1 ローラー-固定梁

図8-1のように点Aの反力をV_Aとします。V_Aを外力と考え、図8-2のように集中荷重Pのみによる点Aでのたわみδ_{A1}と外力と見なした反力V_Aによる点Aでのたわみδ_{A2}をそれぞれ求めます。

たわみ基本公式（表7-1）より

$$\delta_C = \frac{P\left(\frac{l}{2}\right)^3}{3EI} = \frac{Pl^3}{24EI}$$

$$\theta_C = \frac{P\left(\frac{l}{2}\right)^2}{2EI} = \frac{Pl^2}{8EI}$$

$$\delta_{AC} = \frac{l}{2}\theta_C = \frac{Pl^3}{16EI}$$

$$\delta_{A1} = \delta_C + \delta_{AC} = \boxed{\frac{5Pl^3}{48EI}}$$

図 8-2(a)　集中荷重 P によるたわみ

たわみ基本公式（表7-1）より

$$\delta_{A2} = \boxed{\frac{V_A l^3}{3EI}}$$

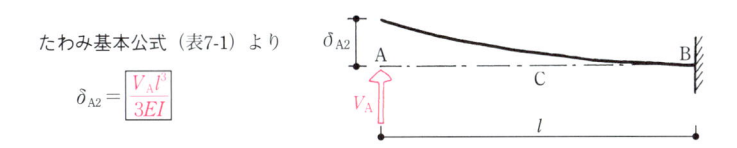

図 8-2(b)　集中荷重（反力 V_A）によるたわみ

次に変形条件を導入します。もとの問題である図 8-1 では、ローラー支点 A でのたわみは 0 でなくてはなりません。すなわち、δ_{A1} と δ_{A2} の和はお互いに打ち消しあって 0 にならなくてはならず、式 8-1 が条件式となります。

変形の適合条件式：$\delta_{A1} + \delta_{A2} = 0$ 　　　　　　　　　　　　　式 8-1

式 8-1 にそれぞれのたわみ（下へのたわみを＋とする）を代入し、反力 V_A を求めます。

$$\frac{5Pl^3}{48EI} - \frac{V_A l^3}{3EI} = 0 \quad \Rightarrow \quad \boxed{V_A = \frac{5P}{16}} \qquad 式 8\text{-}2$$

スパナ化法で点 B、C の曲げモーメントを求めます。曲げモーメント図は図 8-3 のようになります。

$$M_C = \frac{5Pl}{32}$$

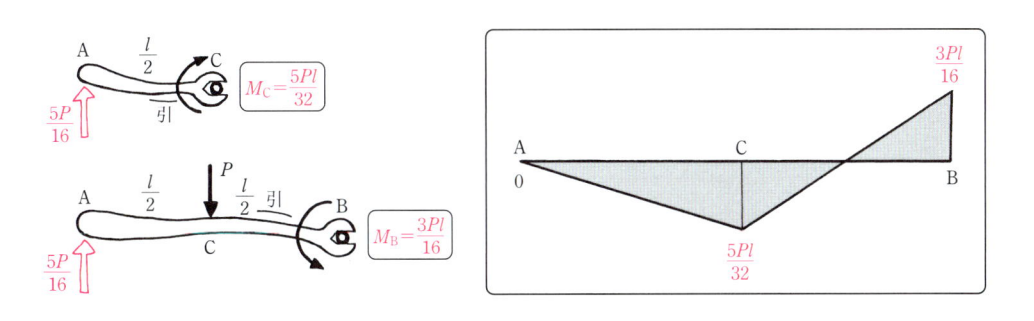

$$M_B = \frac{3Pl}{16}$$

図 8-3　ローラー-固定梁　曲げモーメント図

8・2 両端固定梁の解法

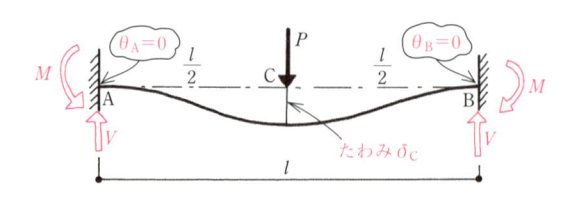

図8-4 両端固定梁

図8-4のように、両端固定梁は反力として鉛直方向の力 V およびモーメント M を両端に持ちます。この状況を図8-5のように両端にモーメント荷重を受ける単純梁に置き換えて考えてみましょう。

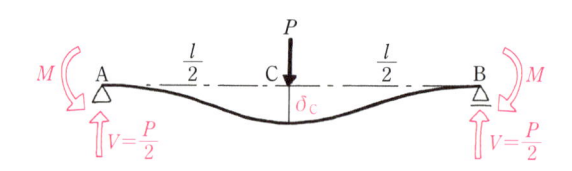

図8-5 両端固定梁を単純梁に置き換える

さらに図8-6(a)、(b)のように荷重を分けて考え、集中荷重およびモーメント荷重による中央でのたわみ（δ_1、δ_2）と支点でのたわみ角（θ_1、θ_2）を求めます。さらに、それぞれの曲げモーメント図も描いておきます。

$$\theta_1 = \frac{Pl^2}{16EI} \quad \delta_1 = \frac{Pl^3}{48EI}$$

曲げモーメント図

$\frac{Pl}{4}$

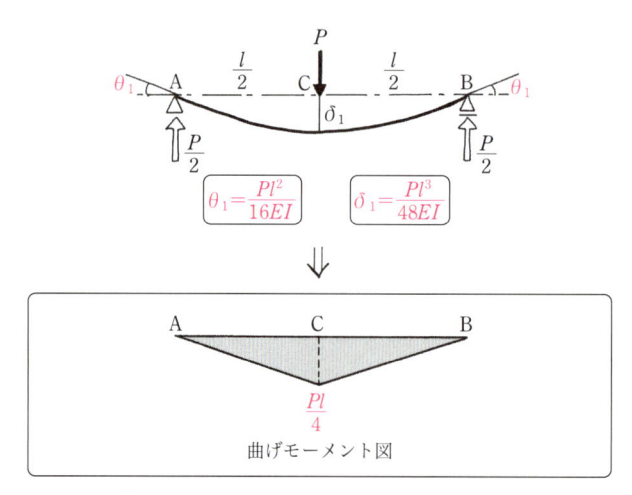

図8-6(a) 荷重を分けて考える（集中荷重）

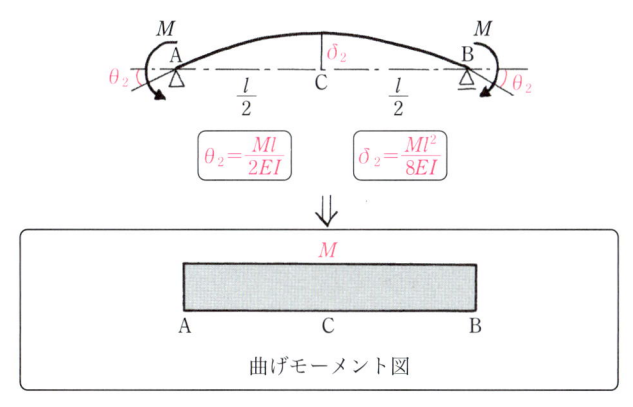

図 8-6(b)　荷重を分けて考える（モーメント荷重）

両端固定梁では、両端のたわみ角が 0 ですから変形の適合条件式は次のようになります。

変形の適合条件式：$\theta_1 + \theta_2 = 0$　　　　　　　　　　　　　　　　　　式 8-3

式 8-3 に図 8-6(a)、(b)に示したたわみ角式を代入し（点 A について、時計まわりを＋とする）、M の値を求めます。

$$\frac{Pl^2}{16EI} - \frac{Ml}{2EI} = 0 \Rightarrow \boxed{M = \frac{Pl}{8}\ （固定端モーメント）}$$　　式 8-4

これが両端固定梁の**固定端モーメント**です。図 8-6(a)、(b)の曲げモーメント図を重ね合わせれば両端固定梁の曲げモーメント図が図 8-7 のように描けます。

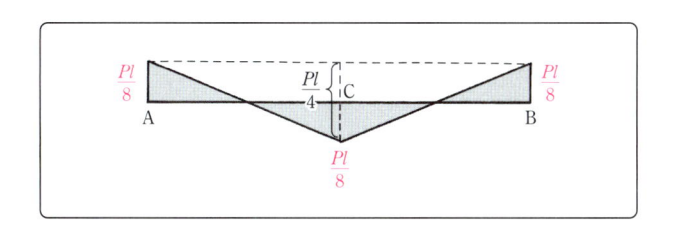

図 8-7　両端固定梁　曲げモーメント図

また、中央でのたわみ δ_C は図 8-6(a)、(b)に示したたわみ（下へのたわみを＋とする）の重ね合わせにより、以下のようになります。

$$\delta_C = \delta_1 + \delta_2$$
$$\delta_C = \frac{Pl^3}{48EI} - \frac{Ml^2}{8EI} = \frac{Pl^3}{48EI} - \frac{(Pl/8)l^2}{8EI} \Rightarrow \boxed{\delta_C = \frac{Pl^3}{192EI}}$$　　式 8-5

練習問題

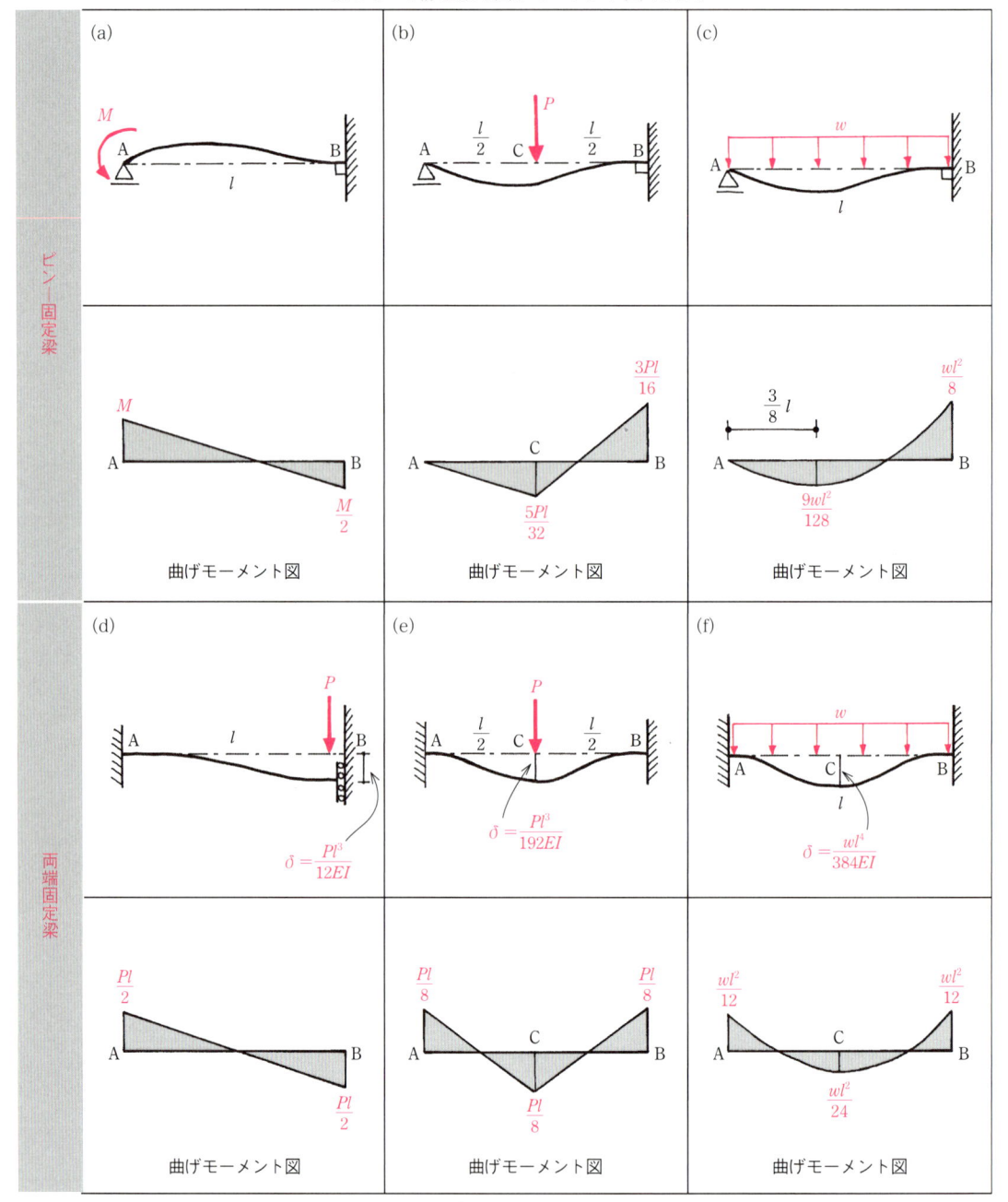

表 8-1　不静定梁の曲げモーメント図・たわみ

ピン—固定梁

(a) モーメントMがA端に作用するピン—固定梁、曲げモーメント図：A端M、B端$-M/2$

(b) 中央集中荷重Pのピン—固定梁、曲げモーメント図：C点$-5Pl/32$、B端$3Pl/16$

(c) 等分布荷重wのピン—固定梁、曲げモーメント図：$\frac{3}{8}l$位置で$-9wl^2/128$、B端$wl^2/8$

両端固定梁

(d) B端に集中荷重P（梁長l）、たわみ $\delta = \dfrac{Pl^3}{12EI}$、曲げモーメント図：A端$Pl/2$、B端$-Pl/2$

(e) 中央集中荷重Pの両端固定梁、たわみ $\delta = \dfrac{Pl^3}{192EI}$、曲げモーメント図：A端・B端$Pl/8$、C点$-Pl/8$

(f) 等分布荷重wの両端固定梁、たわみ $\delta = \dfrac{wl^4}{384EI}$、曲げモーメント図：A端・B端$wl^2/12$、C点$-wl^2/24$

問題 8-1　表8-1 ローラー–固定梁(a)、(c)のローラー支点Aにおける反力V_Aを求めなさい。

問題 8-2　表8-1 両端固定梁(d)、(f)の固定端モーメントと、たわみδを求めなさい。

9章 水平力の分担・層間変位

　図9-1のように、実際の建築物は複数のラーメン架構から構成されています。それぞれのラーメン架構を連結する床板は、面内の変形に対して高い剛性をもち、平行に並ぶラーメン架構を一体化させ、水平力に対し全ラーメンが協力して抵抗できるようにしているのです。

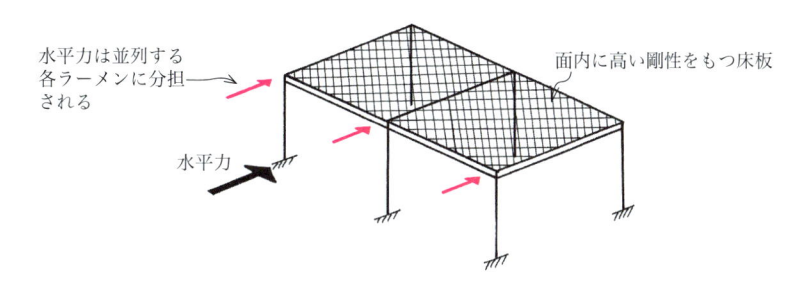

図9-1　水平力に抵抗する建築物

9・1　水平剛性と水平力の分担

　構造体全体を考える前に、一面のラーメンについて剛床仮定（床は変形しない）を適用して考察してみましょう。図9-2のように水平力Pをかけると、柱が変形し柱頭部に水平変位$δ$が生じます。

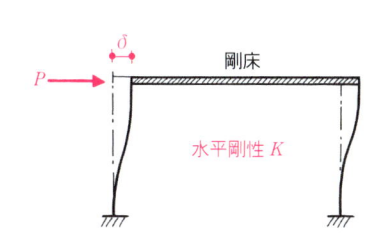

力と変形の関係式

$$P = K \cdot δ \quad 公式14$$

P：水平力（N）　K：水平剛性（N/mm）　$δ$：水平変位（mm）

図9-2　剛床仮定ラーメンの水平力と水平変位との関係

このときの水平力 P と水平変位 $δ$ との関係は比例関係（p103 フックの法則が成り立つ）にあり、公式 14 のように書くことができます。公式 14 中 K は柱の**水平剛性（N/mm）**と呼ばれ、柱を弾性バネと考えたときの**バネ定数**に相当します。

水平剛性 K の算定　柱脚ピンの場合

図 9-3(a) のような柱脚がピンの柱の場合、変形は反力を集中荷重とする片持ち梁の変形になっています。この変形に片持ち梁のたわみ式（p116 表 7-1 参照）を適用してみます。

$$δ = \frac{Ph^3}{3EI} \qquad 式9\text{-}1$$

式 9-1 を次のように変形します。

$$P = \left(\frac{3EI}{h^3}\right)δ \qquad 式9\text{-}2$$

式 9-2 の左辺は力 P、右辺には水平変位 $δ$ があります。式は $P = K・δ$ の形になることより、水平剛性 K は次式のようになります。

剛床仮定・ピン柱脚での柱の水平剛性 K

$$K = \frac{3EI}{h^3} \qquad 公式15a$$

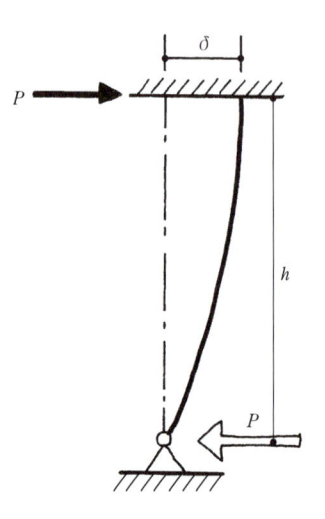

図 9-3(a)　ピン柱脚柱の変形

水平剛性 K の算定　柱脚固定の場合

図 9-3(b) のような柱脚が固定の柱は、点線で囲んだ部分が片持ち梁の変形になっています。この部分に片持ち梁のたわみ式（p116 表 7-1 参照）を適用してみます。

$$\frac{δ}{2} = \frac{P\left(\frac{h}{2}\right)^3}{3EI} \Rightarrow δ = \frac{Ph^3}{12EI} \qquad 式9\text{-}3$$

式 9-3 を次のように変形します。

$$P = \left(\frac{12EI}{h^3}\right)δ \qquad 式9\text{-}4$$

式 9-4 のカッコ内が水平剛性 K であり、次式となります。

剛床仮定・固定柱脚での柱の水平剛性 K

$$K = \frac{12EI}{h^3} \qquad 公式15b$$

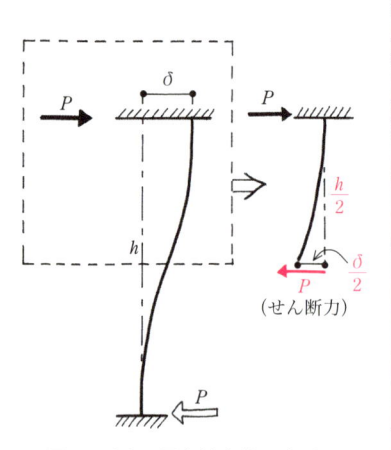

図 9-3(b)　固定柱脚柱の変形

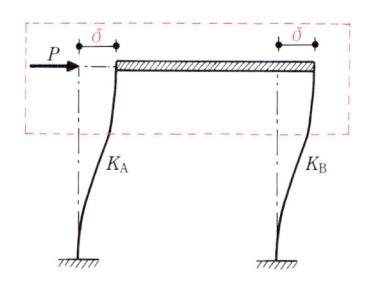

図 9-4　水平力に抵抗する剛床仮定のラーメン

図 9-4 のラーメンにおいて、点線で囲まれているところを切り出し、水平方向の力の釣り合いを考えてみましょう。

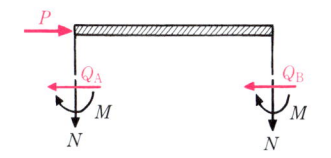

$$\Sigma X = 0: \quad P - Q_A - Q_B = 0$$
$$P = Q_A + Q_B \quad \text{式 9-5}$$

図 9-5　水平方向の力の釣り合い

式 9-5 のようになり、各柱はせん断力によって水平力に抵抗していることがわかります。式 9-5 の右辺、同一層の柱せん断力の総和を**層せん断力**といいます。

次に Q_A、Q_B の比をとってみましょう。各柱の水平剛性を K_A、K_B とし、$Q = K \cdot \delta$ の関係を使い、水平変位 δ が両柱とも等しいことより

$$Q_A : Q_B = K_A \cdot \delta : K_B \cdot \delta = K_A : K_B$$

Point　水平力は各柱の水平剛性 K に応じて分担される

となることがわかります。

例題 9-1　図のラーメンの柱 A、B、C が負担するせん断力 Q_A、Q_B、Q_C を求めなさい。
ただし、梁は剛体で、柱は等質等断面（EI が等しい）とします。

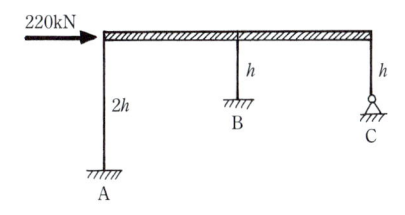

解答　負担せん断力は水平剛性の比で決まるのだから

$$Q_A : Q_B : Q_C = K_A : K_B : K_C = \frac{12EI}{(2h)^3} : \frac{12EI}{h^3} : \frac{3EI}{h^3} = 1 : 8 : 2$$

水平力 220kN をこの比に分けると

$$Q_A = 20\text{kN} \quad Q_B = 160\text{kN} \quad Q_C = 40\text{kN} \quad \text{（答え）}$$

次に、連結された複数のラーメンへと拡張してみます。

例題 9-2 図のように剛床によって連結された3列のラーメンからなる構造体について、各列のラーメンが負担する水平力を求めなさい。ただし、すべての柱は等質（E が等しい）とします。

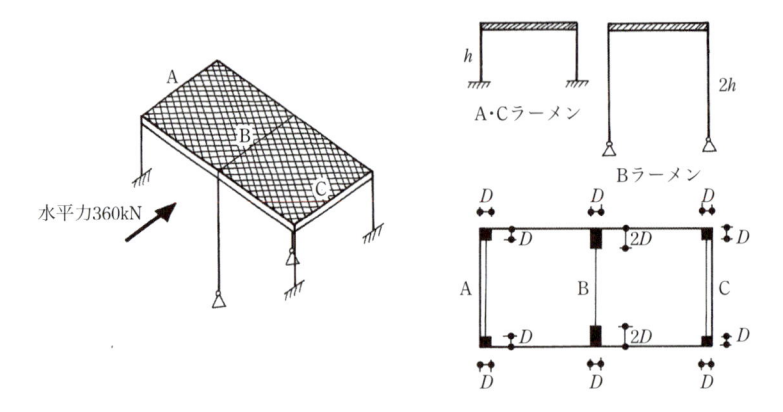

複数のラーメンからなる構造体

解答

ラーメン A、C の柱の断面2次モーメント $\dfrac{D^4}{12}=I$ とします。

ラーメン B の柱の断面2次モーメント $=\dfrac{D(2D)^3}{12}=\dfrac{8D^4}{12}=8I$

ラーメン A、C の水平剛性 K_A、K_C は

$$K_A=K_C=\dfrac{12EI}{h^3}\times 2=\dfrac{24EI}{h^3}$$

ラーメン B の水平剛性 K_B は

$$K_B=\dfrac{3E\cdot 8I}{(2h)^3}\times 2=\dfrac{6EI}{h^3}$$

各ラーメンの水平剛性の比が水平力 P_A、P_B、P_C の分担比であるから

$$\begin{aligned}P_A:P_B:P_C&=K_A:K_B:K_C\\&=\dfrac{24EI}{h^3}:\dfrac{6EI}{h^3}:\dfrac{24EI}{h^3}\\&=4:1:4\end{aligned}$$

水平力 360kN をこの比で分けると

$$P_A=P_C=\dfrac{4}{9}\times 360\text{kN}=\underline{160\text{kN}} \quad (\text{答え})$$

$$P_B=\dfrac{1}{9}\times 360\text{kN}=\underline{40\text{kN}} \quad (\text{答え})$$

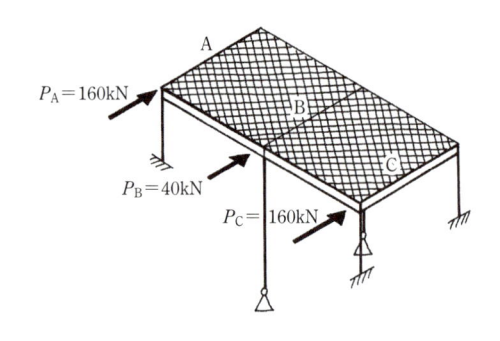

9・2 多層ラーメンの層間変位

次に多層ラーメン（剛床仮定）について水平力と水平変位との関係を考えてみましょう。ただし、各層の水平剛性を K_1、K_2 とします。

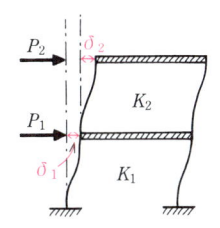

図9-6 水平力を受ける多層ラーメンの変形

多層ラーメンが水平力を受けると図9-6のように変形します。このとき、各層ごとの変位（$δ_1$、$δ_2$）を**層間変位**といいます。各層の層間変位は各層が受ける層せん断力に応じて生じます。

図9-7のように各層の層せん断力は、各層の柱の位置で水平に切断し、水平方向の力の釣り合い式より求めることができます。

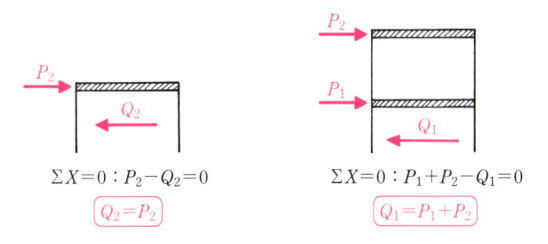

$\Sigma X = 0 : P_2 - Q_2 = 0$
$\boxed{Q_2 = P_2}$

$\Sigma X = 0 : P_1 + P_2 - Q_1 = 0$
$\boxed{Q_1 = P_1 + P_2}$

図9-7 水平力と層せん断力との関係

図9-7のように、各層の層せん断力はその層より上層が受ける水平力の合計になります。したがって、**最下層の層せん断力が最も大き**くなります。

各層の層せん断力と水平剛性を公式14に代入し、各層の層間変位は図9-8のように求めることができます。

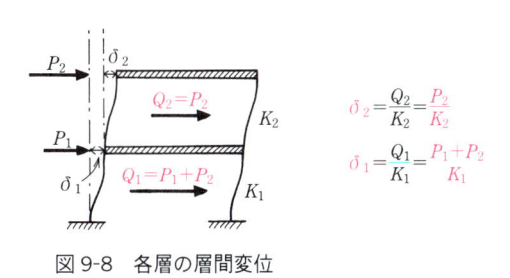

$\delta_2 = \dfrac{Q_2}{K_2} = \dfrac{P_2}{K_2}$

$\delta_1 = \dfrac{Q_1}{K_1} = \dfrac{P_1 + P_2}{K_1}$

図9-8 各層の層間変位

練習問題

問題 9-1 次の各柱が負担するせん断力 Q_A、Q_B、Q_C を求めなさい。ただし梁は剛体とします。

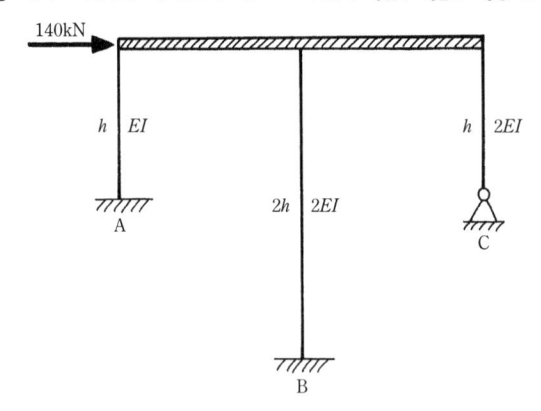

問題 9-2 次の各ラーメンが負担する水平力 P_A、P_B、P_C を求めなさい。ただし柱は等質（E は等しい）とし、床は剛床とします。

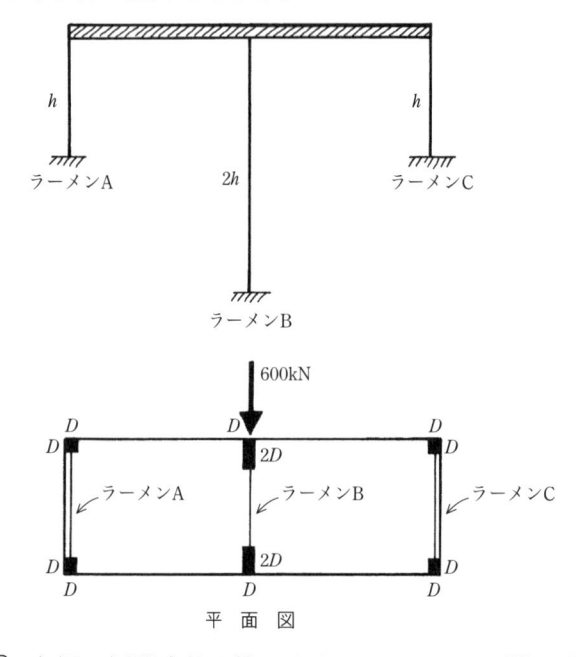

問題 9-3 各層の層間変位を等しくするためには、1階の水平剛性 K_1 を何 kN/mm にすればよいでしょうか。

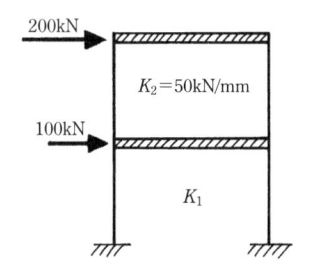

10章
不静定ラーメンの解法
（たわみ角法）

10・1　たわみ角法公式

　水平力が各ラーメンに分担された後は、個々のラーメンについて計算を進めます。床は面内には高い剛性をもちますが、面外には剛性が低く、個々のラーメンを考えるときは、梁の変形も考慮しなくてはなりません。図10–1に不静定ラーメンの変形の一例を示します。

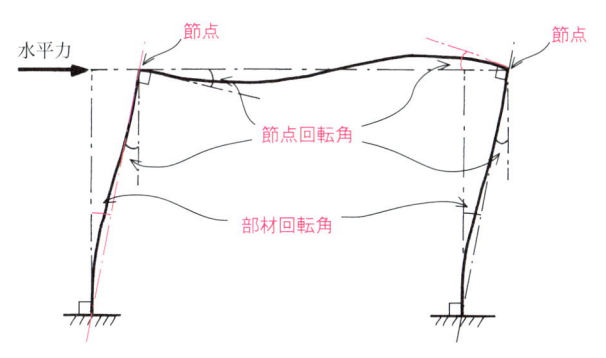

図10-1　不静定ラーメンの変形

　柱、梁はなめらかに曲がり、ラーメン全体の変形を作り出しています。この曲げ変形は曲げモーメントの存在を意味しています。曲がりの大きさによってその部分に生じている曲げモーメントの大きさを計り知ることができるのです。変形の要素として図10–1に示したように、節点の回転角（節点回転角 θ）と部材の傾き角（部材回転角 R）があります。たわみ角法はこれらの回転角を情報源とし、さらに力の釣り合い式を使って、部材端部の曲げモーメント（材端モーメント）を求める手法です。

　次のたわみ角法公式により、材端モーメントを求めることができます。

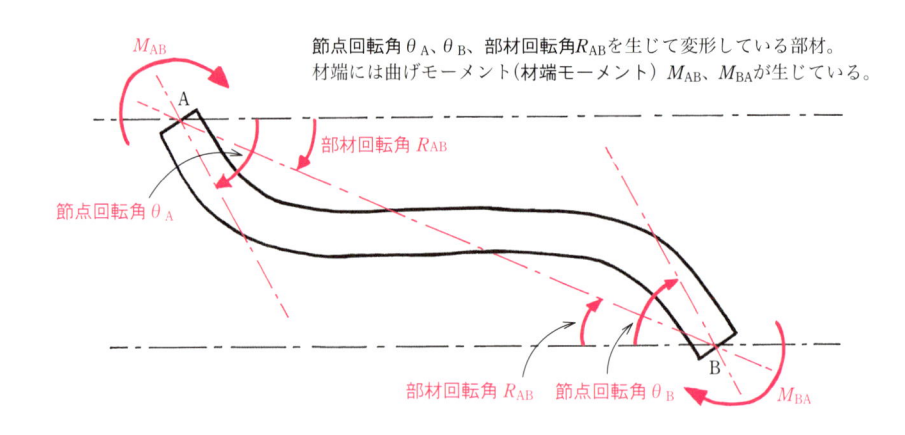

節点回転角 θ_A、θ_B、部材回転角 R_{AB} を生じて変形している部材。
材端には曲げモーメント（材端モーメント）M_{AB}、M_{BA} が生じている。

Point 材端モーメントは時計まわりを＋とする

図 10-2 たわみ角法における材端モーメント

たわみ角法公式

$$M_{AB} = k_{AB}(2\phi_A + \phi_B + \psi_{AB}) + C_{AB} \qquad \text{公式 16a}$$

$$M_{BA} = k_{AB}(\phi_A + 2\phi_B + \psi_{AB}) + C_{BA} \qquad \text{公式 16b}$$

M_{AB}：AB 部材の A 端の**材端モーメント**（kN·m）

M_{BA}：AB 部材の B 端の**材端モーメント**（kN·m）

k_{AB}：AB 部材の剛比（無次元）

部材の曲げに対するかたさを**剛度**といいます。剛度は次式によって求めます。

$$K\,(剛度\ mm^3) = \frac{I\,(断面2次モーメント\ mm^4)}{l\,(部長\ mm)} \qquad \text{公式 17}$$

複数の部材から構成される構造体のそれぞれの部材の剛度を求め、構造体中任意の剛度を**基準剛度 K_0** とし、基準剛度 K_0 に対する AB 材の剛度 K_{AB} の割合（K_{AB}/K_0）が AB 材の**剛比 k_{AB}** です。

ϕ_A：節点 A の**節点回転角 θ_A** に関する数値　　$\phi_A = 2EK_0\theta_A$（kN·m）

ϕ_B：節点 B の**節点回転角 θ_B** に関する数値　　$\phi_B = 2EK_0\theta_B$（kN·m）

ψ_{AB}：部材 AB の**部材回転角 R_{AB}** に関する数値　　$\psi_{AB} = -6EK_0 R_{AB}$（kN·m）

C_{AB}、C_{BA}：中間荷重による**固定端モーメント**（kN·m）

参考メモ　たわみ角法公式

点A、点Bの節点回転角θ_A、θ_Bおよび部材回転角R_{AB}のうちひとつだけが生じる場合の材端モーメント、せん断力をそれぞれ求め、すべてを重ね合わせることによって**たわみ角公式**を導くことができます。

◆節点回転角θ_Aのみが生じる場合

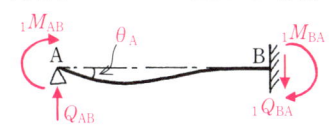

$$\begin{cases} {}_1M_{AB} = 4EK_{AB}\,\theta_A \\ {}_1M_{BA} = 2EK_{AB}\,\theta_A \end{cases}$$

◆節点回転角θ_Bのみが生じる場合

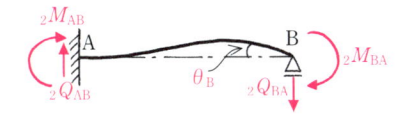

$$\begin{cases} {}_2M_{AB} = 2EK_{AB}\,\theta_B \\ {}_2M_{BA} = 4EK_{AB}\,\theta_B \end{cases}$$

◆部材回転角R_{AB}のみが生じる場合

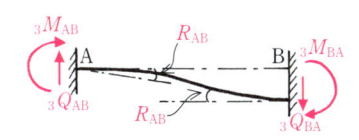

$$\begin{cases} {}_3M_{AB} = -6EK_{AB}R_{AB} \\ {}_3M_{BA} = -6EK_{AB}R_{AB} \end{cases}$$

◆中間荷重による材端モーメント

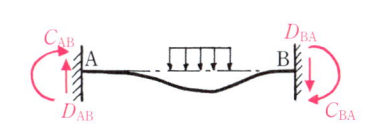

$$\begin{cases} C_{AB} \\ C_{BA} \end{cases}$$

以上の結果の重ね合わせより、材端モーメントM_{AB}、M_{BA}を求めます。

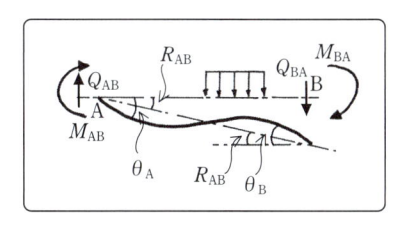

$$\begin{cases} \begin{aligned} M_{AB} &= {}_1M_{AB} + {}_2M_{AB} + {}_3M_{AB} + C_{AB} \\ &= 4EK_{AB}\,\theta_A + 2EK_{AB}\,\theta_B - 6EK_{AB}R_{AB} + C_{AB} \\ &= 2EK_{AB}(2\theta_A + \theta_B - 3R_{AB}) + C_{AB} \end{aligned} \\ \begin{aligned} M_{BA} &= {}_1M_{BA} + {}_2M_{BA} + {}_3M_{BA} + C_{BA} \\ &= 2EK_{AB}\,\theta_A + 4EK_{AB}\,\theta_B - 6EK_{AB}R_{AB} + C_{BA} \\ &= 2EK_{AB}(\theta_A + 2\theta_B - 3R_{AB}) + C_{BA} \end{aligned} \end{cases}$$

次のような書き換えをします。

$$\phi_A = 2EK_0\,\theta_A \qquad \phi_B = 2EK_0\,\theta_B \qquad \psi_{AB} = -6EK_0R_{AB}$$

構造体中、任意の部材の剛度を基準（**基準剛度**K_0）とし、$K_{AB}/K_0 = k_{AB}$とすると

$$M_{AB} = k_{AB}(2\phi_A + \phi_B + \psi_{AB}) + C_{AB}$$
$$M_{BA} = k_{AB}(\phi_A + 2\phi_B + \psi_{AB}) + C_{BA}$$

が得られます。

10・2 たわみ角法による解法
（その1　節点にモーメント荷重を受ける場合）

基本例題1　次のラーメンの材端モーメントを求め、曲げモーメント図を描きなさい。

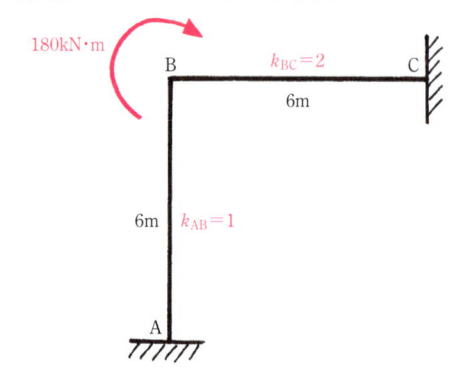

図10-3　モーメント荷重を受ける柱－梁ラーメン（両端固定）

手順1　図10–4のように変形状況を描き、各節点の節点回転角、部材回転角の有無を確認します。

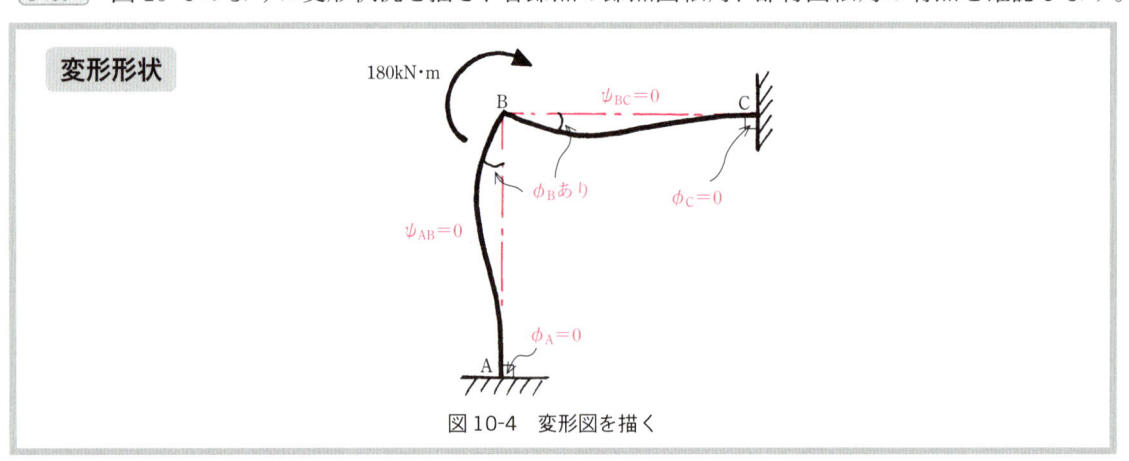

変形形状

図10-4　変形図を描く

手順2　たわみ角法公式によって材端モーメントを表します。

計算条件

・剛比 $k_{AB} = 1$、$k_{BC} = 2$
・$\phi_A = \phi_C = 0$　$\psi_{AB} = \psi_{BC} = 0$　（図10-4より）
・中間荷重がないことより、C はすべて 0

これらをたわみ角法公式に代入し、式を整理して式10–1（a）〜（d）を得ます。

なお、BC材についてはたわみ角法公式のAB を BC に置き換えて使います。

◆ 柱 AB 材について

	公　式	計算条件代入		
M_{AB}	$= k_{AB}(2\phi_A + \phi_B + \psi_{AB}) + C_{AB}$	$= 1(2 \times 0 + \phi_B + 0) + 0$	$= \phi_B$	式10-1(a)
M_{BA}	$= k_{AB}(\phi_A + 2\phi_B + \psi_{AB}) + C_{BA}$	$= 1(0 + 2\phi_B + 0) + 0$	$= 2\phi_B$	式10-1(b)

◆ 梁 BC 材について

M_{BC}	$= k_{BC}(2\phi_B + \phi_C + \psi_{BC}) + C_{BC}$	$= 2(2\phi_B + 0 + 0) + 0$	$= 4\phi_B$ 式10-1(c)
M_{CB}	$= k_{BC}(\phi_B + 2\phi_C + \psi_{BC}) + C_{CB}$	$= 2(\phi_B + 2\times 0 + 0) + 0$	$= 2\phi_B$ 式10-1(d)

[手順3] **節点方程式**をたてます。

図 10-5 のように切り出し、節点 B についてモーメントの釣り合い式をたてます。これを**節点方程式**といいます。

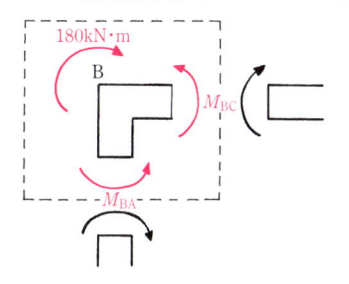

節点方程式

$\Sigma M_B = 0 : -M_{BA} - M_{BC} + 180 = 0$ 式 10-2

式 10-2 に式 10-1(b)、(c) を代入して ϕ_B を求めます。

$-2\phi_B - 4\phi_B + 180 = 0 \Rightarrow \phi_B = 30$

図 10-5 節点 B での力の釣り合い

[手順4] $\phi_B = 30$ を式 10-1(a)〜(d) に代入し、すべての材端モーメントを求めます。

材端モーメント
- ◆ 柱　　$M_{AB} = 30\text{kN·m}$　　$M_{BA} = 60\text{kN·m}$
- ◆ 梁　　$M_{BC} = 120\text{kN·m}$　　$M_{CB} = 60\text{kN·m}$

[手順5] 材端モーメントをもとに曲げモーメント図を描きます。

曲げモーメント図の描き方

図 10-6 のように部材の各端部に時計まわりの矢印を描いておきます。時計まわりの曲げモーメントであれば矢印のない側が引張側になりますので、＋の材端モーメントは矢印のない側にグラフを出します。

各材端モーメントを直線で結べば、曲げモーメント図の完成です。

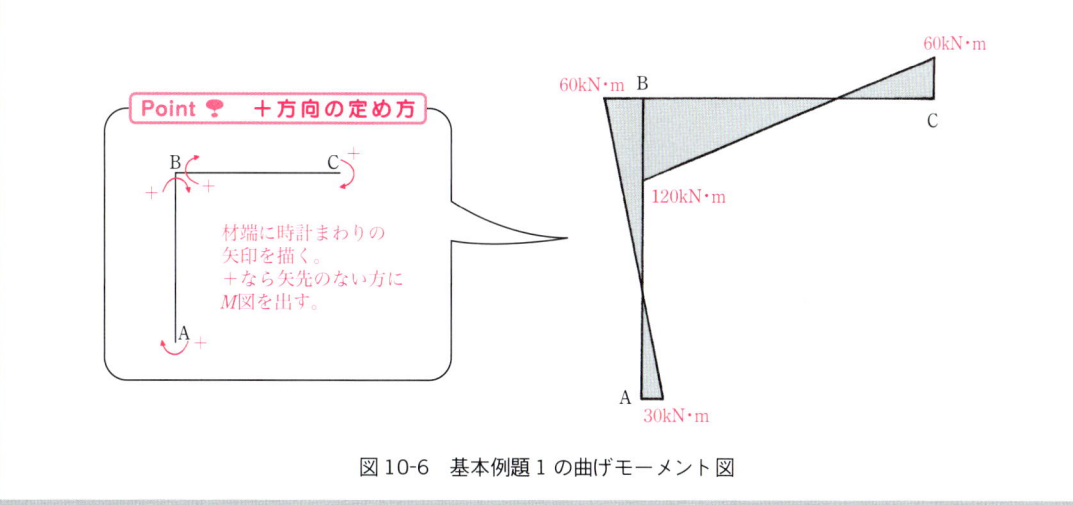

Point ＋方向の定め方

材端に時計まわりの矢印を描く。
＋なら矢先のない方にM図を出す。

図 10-6　基本例題 1 の曲げモーメント図

基本例題 2 次のラーメンの材端モーメントを求め、曲げモーメント図を描きなさい。

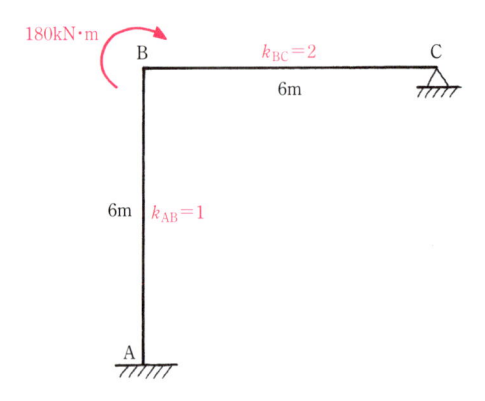

図 10-7 モーメント荷重を受ける柱－梁ラーメン（固定・ピン）

手順 1 図 10-8 のように変形状況を描き、各節点の節点回転角の有無、部材回転角の有無を確認します。

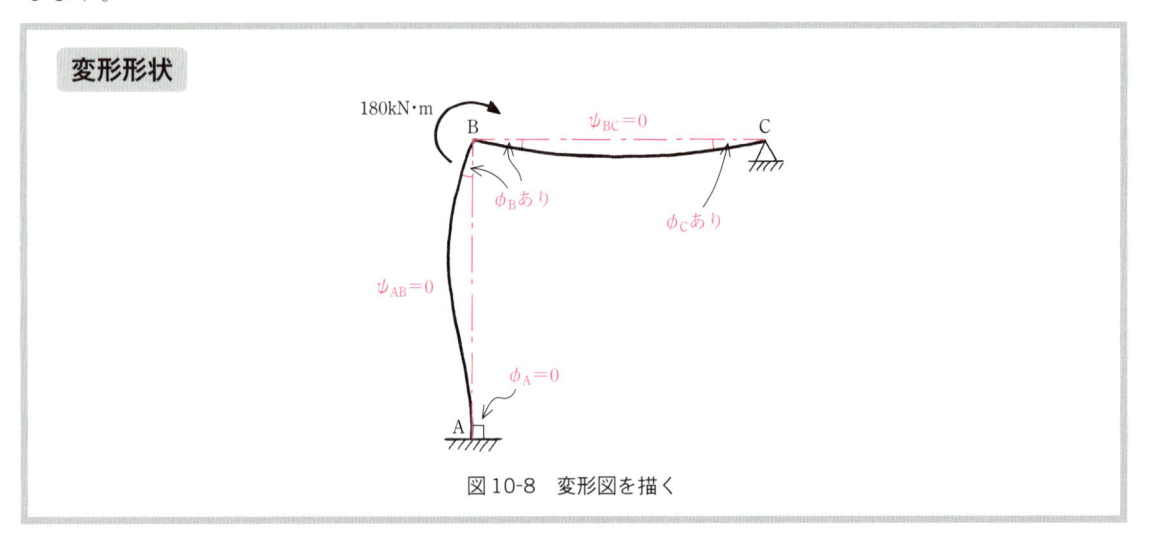

図 10-8 変形図を描く

手順 2 たわみ角法公式に剛比（$k_{AB}=1$、$k_{BC}=2$）、変形図の情報（$\phi_A=0$、$\psi_{AB}=\psi_{BC}=0$）中間荷重なしよりCはすべて0を代入し、式を整理して式10-3(a)〜(d)を得ます。

◆ 柱 AB 材について

	公式	計算条件代入		
M_{AB}	$= k_{AB}(2\phi_A + \phi_B + \psi_{AB}) + C_{AB}$	$= 1(2 \times 0 + \phi_B + 0) + 0$	$= \phi_B$	式 10-3(a)
M_{BA}	$= k_{AB}(\phi_A + 2\phi_B + \psi_{AB}) + C_{BA}$	$= 1(0 + 2\phi_B + 0) + 0$	$= 2\phi_B$	式 10-3(b)

◆ 梁 BC 材について

	公式	計算条件代入		
M_{BC}	$= k_{BC}(2\phi_B + \phi_C + \psi_{BC}) + C_{BC}$	$= 2(2\phi_B + \phi_C + 0) + 0$	$= 4\phi_B + 2\phi_C$	式 10-3(c)
M_{CB}	$= k_{BC}(\phi_B + 2\phi_C + \psi_{BC}) + C_{CB}$	$= 2(\phi_B + 2\phi_C + 0) + 0$	$= 2\phi_B + 4\phi_C$	式 10-3(d)

手順3 節点 B について、節点方程式をたてます。

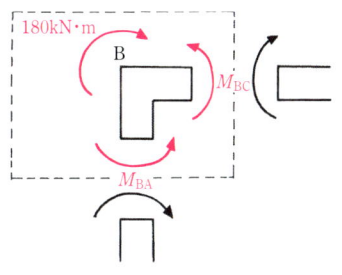

図 10-9 節点 B での力の釣り合い

節点方程式

$$\Sigma M_B = 0 : -M_{BA} - M_{BC} + 180 = 0 \quad \text{式 10-4}$$

式 10-4 に式 10-3(b)、(c) を代入します。

$$-2\phi_B - (4\phi_B + 2\phi_C) + 180 = 0$$

$$6\phi_B + 2\phi_C = 180 \quad \text{式 10-5}$$

手順4 点 C は**ピン支点**なので、材端モーメント M_{CB} は 0 です。$M_{CB} = 0$ の式をたてます。

$$M_{CB} = 2\phi_B + 4\phi_C = 0 \quad \Rightarrow \quad \phi_B + 2\phi_C = 0 \quad \text{式 10-6}$$

式 10-5 と式 10-6 を連立して ϕ_B、ϕ_C を求めます。

$$\phi_B = 36 \qquad \phi_C = -18$$

手順5 $\phi_B = 36$、$\phi_C = -18$ を式 10-3(a)〜(d) に代入し、すべての材端モーメントを求めます。

材端モーメント

- ◆柱　$M_{AB} = 36\text{kN·m}$　　$M_{BA} = 72\text{kN·m}$
- ◆梁　$M_{BC} = 108\text{kN·m}$　　$M_{CB} = 0\text{kN·m}$

手順6 材端モーメントをもとに曲げモーメント図を描きます。

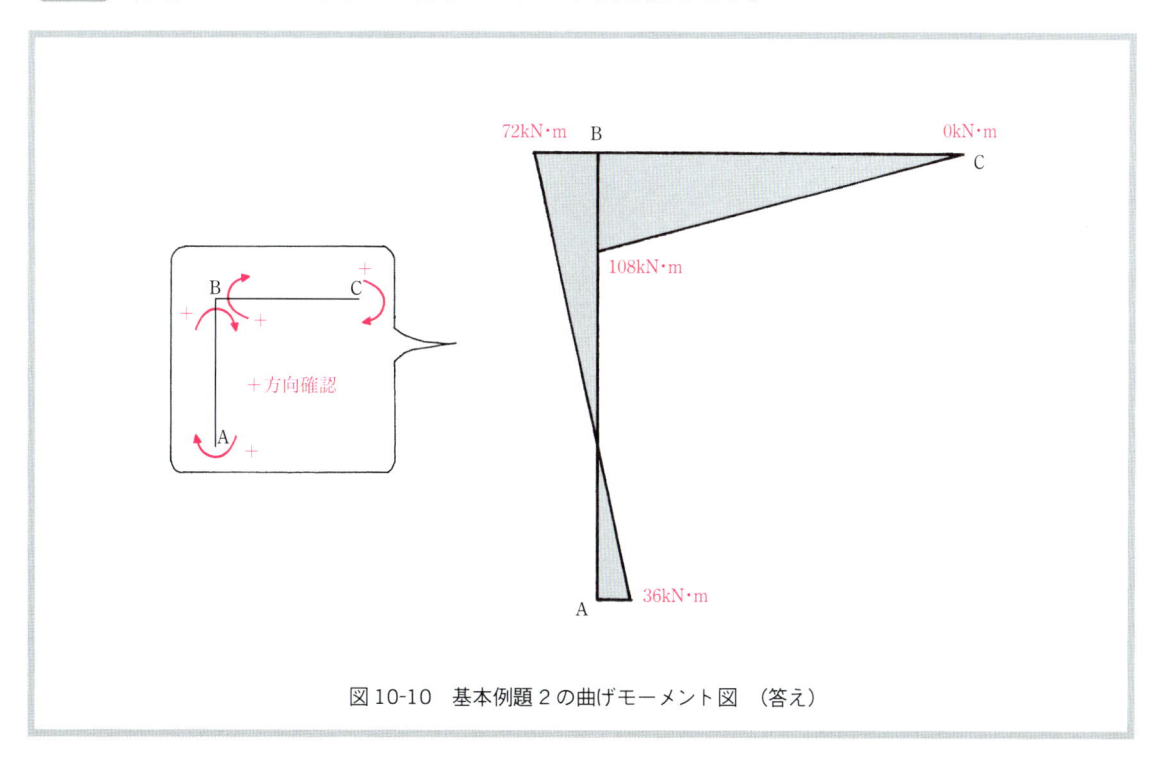

図 10-10 基本例題 2 の曲げモーメント図 （答え）

10・3 たわみ角法による解法
（その2 中間荷重を受ける場合）

応用例題1 次のラーメンの材端モーメントを求め、曲げモーメント図を描きなさい。

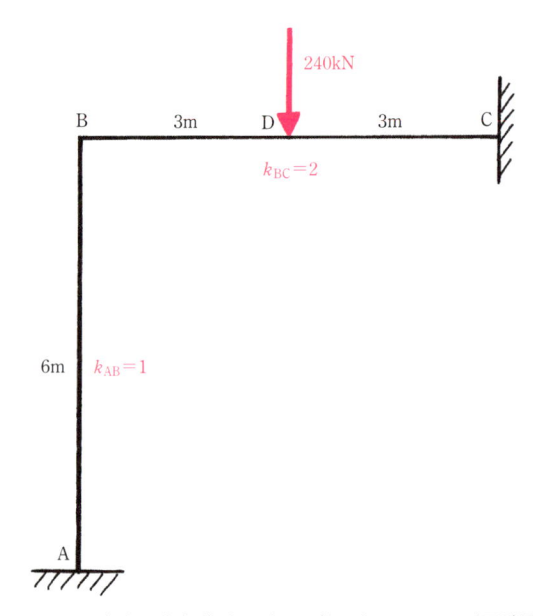

図10-11 梁中央に集中荷重を受ける柱－梁ラーメン（両端固定）

手順1 図10-12のように変形状況を描き、各節点の節点回転角の有無、部材回転角の有無を確認します。

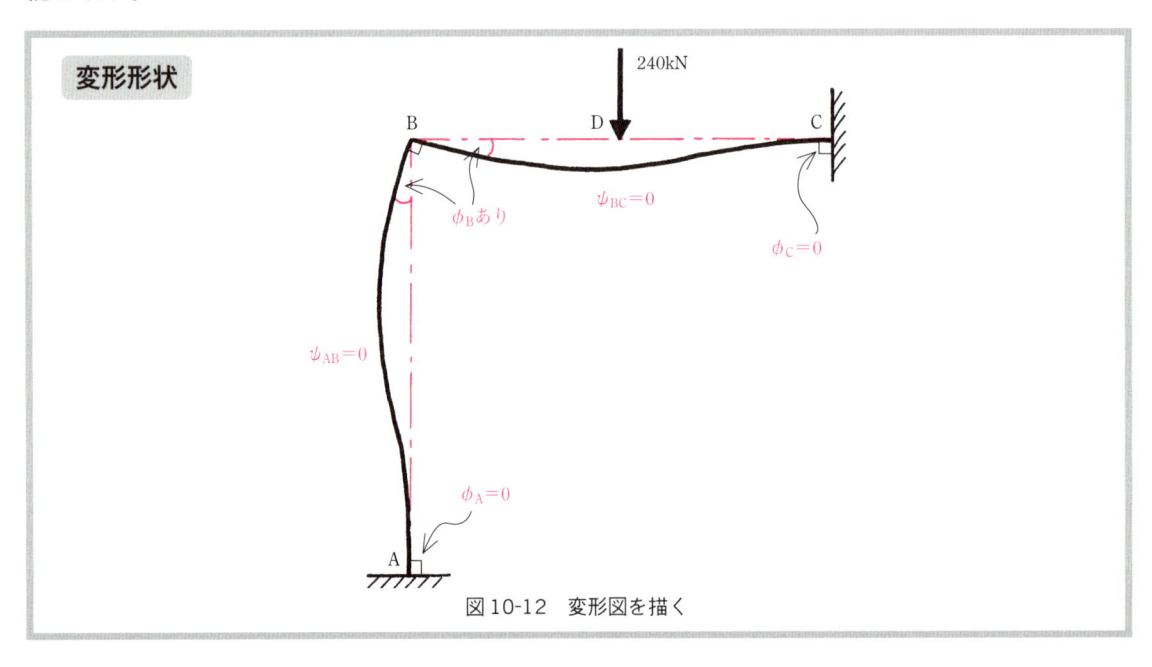

図10-12 変形図を描く

手順2 剛比 $k_{AB}=1$、$k_{BC}=2$、および、変形図の情報より $\phi_A=\phi_C=0$、$\psi_{AB}=\psi_{BC}=0$ をたわみ角法公式に代入します。

p126 表8-1(e) をもとに C_{BC}、C_{CB} を求めます。

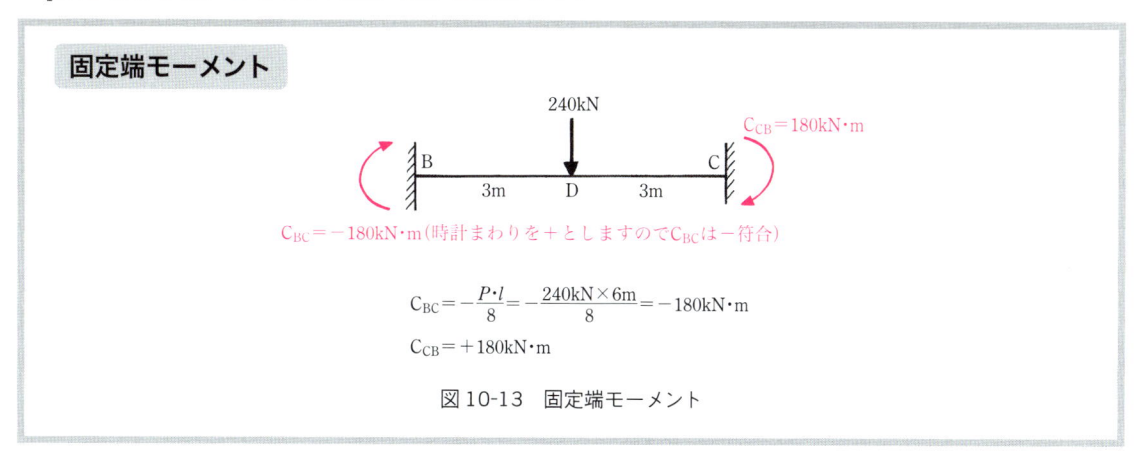

固定端モーメント

$$C_{BC}=-\frac{P\cdot l}{8}=-\frac{240kN\times 6m}{8}=-180kN\cdot m$$
$$C_{CB}=+180kN\cdot m$$

$C_{BC}=-180kN\cdot m$（時計まわりを+としますので C_{BC} は-符合）

図 10-13 固定端モーメント

$C_{BC}=-180kN\cdot m$、$C_{CB}=+180kN\cdot m$ をたわみ角法公式に代入し、式を整理して式 10-7(a)〜(d) を得ます。

◆ 柱 AB 材について

	公 式	計算条件代入		
M_{AB}	$=k_{AB}(2\phi_A+\phi_B+\psi_{AB})+C_{AB}$	$=1(2\times 0+\phi_B+0)+0$	$=\phi_B$	式 10-7(a)
M_{BA}	$=k_{AB}(\phi_A+2\phi_B+\psi_{AB})+C_{BA}$	$=1(0+2\phi_B+0)+0$	$=2\phi_B$	式 10-7(b)

◆ 梁 BC 材について

	公 式	計算条件代入		
M_{BC}	$=k_{BC}(2\phi_B+\phi_C+\psi_{BC})+C_{BC}$	$=2(2\phi_B+0+0)-180$	$=4\phi_B-180$	式 10-7(c)
M_{CB}	$=k_{BC}(\phi_B+2\phi_C+\psi_{BC})+C_{CB}$	$=2(\phi_B+2\times 0+0)+180$	$=2\phi_B+180$	式 10-7(d)

手順3 節点 B について、節点方程式をたてます。

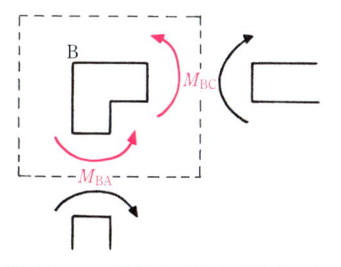

図 10-14 節点 B での力の釣り合い

節点方程式

$$\Sigma M_B=0:-M_{BA}-M_{BC}=0 \quad 式10\text{-}8$$

式 10-8 に式 10-7(b)、(c) を代入して ϕ_B を求めます。

$$-2\phi_B-(4\phi_B-180)=0 \quad 式10\text{-}9$$
$$\phi_B=30$$

手順4 $\phi_B=30$ を式 10-7(a)〜(d) に代入し、すべての材端モーメントを求めます。

材端モーメント

◆ 柱　　$M_{AB}=30kN\cdot m$　　$M_{BA}=60kN\cdot m$
◆ 梁　　$M_{BC}=-60kN\cdot m$　　$M_{CB}=240kN\cdot m$

[手順5] 材端モーメントをもとに曲げモーメント図を描きます。

曲げモーメント図の描き方

梁を単純梁として中間荷重による曲げモーメント図を図 10-15 のように描いておきます。

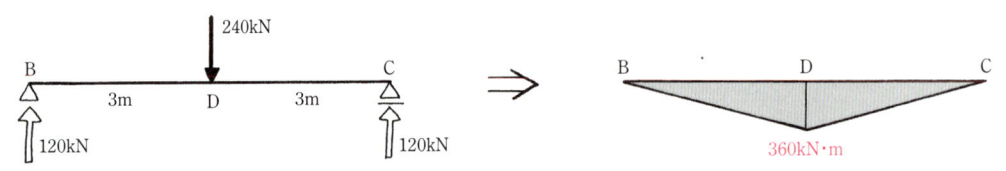

図 10-15 単純梁の曲げモーメント図

図 10-16 のように部材の各端部に時計まわりの矢印を描いておき、＋の材端モーメントは矢印のない側にグラフを出します。逆に－の材端モーメントは矢印のある側にグラフを出します。

柱については材端モーメントを直線でつないで完成です。
梁については材端モーメントを点線でつなぎ、単純梁の曲げモーメント図を重ね合わせ、荷重点における曲げモーメント値を算出します。

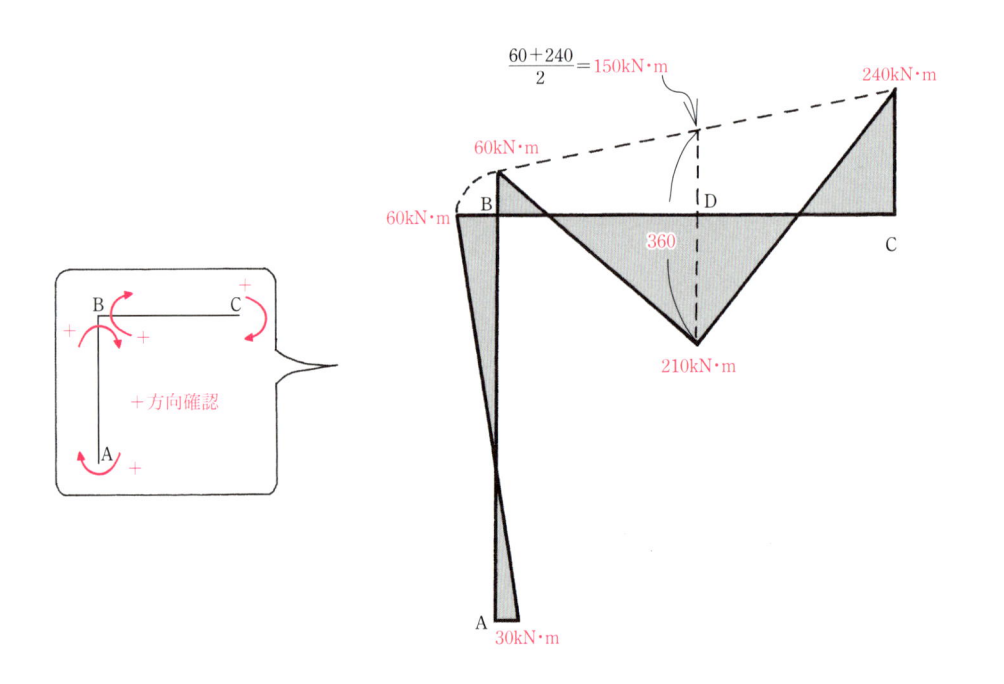

$$\frac{60+240}{2}=150\text{kN}\cdot\text{m}$$

＋方向確認

図 10-16 応用例題 1 の曲げモーメント図（答え）

応用例題2 次のラーメンの材端モーメントを求め、曲げモーメント図を描きなさい。

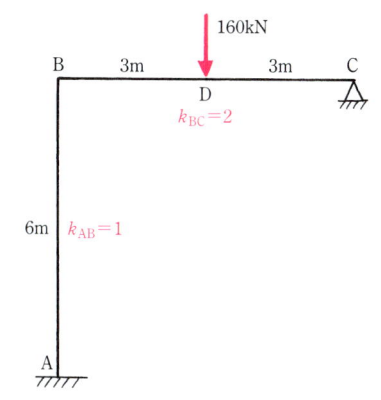

図10-17 梁中央に集中荷重を受ける柱－梁ラーメン（固定・ピン）

手順1 図10-18のように変形状況を描き、各節点の節点回転角の有無、部材回転角の有無を確認します。

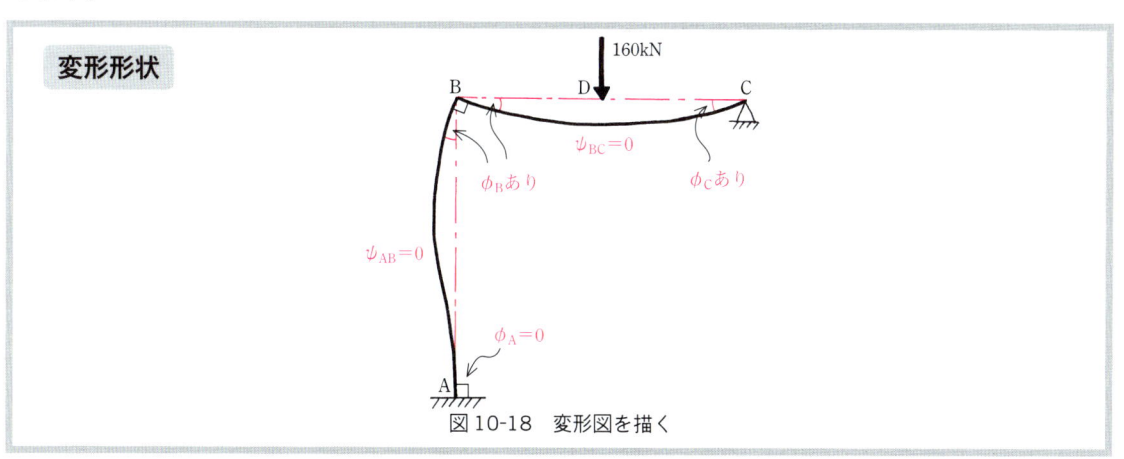

図10-18 変形図を描く

手順2 剛比 $k_{AB}=1$、$k_{BC}=2$、変形図の情報より $\phi_A=0$、$\psi_{AB}=\psi_{BC}=0$ をたわみ角公式に代入します。

さらに、p126 表8-1(e) をもとに C_{BC}、C_{CB} を求めます。

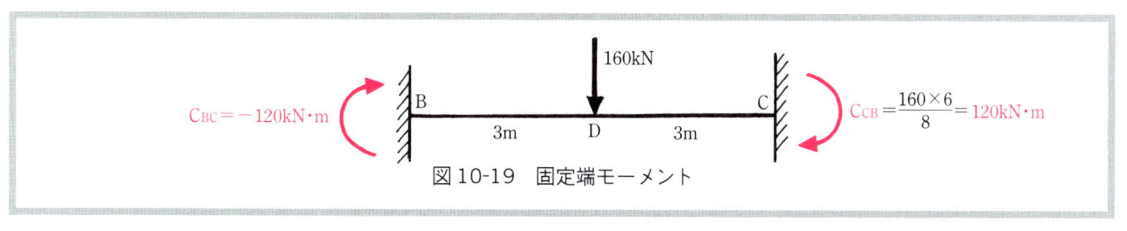

図10-19 固定端モーメント

$C_{BC}=-120\text{kN·m}$、$C_{CB}=+120\text{kN·m}$ をたわみ角法公式に代入、整理し式10-10(a)〜(d)を得ます。

◆柱 AB 材について

M_{AB}	$=k_{AB}(2\phi_A+\phi_B+\psi_{AB})+C_{AB}$	$=1(2\times0+\phi_B+0)+0$	$=\phi_B$	式10-10(a)
M_{BA}	$=k_{AB}(\phi_A+2\phi_B+\psi_{AB})+C_{BA}$	$=1(0+2\phi_B+0)+0$	$=2\phi_B$	式10-10(b)

◆梁 BC 材について

M_{BC}	$= k_{BC}(2\phi_B + \phi_C + \psi_{BC}) + C_{BC}$	$= 2(2\phi_B + \phi_C + 0) - 120$	$= 4\phi_B + 2\phi_C - 120$	式 10-10(c)
M_{CB}	$= k_{BC}(\phi_B + 2\phi_C + \psi_{BC}) + C_{CB}$	$= 2(\phi_B + 2\phi_C + 0) + 120$	$= 2\phi_B + 4\phi_C + 120$	式 10-10(d)

手順3 節点 B について、節点方程式をたてます。

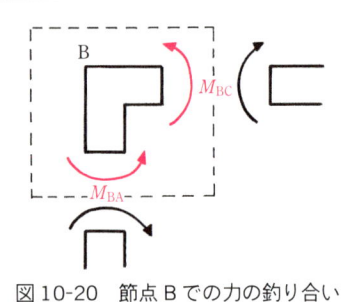

図 10-20 節点 B での力の釣り合い

節点方程式
$$\Sigma M_B = 0 : -M_{BA} - M_{BC} = 0 \quad 式 10\text{-}11$$

式 10-11 に式 10-10(b)、(c) を代入します。
$$-2\phi_B - (4\phi_B + 2\phi_C - 120) = 0$$
$$6\phi_B + 2\phi_C = 120 \quad 式 10\text{-}12$$

手順4 ピン支点 C での材端モーメント $M_{CB} = 0$ の式をたてます。
$$M_{CB} = 2\phi_B + 4\phi_C + 120 = 0 \Rightarrow \phi_B + 2\phi_C = -60 \quad 式 10\text{-}13$$

式 10-12 と式 10-13 を連立して ϕ_B、ϕ_C を求めます。
$$\phi_B = 36 \qquad \phi_C = -48$$

③ $\phi_B = 36$、$\phi_C = -48$ を式 10-10(a)～(d) に代入し、すべての材端モーメントを求めます。

材端モーメント
- ◆柱　$M_{AB} = 36\text{kN·m}$　　$M_{BA} = 72\text{kN·m}$
- ◆梁　$M_{BC} = -72\text{kN·m}$　　$M_{CB} = 0\text{kN·m}$

手順5 材端モーメントをもとに曲げモーメント図を描きます。

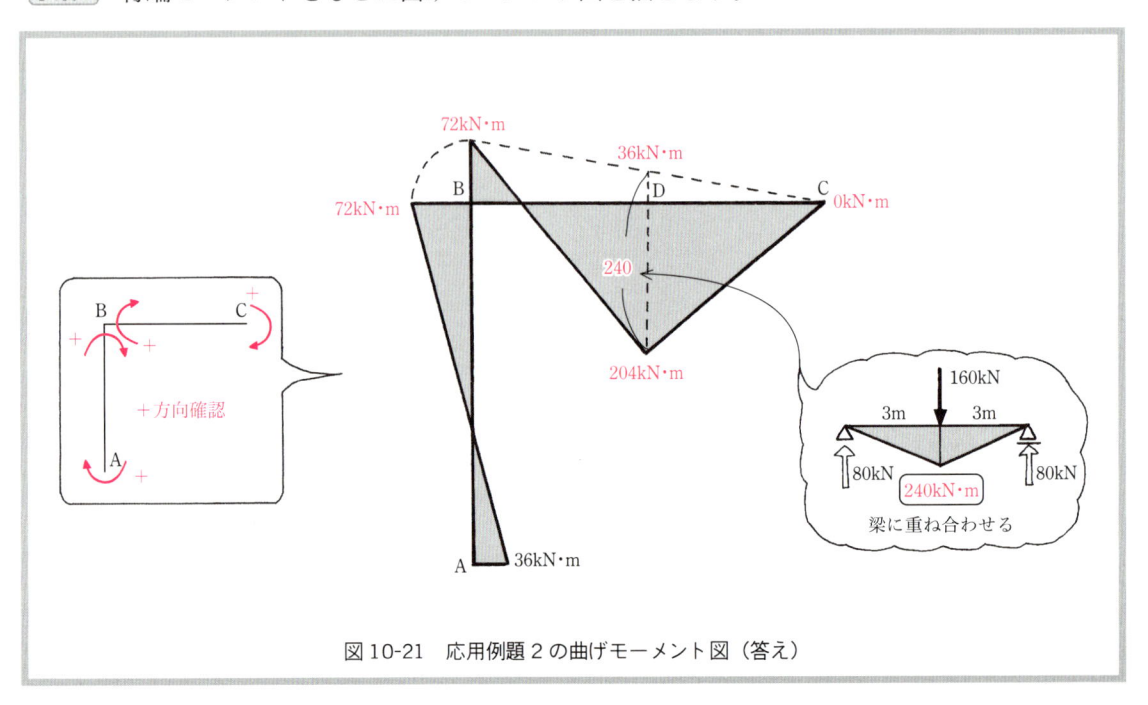

図 10-21 応用例題 2 の曲げモーメント図（答え）

練習問題

問題 10-1 次のラーメンをたわみ角法で解き、曲げモーメント図を描きなさい。

(1)

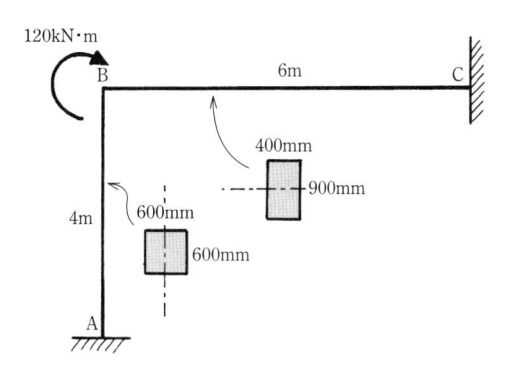

(2)

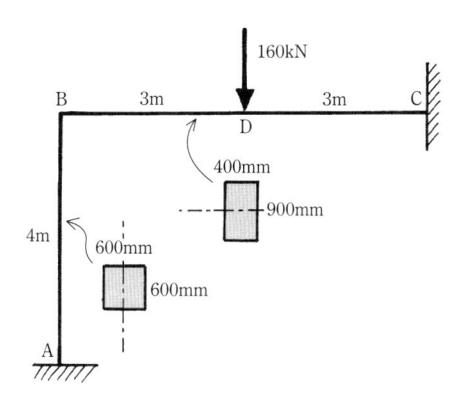

(3)

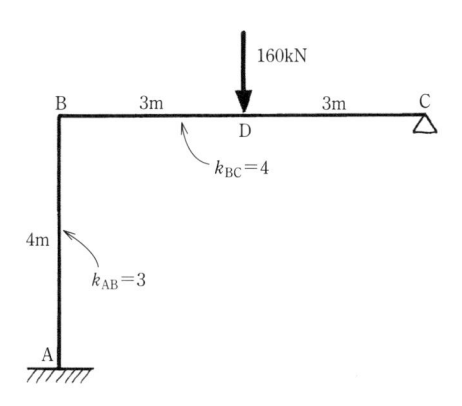

11章
不静定ラーメンの実用的解法

11・1 有効剛比を利用する解法
（節点にモーメント荷重を受ける場合）

　10章では、モーメント荷重を受けるラーメン構造をたわみ角法によって解いてきました。その結果から力の流れを読み取ることができます。ここでは、曲げモーメントの分配・伝達の特性をもとに、基本例題を再度解いてみます。

◆ 基本例題1について

(a) 問題（変形図）　　　(b) 曲げモーメント図

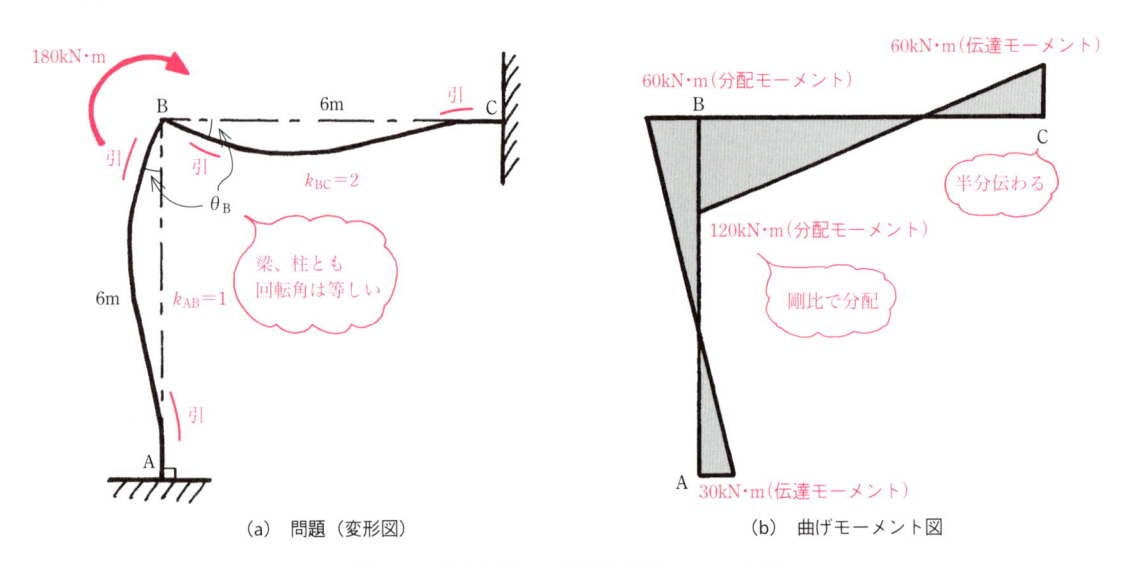

図11-1　基本例題1の問題と曲げモーメント図

　図11-1(a)のように、節点Bはモーメント荷重によって梁・柱ともθ_Bだけ回転させられます。同じ回転を生じさせるには、かたい部材ほど大きな力が必要になります。部材のモーメントに対するかたさは剛度で表されますから、モーメントは剛度の比（剛比）に応じて分配されるのです。したがって、節点Bにかかるモーメント荷重（180kN·m）は柱と梁の剛比（$k_{AB}:k_{BC}=1:2$）に応じて分配されているのです（$M_{BA}=60$kN·m、$M_{BC}=120$kN·m）。節点で分配される材端モーメントを分配モーメント（分割モーメント）といいます。

次に固定端です。固定端には分配モーメントの1/2（$M_{AB} = 30\text{kN·m}$、$M_{CB} = 60\text{kN·m}$）が伝わっていることがわかります。これは p126 表 8–1 不静定梁の曲げモーメント図(a)を見れば明らかです。他端に伝わる材端モーメントを**伝達モーメント（到達モーメント）**といいます。

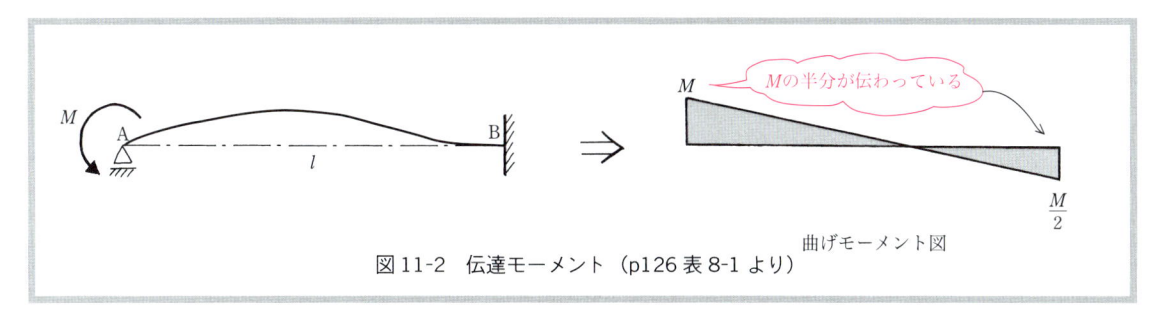

図 11-2　伝達モーメント（p126 表 8-1 より）

Mの半分が伝わっている

曲げモーメント図

Point　材端モーメントの伝わり方
節点にかかるモーメント荷重は、剛比で分配され、1/2 が固定端に伝わる。

これだけの曲げモーメントの伝わり方がわかっていれば、図 11–1(b)の曲げモーメント図は容易に描くことができます。

曲げモーメント図の描き方

手順1　モーメント荷重 180kN·m を**剛比**（$k_{AB} : k_{BC} = 1 : 2$）に応じて分配し、**分配モーメント**を求めます。

$M_{BA} = 180\text{kN·m} \times 1/3 = 60\text{kN·m}$　　　$M_{BC} = 180\text{kN·m} \times 2/3 = 120\text{kN·m}$

このときの分配の割合（1/3、2/3）を**分配率**といいます。

手順2　分配モーメントの1/2 を**伝達モーメント**として固定端に伝えます。

$M_{AB} = M_{BA} \times 1/2 = 30\text{kN·m}$　　　$M_{CB} = M_{BC} \times 1/2 = 60\text{kN·m}$

このときの伝達の割合（1/2）を**伝達率**といいます。

手順3　図 11-1(a) のように変形図を描いて、曲げによる引張り側を確認します。
手順4　図 11-1(b) のように引張り側に材端モーメントをプロットし、それらを直線で結んで曲げモーメント図を完成させます。

基本例題 1のように部材回転角がなく、支点がすべて固定端の場合は、
「節点にかかるモーメント荷重は、剛比で分配され、1/2 が固定端に伝わる」
をもとに計算できますが、それ以外の場合はこのようにはなりません。支点がピンであることや、部材回転角があることを考慮して、剛比を調整しなくてはならないのです。調整を加えた剛比を**有効剛比**といいます。

表 11–1 に主な有効剛比をまとめ、**基本例題 2 ～ 基本例題 4** を、有効剛比を利用して解いてみます。

表 11-1 有効剛比・伝達率

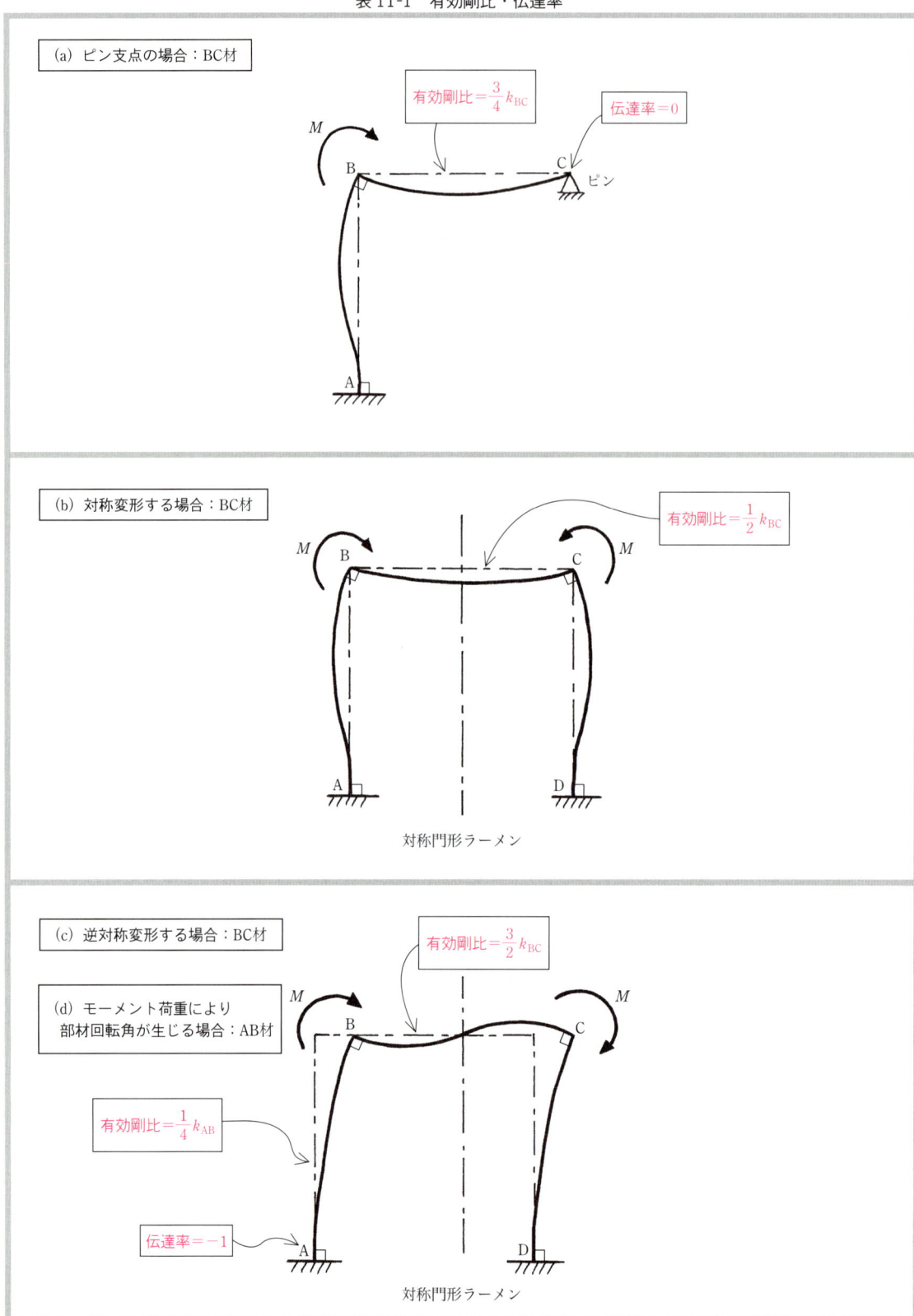

(a) ピン支点の場合：BC材

有効剛比 $=\dfrac{3}{4}k_{BC}$

伝達率 $=0$

(b) 対称変形する場合：BC材

有効剛比 $=\dfrac{1}{2}k_{BC}$

対称門形ラーメン

(c) 逆対称変形する場合：BC材

有効剛比 $=\dfrac{3}{2}k_{BC}$

(d) モーメント荷重により部材回転角が生じる場合：AB材

有効剛比 $=\dfrac{1}{4}k_{AB}$

伝達率 $=-1$

対称門形ラーメン

◆ 基本例題 2 について

(a) 問題（変形図）

[ ]内の数値は有効剛比を考慮した剛比

(b) 曲げモーメント図

有効剛比に応じて分配

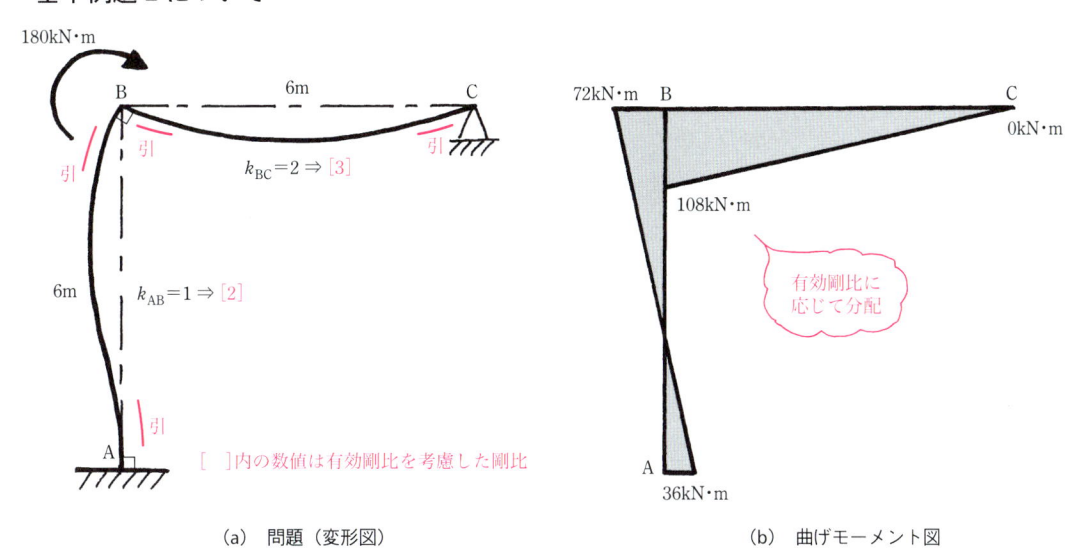

図 11-3　基本例題 2 の問題と曲げモーメント図

曲げモーメント図の描き方

手順 1　有効剛比を考慮して、柱・梁の剛比を再計算します。表 11-1(a) ピン支点の場合より、

[剛比再計算]　柱：梁 ＝ k_{AB} : (3/4) k_{BC} ＝ 1 : (3/4) ×2 ＝ 2 : 3

再計算した剛比をもとに、分配モーメントを求めます。

M_{BA} ＝ 180kN･m×2/5 ＝ 72kN･m　　　M_{BC} ＝ 180kN･m×3/5 ＝ 108kN･m

手順 2　伝達モーメントを求めます。

M_{AB} ＝ M_{BA}×1/2 ＝ 36kN･m　　　M_{CB} ＝ 0kN･m（ピン支点）

手順 3　図 11-3(a) のように変形図を描いて、曲げによる引張り側を確認します。

手順 4　図 11-3(b) のように引張り側に材端モーメントをプロットし、それらを直線で結んで曲げモーメント図を完成させます。

基本例題 3 有効剛比を考慮して、図 11-4 のようなモーメント荷重を受ける対称門形ラーメンの曲げモーメント図を描いてみましょう。

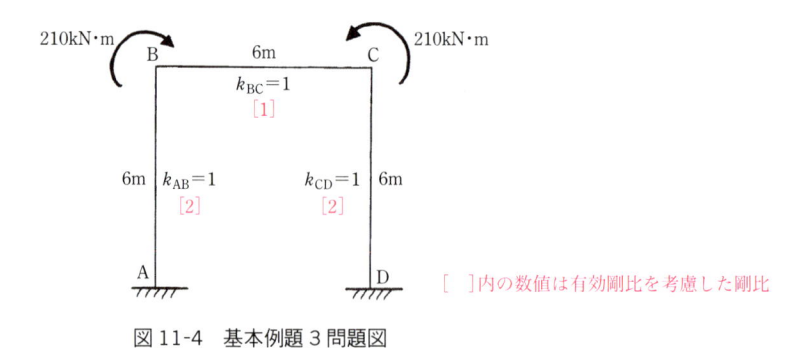

図 11-4 基本例題 3 問題図

[ ] 内の数値は有効剛比を考慮した剛比

曲げモーメント図の描き方

手順 1 左半分について計算します。有効剛比を考慮して柱・梁の剛比を再計算します。表 11-1(b) **対称変形の場合** を適用します。

[剛比再計算] 柱：梁 $= k_{AB} : (1/2)\, k_{BC} = 1 : (1/2) \times 1 = 2 : 1$

再計算した剛比をもとに、分配モーメントを求めます。

$$M_{BA} = 210\,\text{kN·m} \times 2/3 = 140\,\text{kN·m} \qquad M_{BC} = 210\,\text{kN·m} \times 1/3 = 70\,\text{kN·m}$$

手順 2 固定端 A には M_{BA} の 1/2 が伝達されます。

$$M_{AB} = M_{BA} \times 1/2 = 70\,\text{kN·m}$$

手順 3 図 11-5(a) のように変形図を描いて、曲げによる引張り側を確認します。

手順 4 図 11-5(b) のように引張り側に材端モーメントをプロットし、それらを直線で結んで曲げモーメント図を完成させます。

右半分の材端モーメントは、左右対象変形であることより左半分に準じて記入します。

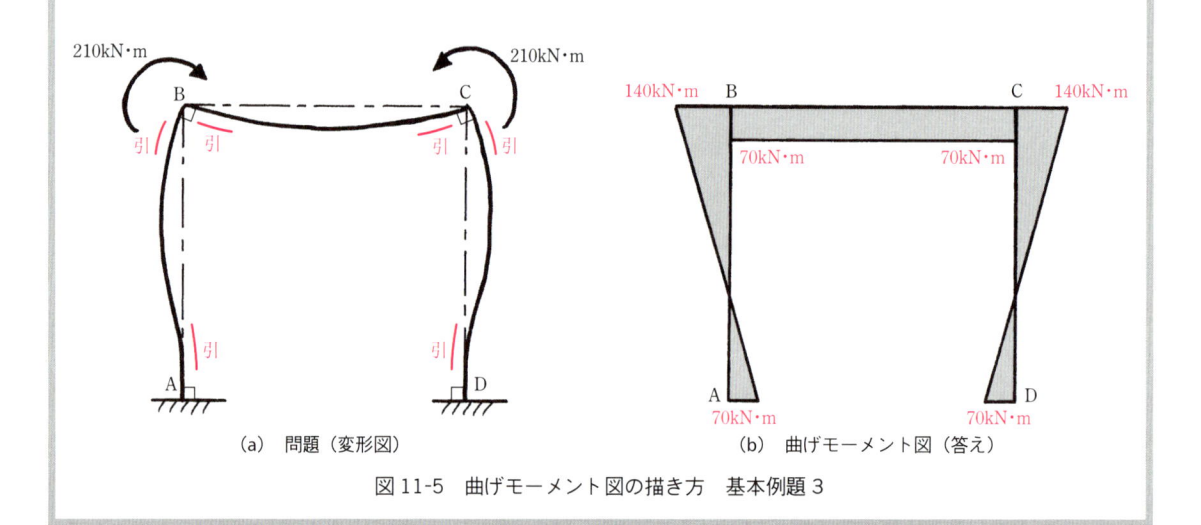

(a) 問題（変形図）　　(b) 曲げモーメント図（答え）

図 11-5 曲げモーメント図の描き方　基本例題 3

基本例題 4　有効剛比を考慮して、図 11-6 のようなモーメント荷重を受ける対称門形ラーメンの曲げモーメント図を描いてみましょう。

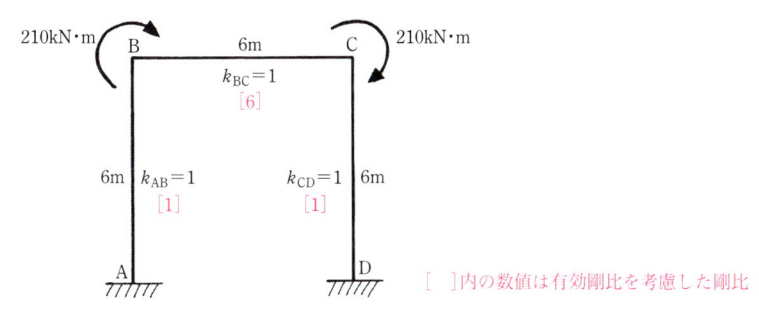

図 11-6　基本例題 4 問題図

曲げモーメント図の描き方

手順 1　左半分について計算します。有効剛比を考慮して柱・梁の剛比を再計算します。
表 11-1(c)逆対称変形の場合、(d)モーメントにより部材回転角が生じる場合を適用します。
[剛比再計算]　柱：梁 ＝ $(1/4)\, k_{AB}$：$(3/2)\, k_{BC}$ ＝ $(1/4) \times 1$：$(3/2) \times 1$ ＝ $1:6$
再計算した剛比をもとに、分配モーメントを求めます。

M_{BA} ＝ 210kN·m × $(1/7)$ ＝ 30kN·m　　　M_{BC} ＝ 210kN·m × $(6/7)$ ＝ 180kN·m

手順 2　固定端 A には M_{BA} の －1 倍を伝達率として伝達モーメントが生じます。

M_{AB} ＝ $M_{BA} \cdot (-1)$ ＝ －30kN·m

手順 3　図 11-7(a)のように変形図を描いて、曲げによる引張り側を確認します。

手順 4　図 11-7(b)のように引張り側に材端モーメントをプロットし、それらを直線で結んで曲げモーメント図を完成させます。

右半分の材端モーメントは、左右逆対象変形であることより左半分に準じて記入します。

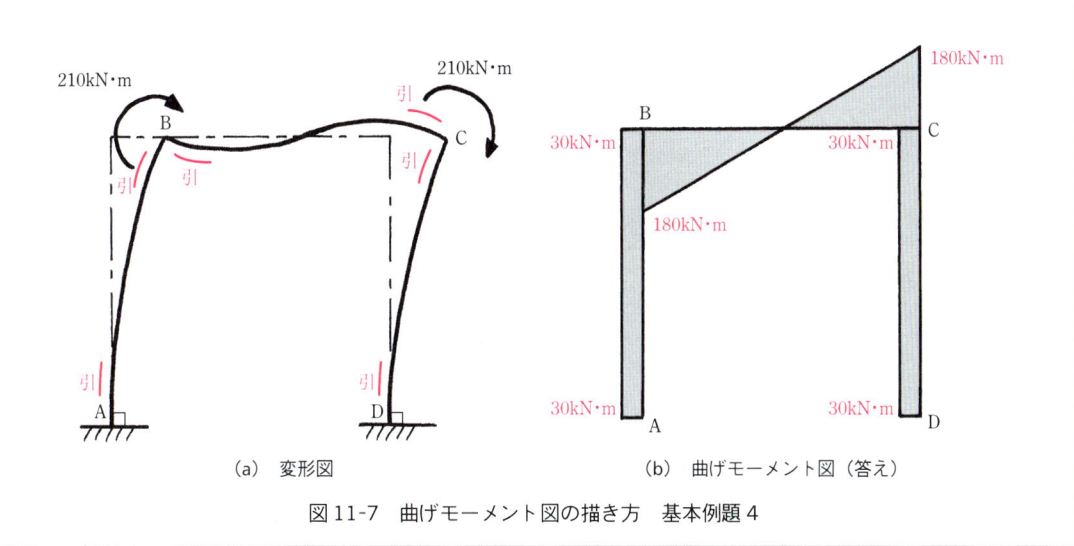

(a)　変形図　　　　　　　　　(b)　曲げモーメント図（答え）
図 11-7　曲げモーメント図の描き方　基本例題 4

11・2 固定モーメント法の解法
（中間荷重や水平力を受ける場合）

仮想のモーメント荷重を導入し、**重ね合わせの原理**を巧みに利用することによって不静定ラーメンを解くことができます。ここで紹介する手法を**固定モーメント法**といいます。

応用例題1　問題図（図11-8）の曲げモーメント図を描いてみましょう。

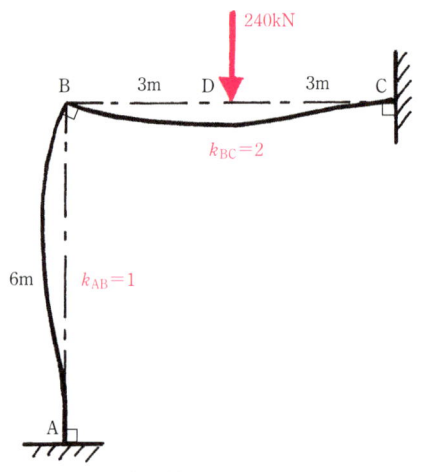

図11-8　応用例題1　問題図（変形図）

手順1　図11-9(a)のように節点Bに仮想のモーメント荷重をかけ、柱をまっすぐの状態にまで戻します。このとき、柱の曲げモーメントは0となり、梁は両端固定と同等の状態になります。このときの曲げモーメント図はp126表8-1(e)を参照して、図11-9(b)のM図Ⅰのように容易に描くことができます。節点Bにかけた仮想のモーメント荷重を**固定モーメント**といいます。固定モーメントの値は両端固定梁の固定端モーメントと等しく180kN・m（反時計まわり）となります。

$\dfrac{Pl}{8} = \dfrac{240 \times 6}{8}$

(a)　変形図　　　(b)　曲げモーメント図（M図Ⅰ）

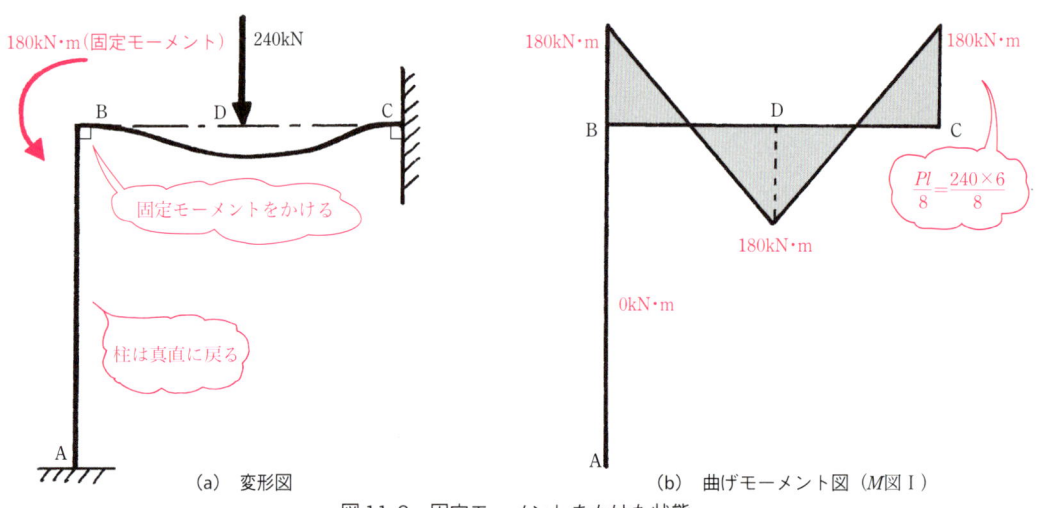

図11-9　固定モーメントをかけた状態

手順2 次に、節点Bに固定モーメントと反対向き（時計まわり）のモーメント荷重をかけた状態を考えます（図11-10(a)）。このときの曲げモーメント図を描きます（図11-10(b)）。これは**基本例題1**と全く同じ問題なので、p146で示したように力の伝わり方から描くことができます。ここでかけたモーメント荷重を**解放モーメント**といいます。

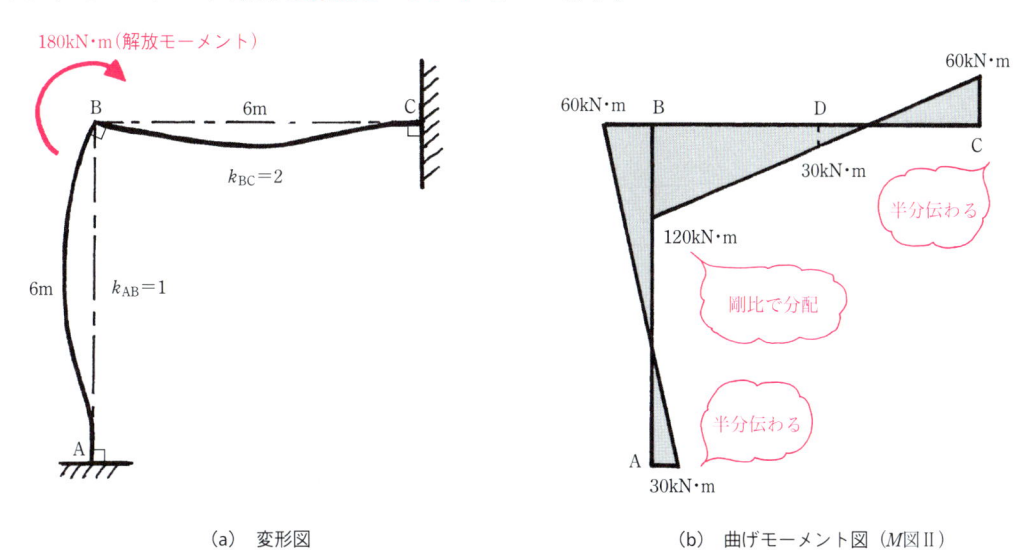

180kN･m（解放モーメント）

$k_{BC}=2$, 6m, $k_{AB}=1$, 6m

60kN･m, 60kN･m B, D, 30kN･m, 60kN･m C, 120kN･m, 30kN･m A

半分伝わる
剛比で分配
半分伝わる

(a) 変形図　　　　　　　　　　　(b) 曲げモーメント図（M図Ⅱ）

図11-10　解放モーメントをかけた状態　基本例題1と同じ

手順3 **固定モーメント**をかけた状態（図11-9）と**解放モーメント**をかけた状態（図11-10）を重ね合わせます。固定モーメントと解放モーメントがお互いに打ち消し合い、元の問題に戻ります。したがって、**応用例題1**の曲げモーメント図はM図ⅠとM図Ⅱを重ね合わせて図11-11のようになります。

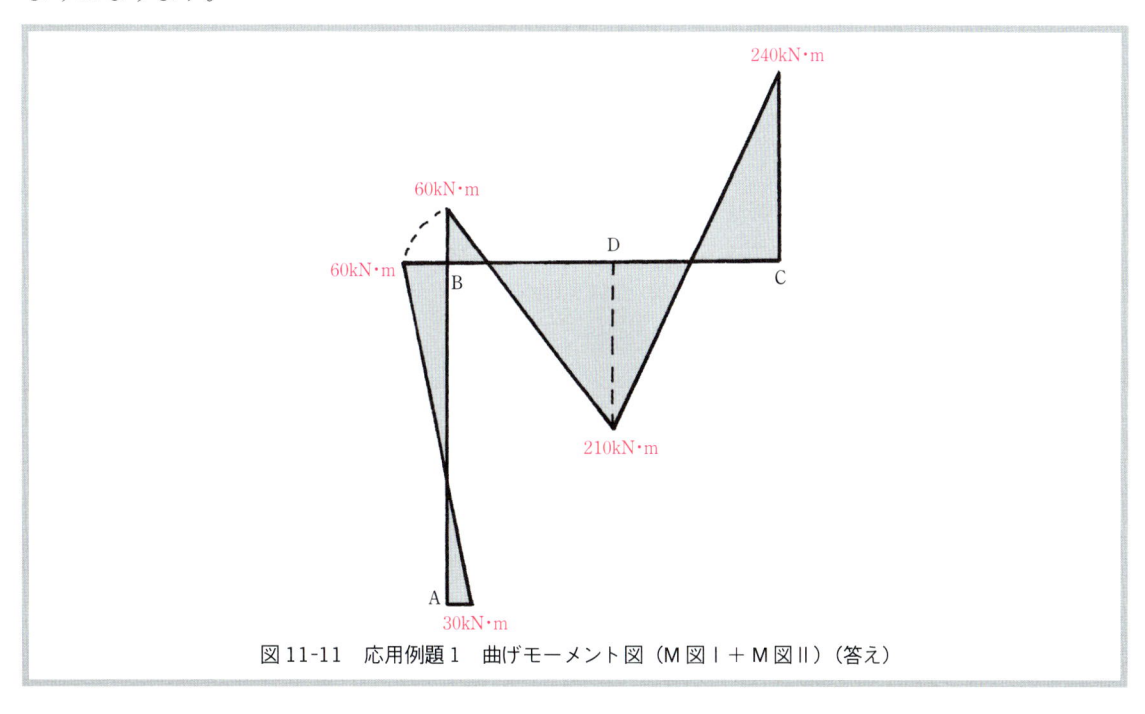

240kN･m
60kN･m
60kN･m B, D, C
210kN･m
A 30kN･m

図11-11　応用例題1　曲げモーメント図（M図Ⅰ＋M図Ⅱ）（答え）

表計算による固定モーメント法

固定モーメント法の特徴は、図11-9〜図11-11に示した一連の計算を、表計算にまとめることができることです。図11-12に表計算の方法を示します。

応用例題1

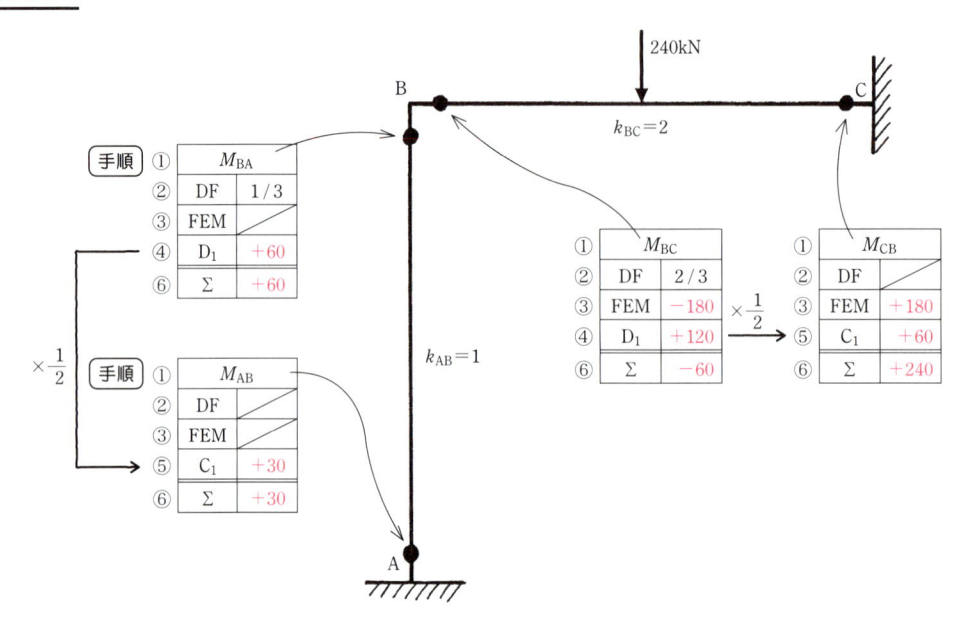

図11-12 表計算による固定モーメント法

手順1 各材端モーメント M_{AB}、M_{BA}、M_{BC}、M_{CB} の表を作ります。

手順2 表2行目：DFに分配率（Distribution Factor）を記入します。支点A、Cには分配率はありませんので M_{AB}、M_{CB} の当該欄には斜線を書いておきます。

手順3 M_{BC}、M_{CB} 表3行目：FEMに中間荷重による固定端モーメント（Fixed End Moment）を記入します。時計まわりを＋としますので M_{BC} の当該欄は－の値、M_{CB} の当該欄は＋の値となります。この行は固定モーメントをかけた状態（図11-9）を表しています。

手順4 M_{BA}、M_{BC} 表4行目：節点Bについて、FEM（－180kN・m）の符号を逆転し（＋180kN・m）、M_{BA}、M_{BC} の D_1 欄にDFに応じた分配モーメント（Distributed moment）の値を記入します。

手順5 M_{AB}、M_{CB} 表4行目：分配モーメントの値に1/2を乗じた伝達モーメント（Carry over moment）の値を M_{AB}、M_{CB} の C_1 の欄に記入します。

D_1、C_1 の欄は、解放モーメントをかけた状態（図11-10）を表しています。

手順6 M_{AB}、M_{BA}、M_{BC}、M_{CB} それぞれの表についてFEM、D_1、C_1 の欄の値を合計します。これが最終的な材端モーメントの結果となります（図11-11）。

応用例題 2 問題図（図 11-13）の曲げモーメント図を描いてみましょう。

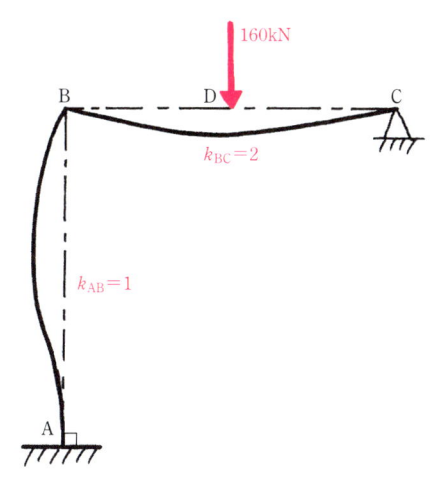

図 11-13　応用例題 2　問題図（変形図）

[手順 1]　図 11-14(a)のように節点 B に固定モーメントをかけ、柱をまっすぐの状態にまで戻します。このとき、柱の曲げモーメントは 0 となり、梁は固定-ピンと同等の状態になります。このときの曲げモーメント図は p126 表 8-1(b)を参照して、M 図 I のように容易に描くことができます。固定モーメントの値は固定-ピン梁の固定端モーメントと等しく 180kN・m（反時計回り）となります。

$$\frac{3Pl}{16} = \frac{3 \times 160 \times 6}{16}$$

$$\frac{5Pl}{32} = \frac{5 \times 160 \times 6}{32}$$

(a)　変形図　　　　　(b)　曲げモーメント図（M 図 I）

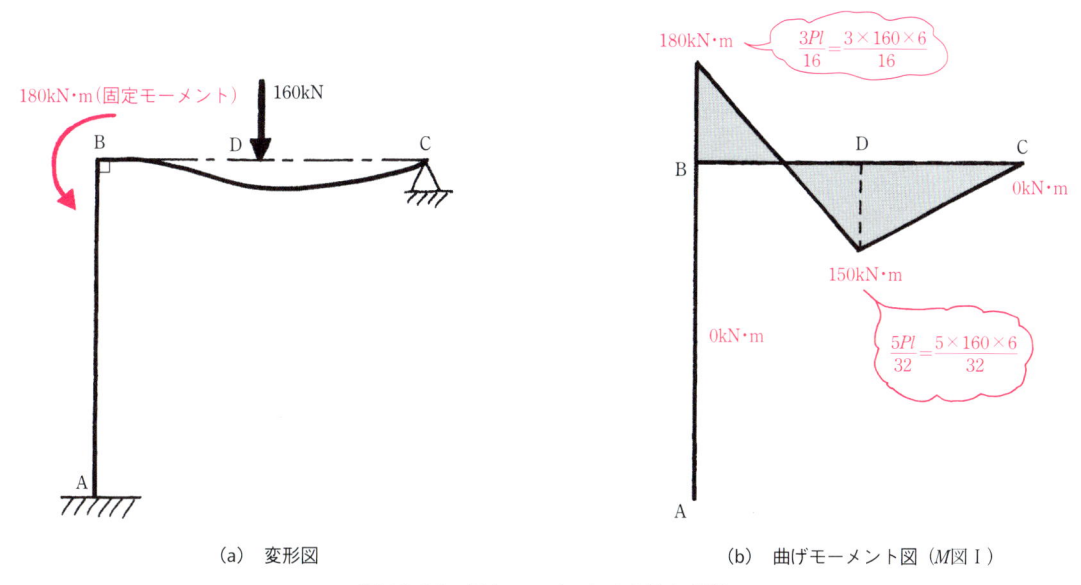

図 11-14　固定モーメントをかけた状態

手順2 次に、節点Bに解放モーメントをかけ、曲げモーメント図を描きます（図11–15）。これは**基本例題2**と全く同じ問題なので、p149で示したように有効剛比、力の伝わり方から描くことができます。

180kN·m（解放モーメント）

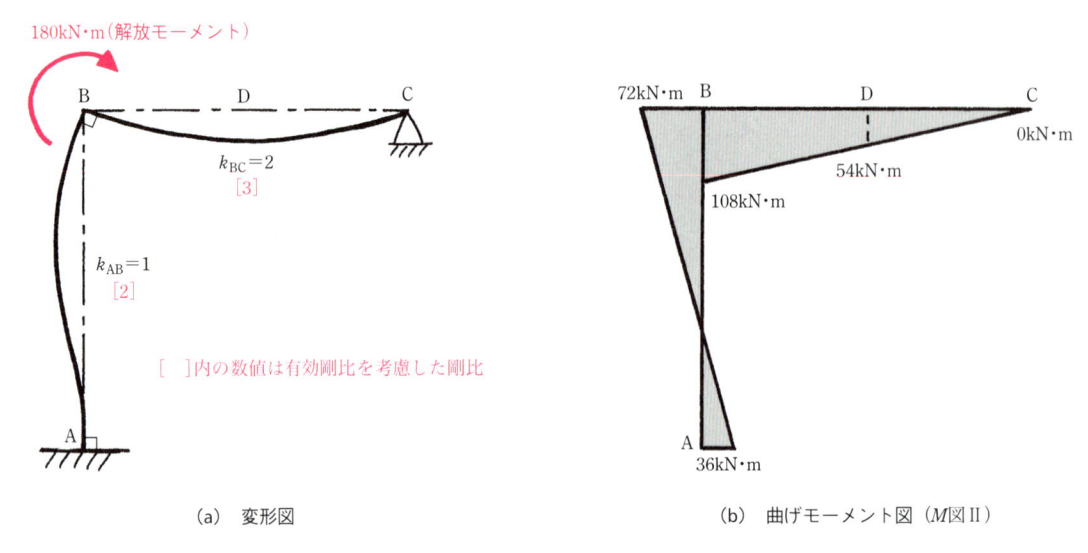

$k_{BC}=2$
[3]

$k_{AB}=1$
[2]

[ ]内の数値は有効剛比を考慮した剛比

(a) 変形図

72kN·m B　　　D　　　C
　　　　　　　　　0kN·m
　　　　　　54kN·m
　　　108kN·m

A
36kN·m

(b) 曲げモーメント図（M図Ⅱ）

図11-15　解放モーメントをかけた状態　基本例題2と同じ

手順3 固定モーメントをかけた状態（図11–14）と解放モーメントをかけた状態（図11–15）を重ね合わせます。固定モーメントと解放モーメントがお互いに打ち消し合い、元の問題に戻ります。したがって、**応用例題2**の曲げモーメント図はM図ⅠとM図Ⅱを重ね合わせて図11–16のようになります。

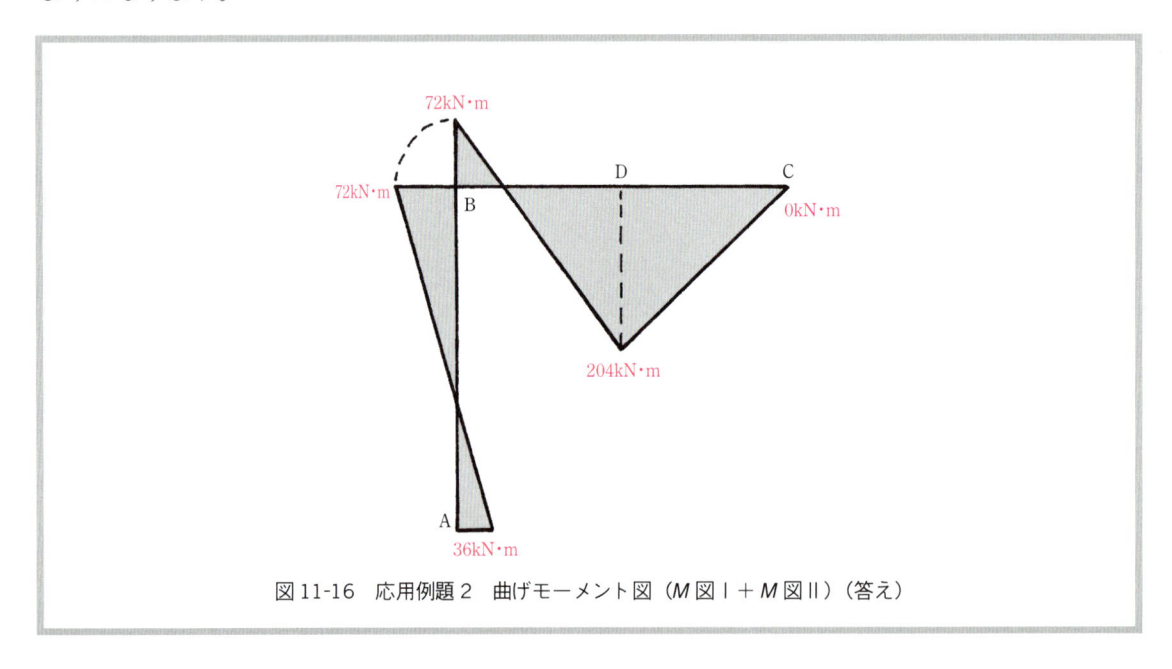

72kN·m

72kN·m　B　　　D　　　C
　　　　　　　　　　0kN·m

204kN·m

A
36kN·m

図11-16　応用例題2　曲げモーメント図（M図Ⅰ＋M図Ⅱ）（答え）

表計算による固定モーメント法

応用例題 2 について、表計算によって材端モーメントを求めてみましょう。

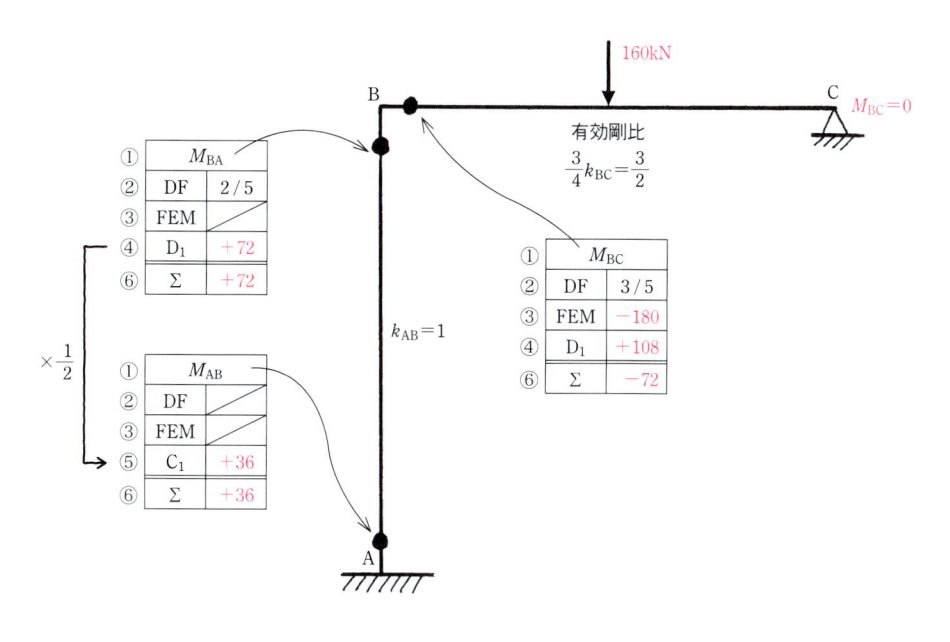

図 11-17 表計算による固定モーメント法

[手順1] 各材端モーメント M_{AB}、M_{BA}、M_{BC} の表を作ります。M_{CB} はピン支点で 0 です。

[手順2] 表 2 行目：DF に分配率を記入します。分配率は有効剛比 $(3/4)\ k_{BC}$ を考慮して計算します。点 A には分配率はありませんので、M_{AB} の当該欄には斜線を書いておきます。

[手順3] M_{BC} 表 3 行目：FEM に中間荷重による固定端モーメント（− 180kN・m）を記入します。

[手順4] M_{BA}、M_{BC} 表 4 行目：節点 B について、FEM（− 180kN・m）の符号を逆転し（＋ 180kN・m）、M_{BA}、M_{BC} の D_1 欄に DF に応じた分配モーメントの値を記入します。

[手順5] M_{AB} 表 4 行目：分配モーメントの値に 1/2 を乗じた伝達モーメントの値を M_{AB} の C_1 の欄に記入します。

[手順6] M_{AB}、M_{BA}、M_{BC} それぞれの表について FEM、D_1、C_1 の欄の値を合計し、最終的な材端モーメントの結果を得ます。

応用例題3 問題図（図11–18）の曲げモーメント図を描いてみましょう。

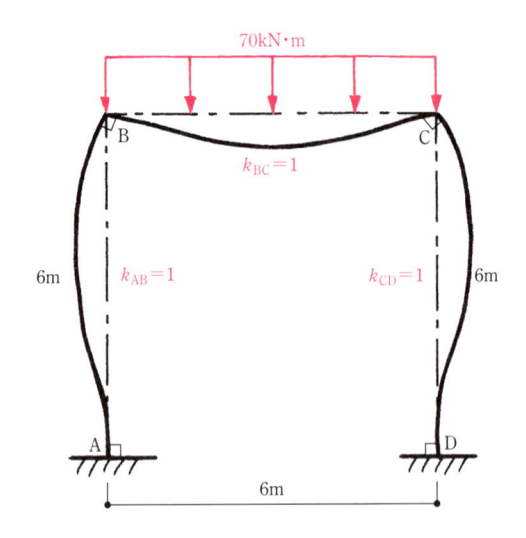

図11-18　応用例題3　問題図（変形図）

手順1　図11–19(a) のように節点Bおよび節点Cに固定モーメントをかけ、柱をまっすぐの状態にまで戻します。このとき、柱の曲げモーメントは0となり、梁は両端固定と同等の状態になります。このときの曲げモーメント図はp126 表8–1(f) を参照して、図11–19(b) のM図Ⅰのように容易に描くことができます。固定モーメントの値は両端固定梁の固定端モーメントと等しく210kN・mとなります。

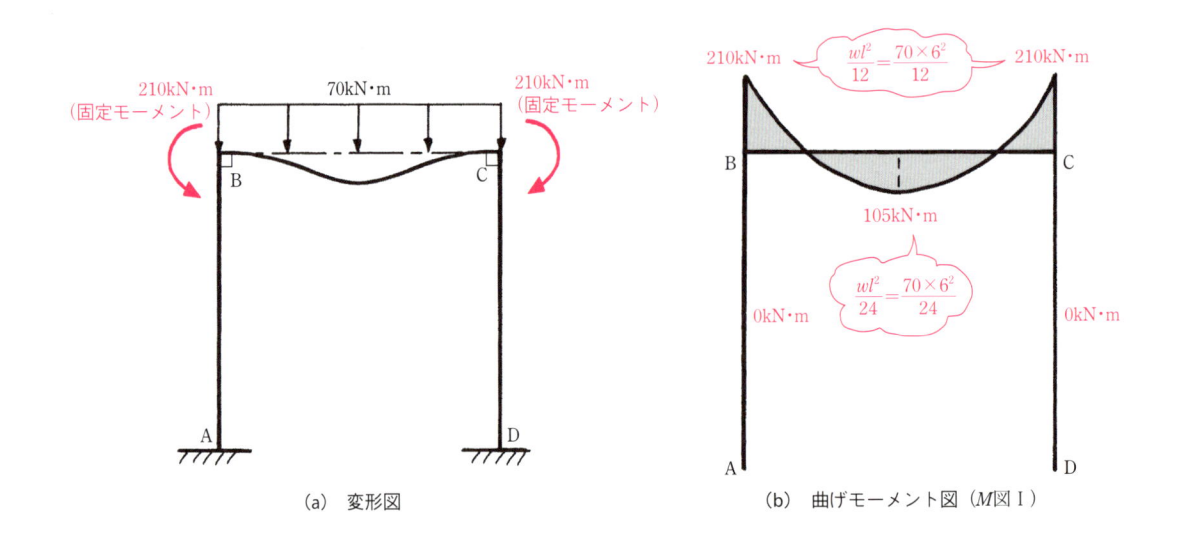

(a)　変形図

(b)　曲げモーメント図（M図Ⅰ）

$$\frac{wl^2}{12} = \frac{70 \times 6^2}{12}$$

$$\frac{wl^2}{24} = \frac{70 \times 6^2}{24}$$

図11-19　固定モーメントをかけた状態

手順2 次に、節点Bおよび節点Cに解放モーメントをかけ、曲げモーメント図を描きます（図11-20）。これは**基本例題3**と全く同じ問題なので、p150で示したように有効剛比、力の伝わり方から描くことができます。

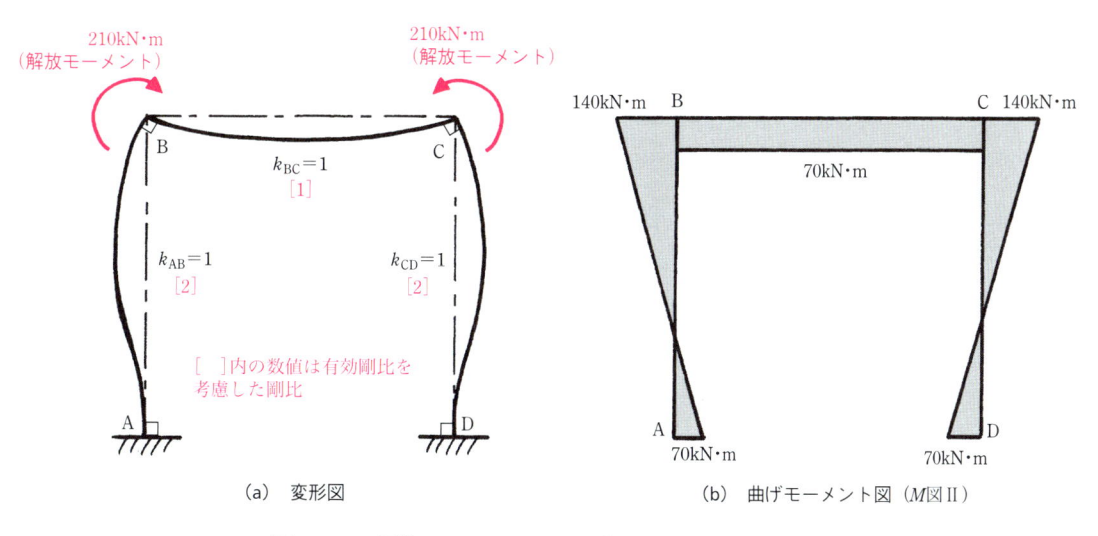

図11-20 解放モーメントをかけた状態　基本例題3と同じ

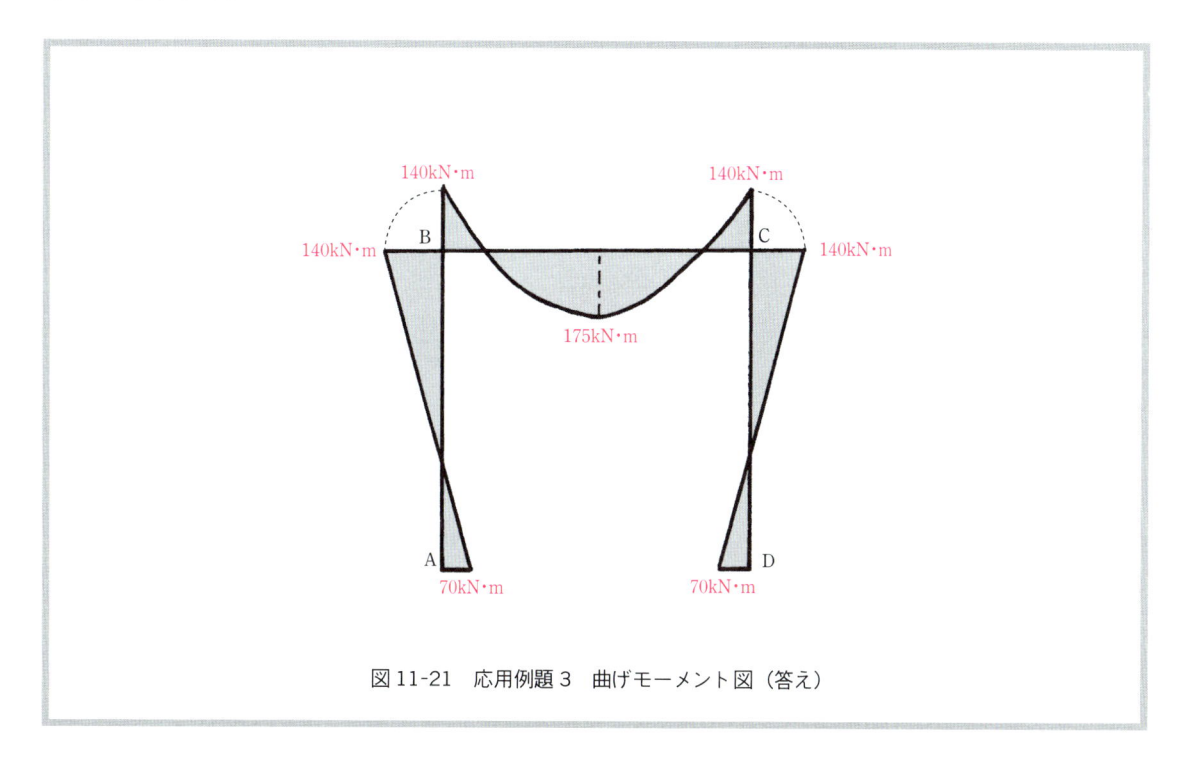

手順3 固定モーメントをかけた状態（図11-19）と解放モーメントをかけた状態（図11-20）を重ね合わせます。固定モーメントと解放モーメントがお互いに打ち消し合い、元の問題に戻ります。したがって、**応用例題3**の曲げモーメント図は M 図 I と M 図 II を重ね合わせて図11-21のようになります。

図11-21　応用例題3　曲げモーメント図（答え）

表計算による固定モーメント法

応用例題 3 について、表計算によって材端モーメントを求めてみましょう。

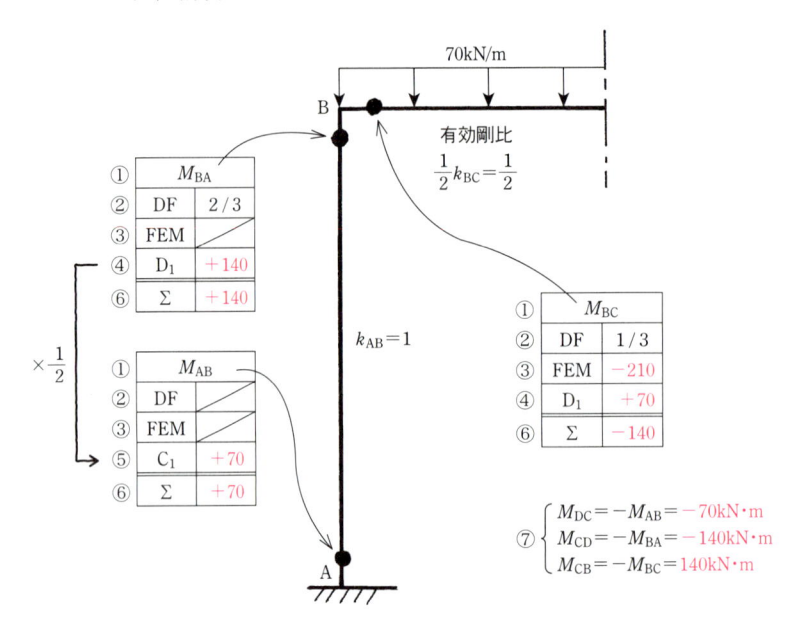

図 11-22 表計算による固定モーメント法

①	M_{BA}	
②	DF	2/3
③	FEM	
④	D_1	+140
⑥	Σ	+140

①	M_{AB}	
②	DF	
③	FEM	
⑤	C_1	+70
⑥	Σ	+70

①	M_{BC}	
②	DF	1/3
③	FEM	−210
④	D_1	+70
⑥	Σ	−140

有効剛比 $\frac{1}{2}k_{BC} = \frac{1}{2}$

$k_{AB} = 1$

⑦ $\begin{cases} M_{DC} = -M_{AB} = -70 \text{kN·m} \\ M_{CD} = -M_{BA} = -140 \text{kN·m} \\ M_{CB} = -M_{BC} = 140 \text{kN·m} \end{cases}$

手順1 各材端モーメント M_{AB}、M_{BA}、M_{BC} の表を作ります。左右対称形なので、左半分についてだけ計算します。

手順2 表2行目：DF に分配率を記入します。分配率は梁の有効剛比を考慮して計算します。

手順3 M_{BC} 表3行目：FEM に中間荷重による固定端モーメント（−210kN·m）を記入します。左半分について考えているので、M_{BC} の当該欄にのみ記入します。

手順4 M_{BA}、M_{BC} 表4行目：節点 B について、FEM（−210kN·m）の符号を逆転し（+210kN·m）、M_{BA}、M_{BC} の D_1 欄に DF に応じた分配モーメントの値を記入します。

手順5 M_{AB} 表4行目：分配モーメントの値に伝達率 1/2 を乗じた伝達モーメントの値を M_{AB} の C_1 の欄に記入します。

手順6 M_{AB}、M_{BA}、M_{BC} それぞれの表について FEM、D_1、C_1 の欄の値を合計し、最終的な材端モーメントの結果を得ます。

手順7 架構および変形の対称性より、$M_{DC} = -M_{AB}$、$M_{CD} = -M_{BA}$、$M_{CB} = -M_{BC}$ とします。

応用例題 4 問題図（図 11-23）の曲げモーメント図を描いてみましょう。

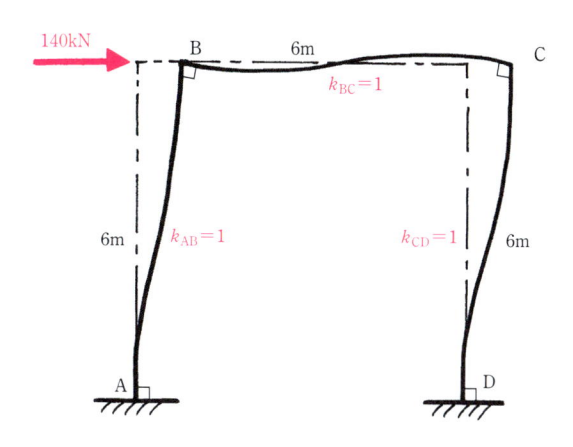

図 11-23 応用例題 4 問題図（変形図）

手順 1 図 11-24(a) のように節点 B および節点 C に固定モーメントをかけ、梁をまっすぐの状態にまで戻します。このとき、梁の曲げモーメントは 0 となり、柱は両端固定で水平移動する状態になります。このときの曲げモーメント図は p126 表 8-1(d) を参照して、図 11-24(b) の M 図 I のように容易に描くことができます。固定モーメントの値は両端固定梁の固定端モーメントと等しく 210kN・m となります。

$$\frac{Pl}{2} = \frac{\frac{140 \times 6}{2}}{2}$$

(a) 変形図　　　(b) 曲げモーメント図（M 図 I）

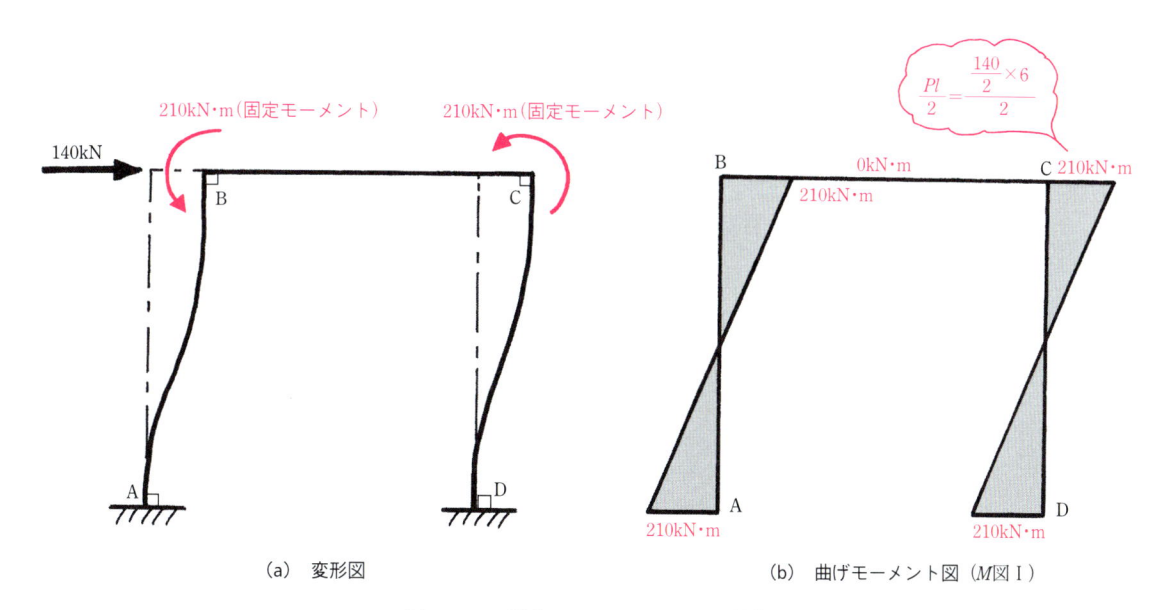

図 11-24 固定モーメントをかけた状態

手順2 次に、節点Bおよび節点Cに解放モーメントをかけ、曲げモーメント図を描きます（図11-25）。これは**基本例題4**と全く同じ問題なので、p151で示したように有効剛比、力の伝わり方から描くことができます。

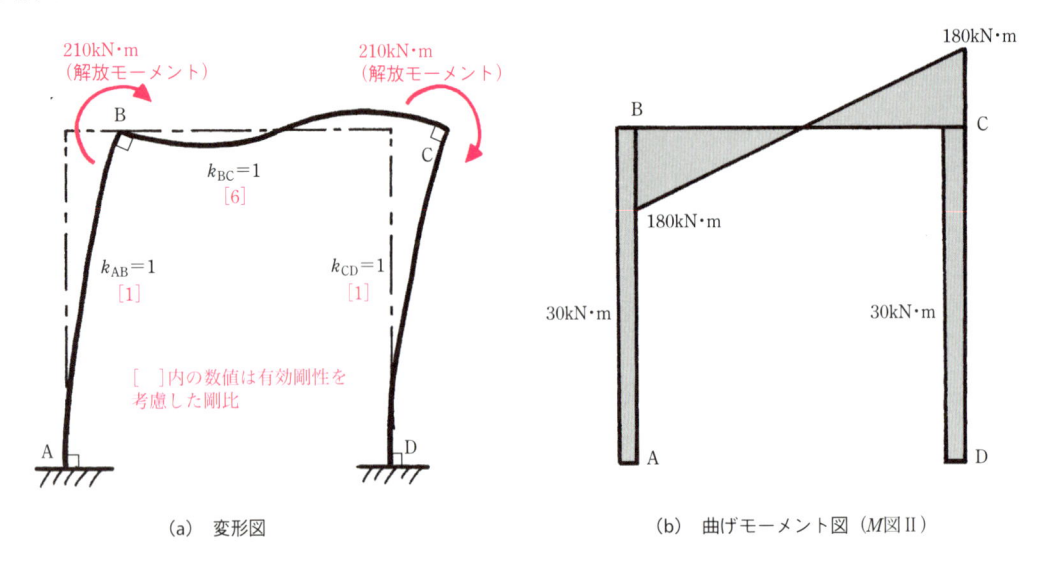

(a) 変形図

(b) 曲げモーメント図（M図Ⅱ）

図11-25　解放モーメントをかけた状態　基本例題4と同じ

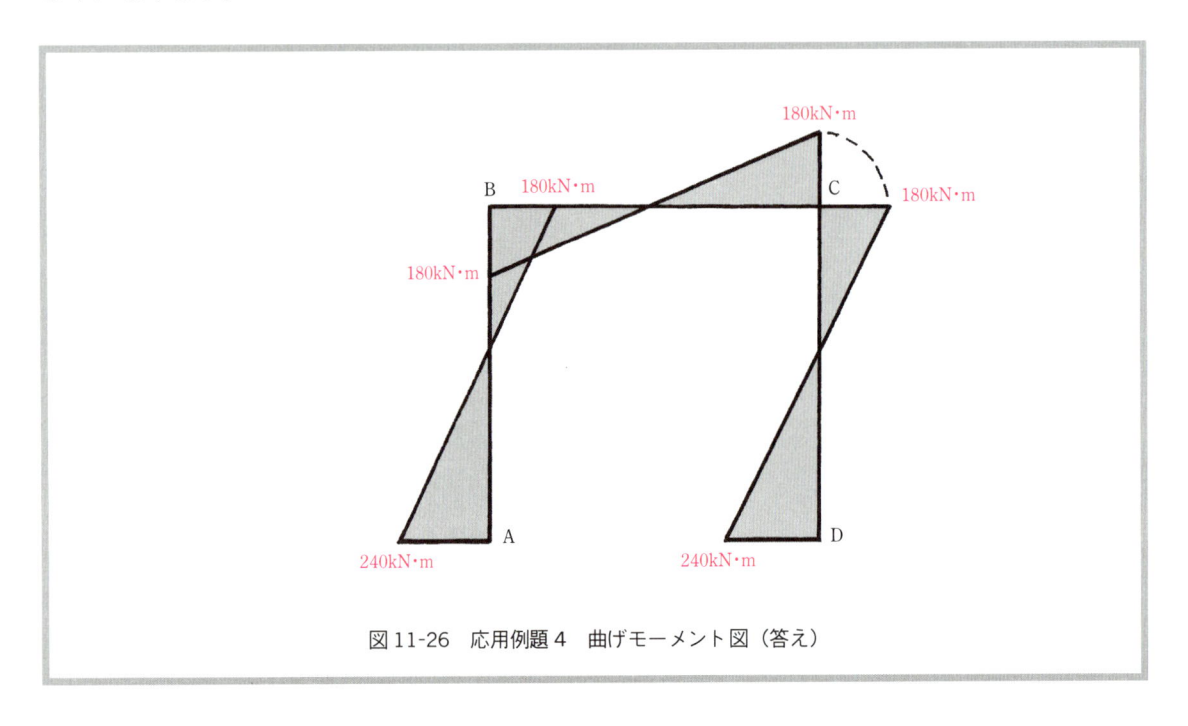

手順3 固定モーメントをかけた状態（図11-24）と解放モーメントをかけた状態（図11-25）を重ね合わせます。固定モーメントと解放モーメントがお互いに打ち消し合い、元の問題に戻ります。したがって、**応用例題4**の曲げモーメント図はM図ⅠとM図Ⅱを重ね合わせて図11-26のようになります。

図11-26　応用例題4　曲げモーメント図（答え）

表計算による固定モーメント法

応用例題 4 について、表計算によって材端モーメントを求めてみましょう。

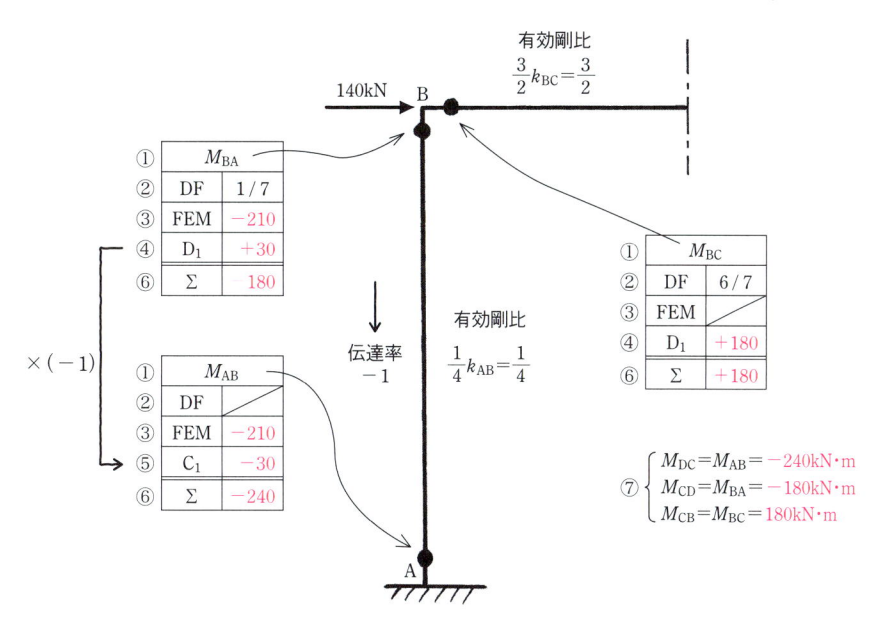

図中の表：

M_{BA} の表
①	M_{BA}
② DF	1/7
③ FEM	−210
④ D_1	+30
⑥ Σ	180

M_{AB} の表（×(−1)）
①	M_{AB}
② DF	
③ FEM	−210
⑤ C_1	−30
⑥ Σ	−240

M_{BC} の表
①	M_{BC}
② DF	6/7
③ FEM	
④ D_1	+180
⑥ Σ	+180

有効剛比 $\frac{3}{2}k_{BC}=\frac{3}{2}$
有効剛比 $\frac{1}{4}k_{AB}=\frac{1}{4}$
伝達率 −1
140kN

⑦ $\begin{cases} M_{DC}=M_{AB}=-240\text{kN·m} \\ M_{CD}=M_{BA}=-180\text{kN·m} \\ M_{CB}=M_{BC}=180\text{kN·m} \end{cases}$

図 11-27 表計算による固定モーメント法

手順 1 各材端モーメント M_{AB}、M_{BA}、M_{BC} の表を作ります。左右対称形なので、左半分についてだけ計算します。

手順 2 表 2 行目：DF に分配率を記入します。分配率は梁および柱の有効剛比を考慮して計算します。

手順 3 M_{AB}、M_{BA} 表 3 行目：M_{AB}、M_{BA} の FEM に柱の固定端モーメント（− 210kN·m）を記入します。M_{AB}、M_{BA} とも反時計回りのモーメントなので符号は−になります。

手順 4 M_{BA}、M_{BC} 表 4 行目：節点 B について、FEM（− 210kN·m）の符号を逆転し（＋210kN·m）、M_{BA}、M_{BC} の D_1 欄に DF に応じた分配モーメントの値を記入します。

手順 5 M_{AB} 表 4 行目：分配モーメントの値に伝達率− 1 を乗じた伝達モーメントの値（− 30kN·m）を M_{AB} の C_1 の欄に記入します。

手順 6 M_{AB}、M_{BA}、M_{BC} それぞれの表について FEM、D_1、C_1 の欄の値を合計し、最終的な材端モーメントの結果を得ます。

手順 7 架構の対称性および変形の逆対称性より、$M_{DC} = M_{AB}$、$M_{CD} = M_{BA}$、$M_{CB} = M_{BC}$ とします。

11・3 せん断力、軸方向力、反力の求め方

曲げモーメント図を描くことができれば、せん断力、軸方向力、反力を力の釣り合い式から求めることができます。**基本例題1**について解説します。

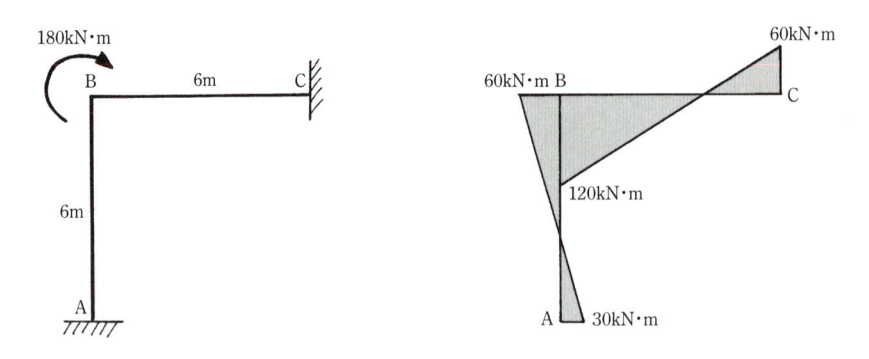

図 11-28　基本例題1の曲げモーメント図

(1) せん断力の求め方

p76で示したようにせん断力は曲げモーメント図の傾きです。

このことより、まずせん断力を求めてみます。

$$柱のせん断力\ Q_{AB} = \frac{M_{AB}+M_{BA}}{6m} = \frac{30\text{kN·m}+60\text{kN·m}}{6m} = 15\text{kN}$$

$$梁のせん断力\ Q_{BC} = \frac{M_{BC}+M_{CB}}{6m} = \frac{120\text{kN·m}+60\text{kN·m}}{6m} = 30\text{kN}$$

(2) 軸方向力の求め方

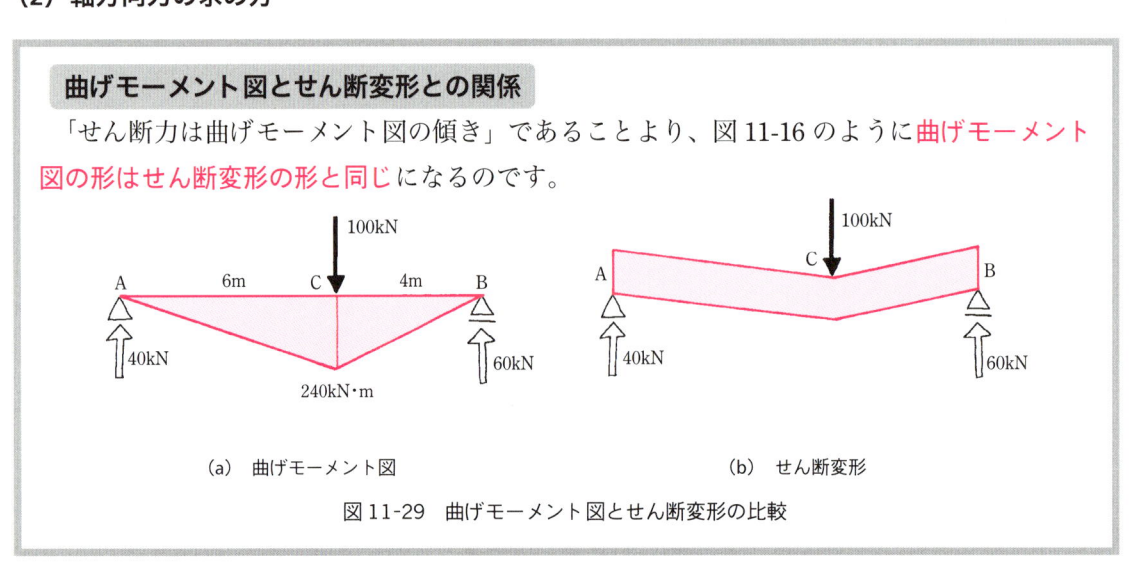

曲げモーメント図とせん断変形との関係

「せん断力は曲げモーメント図の傾き」であることより、図11-16のように曲げモーメント図の形はせん断変形の形と同じになるのです。

(a) 曲げモーメント図　　　(b) せん断変形

図 11-29　曲げモーメント図とせん断変形の比較

> **Point** 曲げモーメント図の形はせん断変形と一致する

この関係を使って、**基本例題 1**（図 11–28）の柱 AB の軸方向力 N_{AB} と梁 BC の軸方向力 N_{BC} を求めてみます。

図 11–30 のように柱と梁を切断し、鉛直方向の力の釣り合い式を立てます。このとき、曲げモーメント図からせん断力の矢印の向きを定めます。

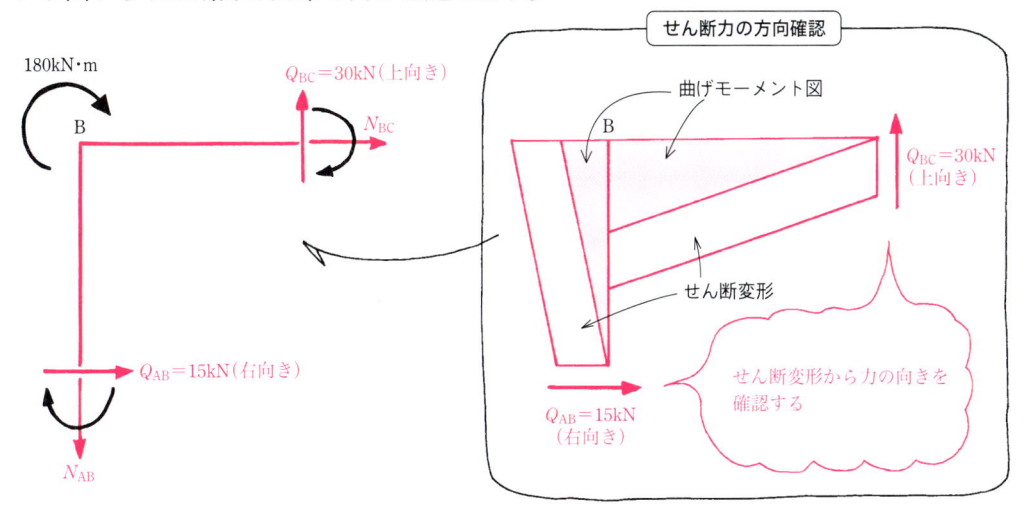

図 11-30　梁の応力と柱の応力との関係

$\sum X = 0:\quad Q_{AB} + N_{BC} = 0 \quad\Rightarrow\quad N_{BC} = -Q_{AB} = -15\text{kN}\ （圧縮）$

$\sum Y = 0:\quad Q_{BC} - N_{AB} = 0 \quad\Rightarrow\quad N_{AB} = Q_{BC} = 30\text{kN}\ （引張り）$

(3) 反力の求め方

図 11–31 のように、反力は柱の応力との釣り合い式から求めることができます。

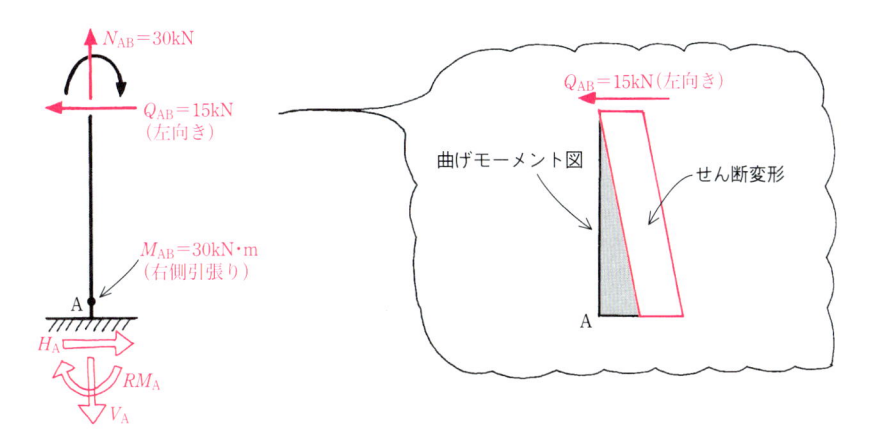

図 11-31　柱の応力と反力との関係

反力 RM_A は材端モーメント M_{AB} と釣り合うので　　$RM_A = 30\ \text{kN·m}$

$\sum X = 0:\quad H_A - Q_{AB} = 0 \quad\Rightarrow\quad H_A = Q_{AB} = 15\text{kN}$

$\sum Y = 0:\quad -V_A + N_{AB} = 0 \quad\Rightarrow\quad V_A = N_{AB} = 30\text{kN}$

練習問題

問題 11-1 材端モーメントの分配、伝達の性質と有効剛性をもとに次の構造物の曲げモーメント図を描きなさい。ただし、部材は等質等断面（EI が等しい）。また、各部材に生じるせん断力の大きさを求めなさい。

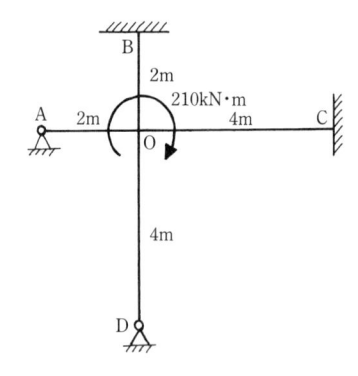

問題 11-2 固定モーメント法によって次のラーメンの曲げモーメント図を描きなさい。

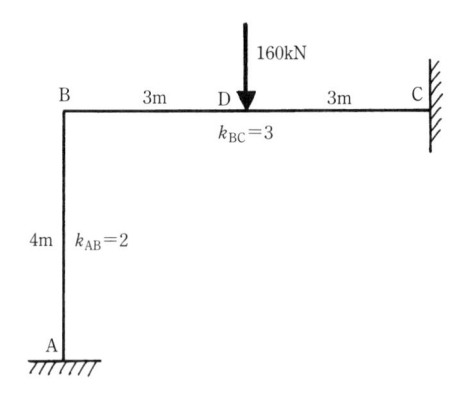

問題 11-3 固定モーメント法により次の対称門形ラーメンの曲げモーメント図を描きなさい。
ヒント：鉛直荷重、水平力を分けて考え、重ね合わせて曲げモーメント図を得る。

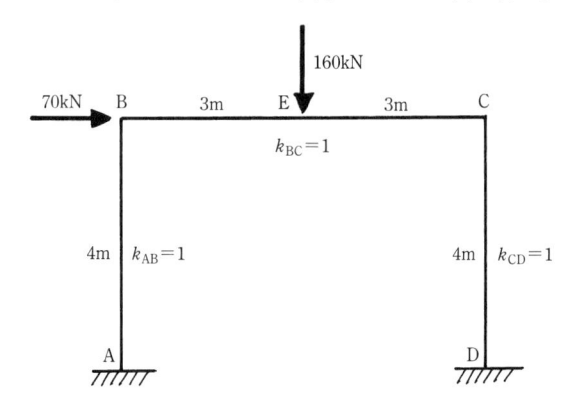

12章

座 屈

12・1　弾性座屈荷重

　図12-1のように部材を両側から圧縮してみると、弓なりに曲がってしまいます。この現象を**座屈**といいます。座屈は薄くて細長いものほど発生しやすい現象です。本来、大きな圧縮強度をもつ材料であっても座屈すると急激な耐力低下を招きます。

　小さな力のうちは座屈しませんが、ある圧縮力に達したとき、座屈現象は起こります。このように、座屈は荷重がある値に達したときに発生するのです。この荷重のことを**弾性座屈荷重 P_k（単位：N）** といいます。弾性座屈荷重は公式18で求めることができます。

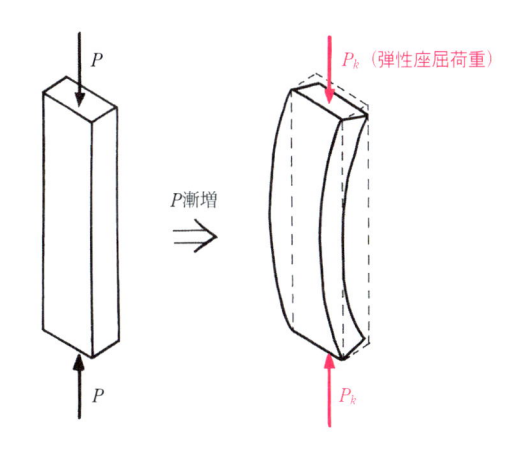

図12-1　座屈現象と弾性座屈荷重

弾性座屈荷重 P_k

$$P_k = \frac{\pi^2 EI}{l_k^2}$$

公式 18

π：円周率（3.1415…）　　　　　E：ヤング係数（N/mm^2）
I：断面2次モーメント（mm^4）　　l_k：座屈長さ（mm）

◆ 断面 2 次モーメントについて

　部材断面において、断面 2 次モーメントの大きい軸を強軸、小さい軸を弱軸といいます。両軸に関する支持条件が同じであれば、座屈は断面 2 次モーメントの小さい（曲がりやすい）弱軸について発生します。

◆ 座屈長さについて

　部材両端の支点条件および水平移動の有無によって、部材は異なる座屈形状を呈します。座屈形状に対する座屈長さ l_k を表 12–1 に示します。

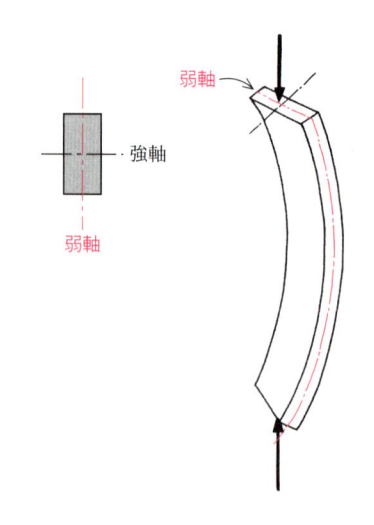

図 12-2　弱軸に対して座屈する部材

表 12-1　座屈形状と座屈長さ

支点条件	両端ピン	ピン・固定	両端固定	両端固定	自由・固定
水平移動条件	水平移動拘束	水平移動拘束	水平移動拘束	水平移動自由	水平移動自由
座屈形状	(a) [基本形] l	(b)	(c)	(d)	(e)
座屈長さ	l	$0.7l$	$0.5l$	l	$2l$

　座屈長さは表 12–1(a) 両端ピン・水平移動拘束を基本形とし、基本形と同一の形状が現れている部分（表中赤線の部分）の長さが、それぞれの座屈長さに相当しています。

12・2 弾性座屈荷重の中間拘束による影響

座屈を生じにくくする方策として、中間に部材（**座屈止め**）を入れて、変形を抑制する方法があります。図12-3(a)は中央に座屈止めを設けた例です。この場合、図12-3(b)のような座屈形状となり、座屈長さは元の1/2になります。弾性座屈荷重は公式18より座屈長さの2乗に反比例しますから、図12-3の場合の弾性座屈荷重は座屈止めを付けない場合の4倍になります。

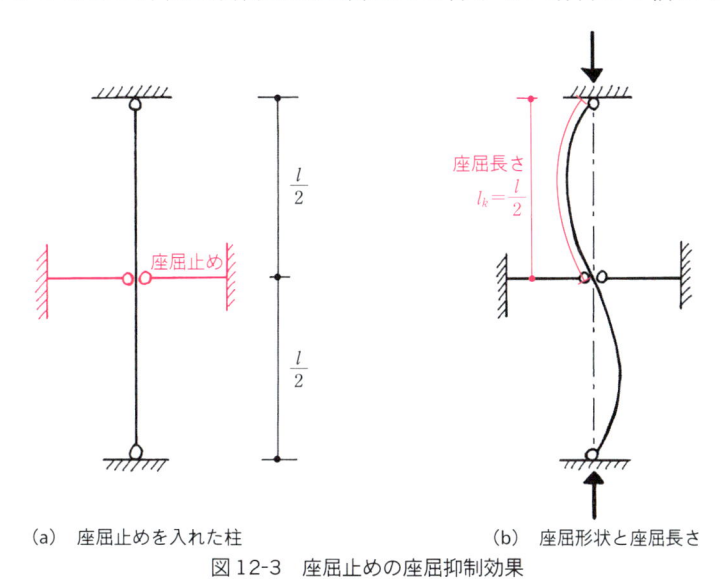

(a) 座屈止めを入れた柱　　(b) 座屈形状と座屈長さ

図12-3　座屈止めの座屈抑制効果

例題 12-1　次の柱のうち、弾性座屈荷重が大きいのはどちらですか。ただし、水平移動は拘束されています。

解答

断面2次モーメント（弱軸について）

$$I_A = \frac{3a \cdot a^3}{12} = \frac{a^4}{4} \qquad I_B = \frac{2a \cdot a^3}{12} = \frac{a^4}{6}$$

座屈長さ

$$l_{kA} = l \qquad l_{kB} = \frac{l}{2}$$

弾性座屈荷重

$$P_A = \frac{\pi^2 E \cdot \dfrac{a^4}{4}}{l^2} = \frac{\pi^2 E a^4}{4l^2}$$

$$P_B = \frac{\pi^2 E \cdot \dfrac{a^4}{6}}{\left(\dfrac{l}{2}\right)^2} = \boxed{\frac{2\pi^2 E a^4}{3l^2}} \Rightarrow P_B の方が大きい。（答え）$$

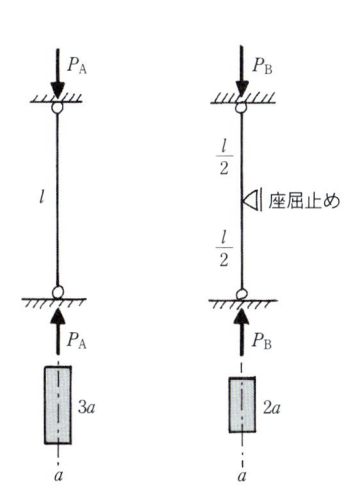

練習問題

問題 12-1 図のような柱を作る場合、A、B、C のどの断面にすれば最も座屈しにくい（弾性座屈荷重の大きい）柱になりますか。

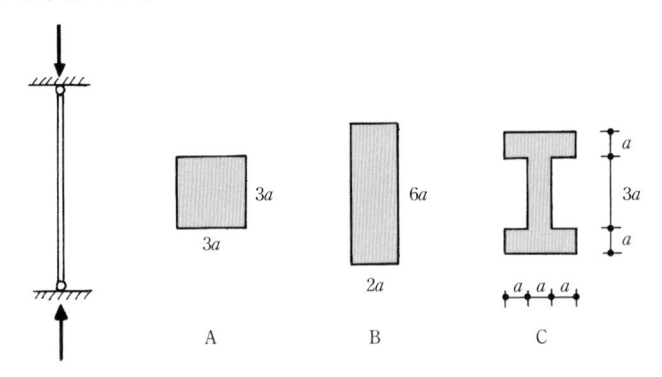

問題 12-2 図の A、B、C の柱の中で弾性座屈荷重が最も大きくなるものはどれか。ただし、柱は等質等断面（EI が等しい）とします。

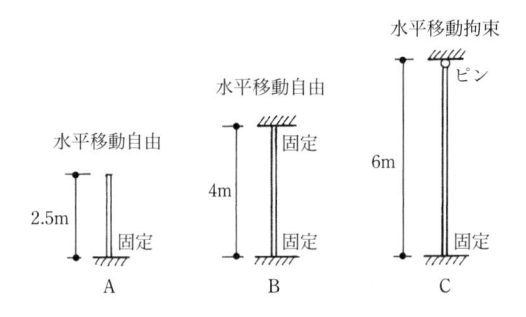

問題 12-3 図の A、B、C の柱の弾性座屈荷重の大小関係を答えなさい。ただし、柱は等質（E が等しい）とし、水平移動は拘束されています。

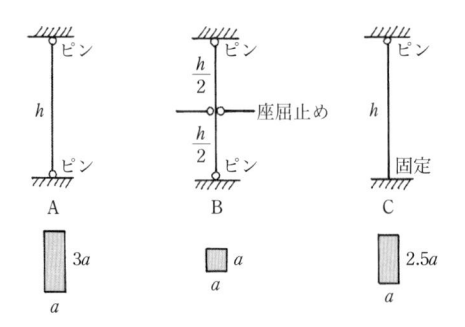

13章
塑性解析

13・1 完全弾塑性体

　大地震に対しては、建築物が損傷することを許容し（部材の塑性変形を許容する）、倒壊、崩壊を防ぎます。

　本章では、構造物の塑性領域での検討内容を題材とします。材料として、とりわけ重要な役割を担うのが鋼材です。鋼材は塑性化した後も、その粘り強さ（靭性）によって構造物の倒壊を防いでくれます。

　図13-1(a)は鋼材の引張試験によって得られる応力度−ひずみ度関係を概略グラフにしたものです。構造力学ではこの曲線を単純化し、図13-1(b)のように、塑性後、応力度（σ_y：降伏応力度）一定のまま変形だけが進行していくものとして計算します。このような応力度−ひずみ度関係をもつ理想化材料を完全弾塑性体といいます。本章で扱う構造物は、すべて完全弾塑性体であるとして解説していきます。

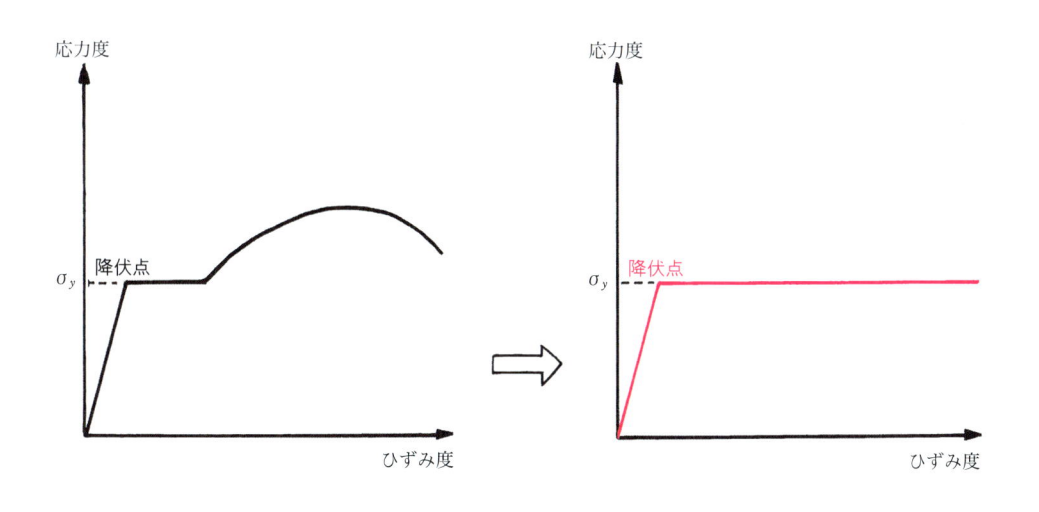

図13-1(a)　鋼材の応力度−ひずみ度関係　　　図13-1(b)　完全弾塑性体

13・2 崩壊の過程と全塑性モーメント

図13-2(a)のような単純梁に集中荷重Pをかけ、Pを漸増させて崩壊の過程を追ってみましょう。

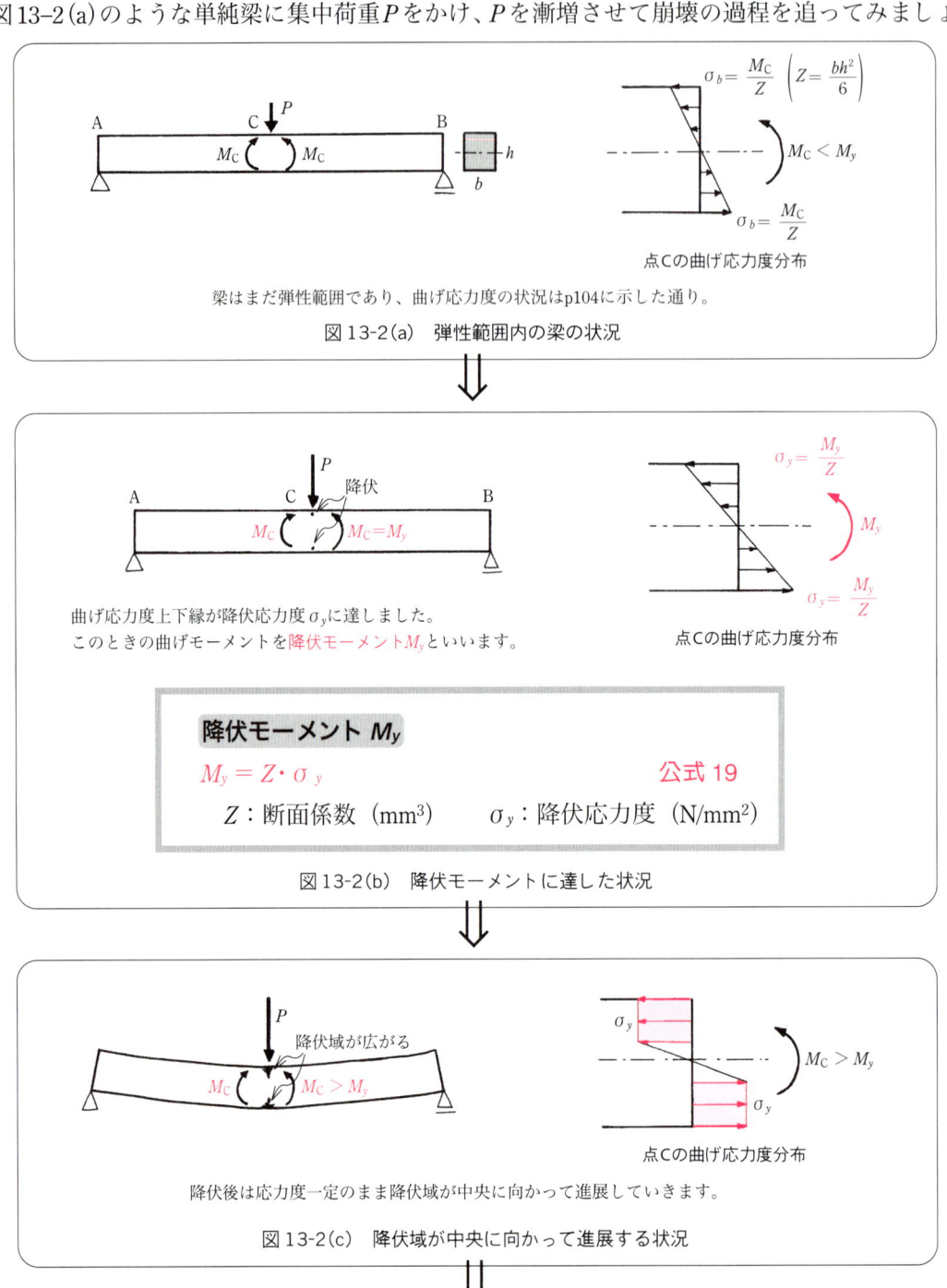

$\sigma_b = \dfrac{M_C}{Z}$ $\left(Z = \dfrac{bh^2}{6}\right)$

$M_C < M_y$

$\sigma_b = \dfrac{M_C}{Z}$

点Cの曲げ応力度分布

梁はまだ弾性範囲であり、曲げ応力度の状況はp104に示した通り。

図13-2(a) 弾性範囲内の梁の状況

$\sigma_y = \dfrac{M_y}{Z}$

M_y

$\sigma_y = \dfrac{M_y}{Z}$

点Cの曲げ応力度分布

曲げ応力度上下縁が降伏応力度σ_yに達しました。
このときの曲げモーメントを降伏モーメントM_yといいます。

降伏モーメント M_y

$$M_y = Z \cdot \sigma_y$$

公式 19

Z：断面係数（mm³）　　σ_y：降伏応力度（N/mm²）

図13-2(b) 降伏モーメントに達した状況

降伏域が広がる

$M_C > M_y$

σ_y

σ_y

$M_C > M_y$

点Cの曲げ応力度分布

降伏後は応力度一定のまま降伏域が中央に向かって進展していきます。

図13-2(c) 降伏域が中央に向かって進展する状況

図13-2(d) 全塑性状態に達した状況

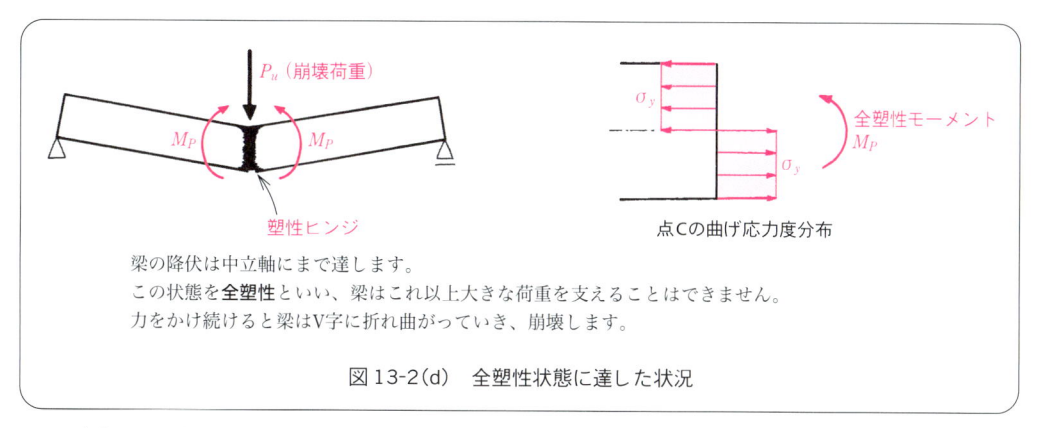

梁の降伏は中立軸にまで達します。
この状態を**全塑性**といい、梁はこれ以上大きな荷重を支えることはできません。
力をかけ続けると梁はV字に折れ曲がっていき、崩壊します。

図13-2(d)での荷重を崩壊荷重P_u、曲げモーメントを全塑性モーメントM_pといいます。全塑性状態になった点Cは、あたかもヒンジのように折れ曲がっていくので、全塑性モーメントに達した点を塑性ヒンジといいます。

全塑性モーメントは次のように求めることができます。

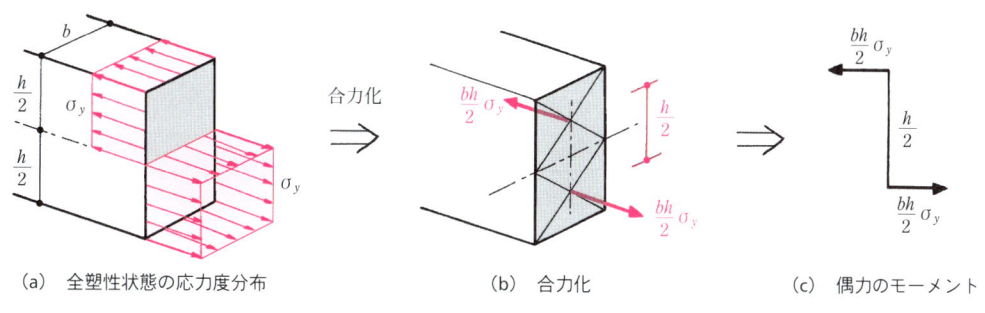

(a) 全塑性状態の応力度分布　(b) 合力化　(c) 偶力のモーメント

図13-3　全塑性モーメントを求める

図13-3のように、降伏応力度で等分布となった曲げ応力度を合力にし、偶力のモーメント（p15参照）として全塑性モーメントM_pを次のように求めることができます。

$$M_p = \frac{bh}{2}\sigma_y \cdot \frac{h}{2} = \frac{bh^2}{4}\sigma_y$$

全塑性モーメントM_pは降伏応力度σ_y（材料によって決まる）と梁の断面寸法が決まれば求めることができるのです。上式を次のようにまとめておきます。

全塑性モーメント M_p

$$M_p = Z_p \cdot \sigma_y \qquad 公式20a$$

Z_p：塑性断面係数（mm³）
σ_y：降伏応力度（N/mm²）

塑性断面係数 Z_p

$$Z_p = \frac{bh^2}{4} \qquad 公式20b$$

断面が図13-4(a)のような形をしている場合であれば、全塑性モーメントは長方形断面の全塑性モーメントから不要な部分の全塑性モーメントを差し引くことにより求めることができます。

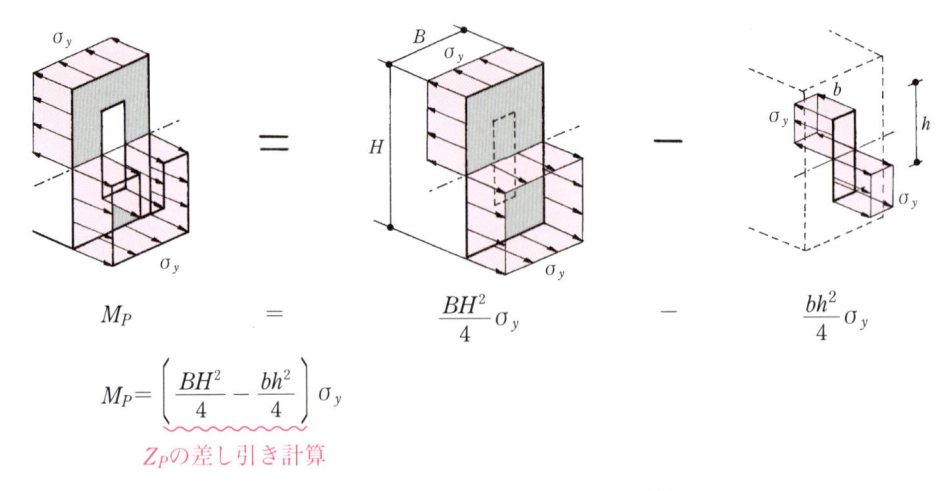

$$M_P = \frac{BH^2}{4}\sigma_y - \frac{bh^2}{4}\sigma_y$$

$$M_P = \left(\frac{BH^2}{4} - \frac{bh^2}{4}\right)\sigma_y$$

Z_P の差し引き計算

図13-4 全塑性モーメントの差し引き計算

図13-4に表れているように、塑性断面係数は差し引き計算によって求めることができるのです。

Point 塑性断面係数 Z_P は中立軸をそろえれば、足し引き計算 OK

例題 13-1 次の断面の X 軸についての全塑性モーメント M_p を求めなさい。
ただし、降伏応力度 σ_y とします。

(1) (2)

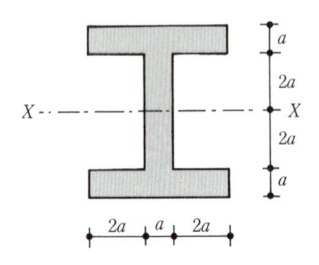

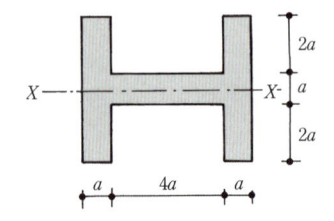

解答

(1) 塑性断面係数 Z_p を差し引き計算で求めます。

$$Z_p = \frac{5a \cdot (6a)^2}{4} - \frac{2a \cdot (4a)^2}{4} \times 2 = 29a^3$$

したがって

$M_p = Z_p \cdot \sigma_y = $ 29 $a^3 \sigma_y$ (答え)

(2) 中立軸をそろえて Z_p を計算するには、足し算で計算します。

$$Z_p = \frac{a \cdot (5a)^2}{4} \times 2 + \frac{4a \cdot a^2}{4} = 13.5a^3$$

$M_p = Z_p \cdot \sigma_y = $ 13.5 $a^3 \sigma_y$ (答え)

13・3 崩壊荷重の算定法

1 不静定梁の崩壊荷重

図13-5(a)のような不静定梁の崩壊を追ってみます。

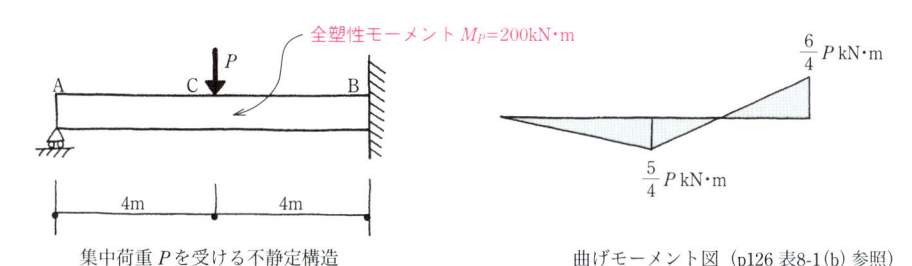

図13-5(a) 不静定梁の崩壊を追う①（弾性範囲）

集中荷重 P を受ける不静定構造　　　曲げモーメント図（p126 表8-1(b) 参照）

全塑性モーメント M_P =200kN・m
$\frac{6}{4}P$ kN・m
$\frac{5}{4}P$ kN・m

P を大きくしていきますと、図13-5(b)のように曲げモーメント最大の点Bが最初に全塑性モーメントに達します。点Bは全塑性モーメントに達しましたが、梁全体として見ると崩壊したわけではなく、さらに大きな荷重を支えることができます。

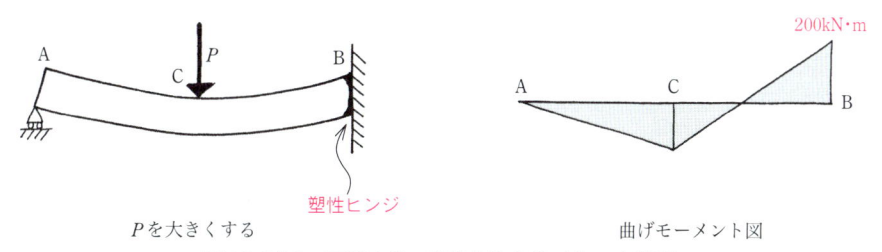

図13-5(b) 不静定梁の崩壊を追う②（点B全塑性）

P を大きくする　　　曲げモーメント図

塑性ヒンジ　200kN・m

さらに P を大きくしてみましょう。図13-5(c)のように点Bの次に曲げモーメントが大きい点Cが全塑性モーメントに達します。このとき、点Bは全塑性モーメント以上の値になりえないので200kN・mを維持します。

図13-5(c)のようになると、梁はこれ以上大きな荷重を支えられません。力をかけ続けると梁はV字形に折れ曲がっていくことになります。このときの荷重が**崩壊荷重** P_u です。

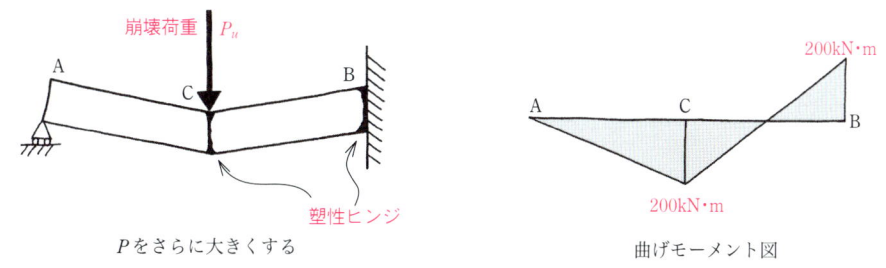

図13-5(c) 不静定梁の崩壊を追う③（崩壊状態）

崩壊荷重 P_u　　　200kN・m
塑性ヒンジ　200kN・m
P をさらに大きくする　　　曲げモーメント図

崩壊荷重の求め方

手順1 崩壊荷重の求め方を解説します。まず、図13-6のように崩壊形状（**崩壊機構**という）を描きます。崩壊荷重P_uによる押し下げ分をδ、点Aの回転角をθとして点B、点Cの回転角をθで表現し、書き込みます。

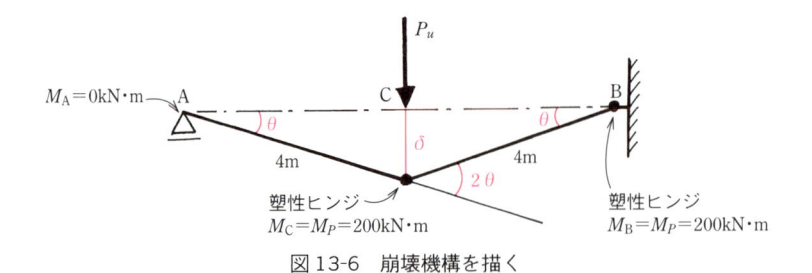

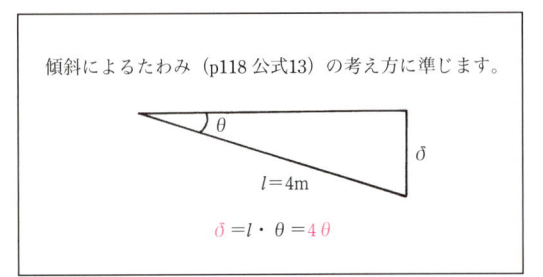

$M_A = 0 \text{kN·m}$ — A
C — P_u
B
θ ... θ
δ
4m / 4m
2θ
塑性ヒンジ
$M_C = M_P = 200\text{kN·m}$
塑性ヒンジ
$M_B = M_P = 200\text{kN·m}$

図13-6 崩壊機構を描く

手順2 外力のなす仕事（図13-7(a)）を求めます。式13-1

外力（崩壊荷重）のなす仕事 $= P_u \cdot \delta$ 式13-1

手順3 内力のなす仕事（図13-7(b)）を求めます（点Aは$M_A = 0$だから仕事$= 0$）。

内力（全塑性モーメント）のなす仕事 $= M_C \cdot 2\theta + M_B \cdot \theta$ 式13-2

仕事＝力×移動距離 | **仕事＝モーメント×回転角**

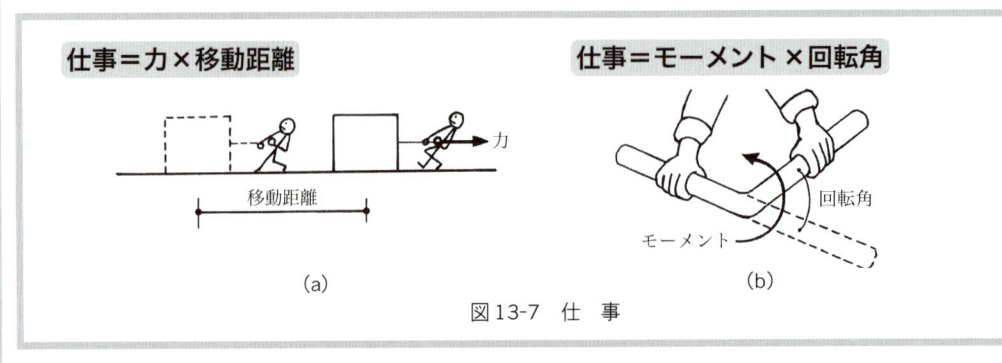

(a) 移動距離 / 力
(b) モーメント / 回転角

図13-7 仕 事

手順4 外力のなる仕事は内力のなす仕事と等しくなります。式13-1と式13-2より

外力のなす仕事＝内力のなす仕事

$$P_u \cdot \delta = M_C \cdot 2\theta + M_B \cdot \theta \quad \text{式13-3}$$

$\begin{cases} M_B = M_C = M_p = 200\text{kN·m} \\ \delta = 4\theta \end{cases}$

を式13-3に代入します。

$$P_u \cdot 4\theta = 200 \cdot 2\theta + 200 \cdot \theta$$

$$\underline{P_u = 150\text{kN}}$$

傾斜によるたわみ（p118 公式13）の考え方に準じます。

θ / δ / $l = 4\text{m}$

$\delta = l \cdot \theta = 4\theta$

2 不静定ラーメンの崩壊荷重と保有水平耐力

図13-8(a)のように水平力を受ける不静定ラーメンは、図13-8(b)のように曲げモーメントが大きく出ている柱脚部A、D、柱梁接合部B、Cから塑性化し崩壊することが予想できます。柱梁接合部B、Cについては柱梁それぞれの全塑性モーメント（柱 600 kN・m、梁 400 kN・m）を比較し、数値の小さい方、すなわち弱い方に塑性ヒンジが生じると判断します。したがって、崩壊機構は図13-9のようになります。

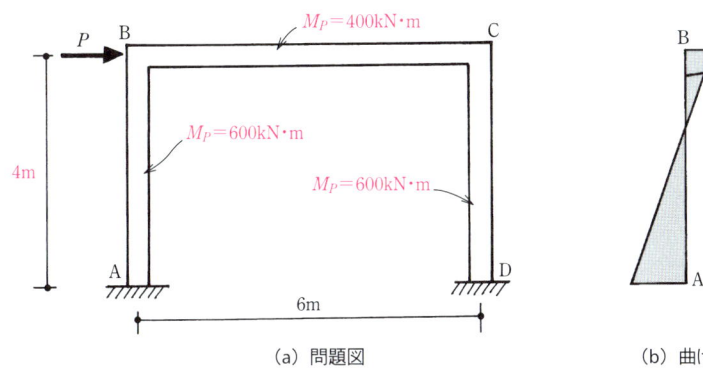

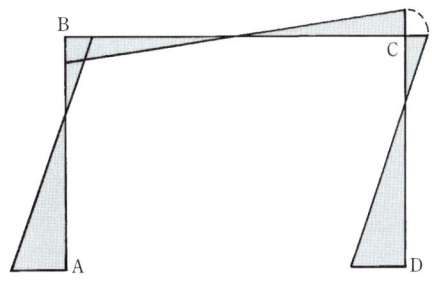

(a) 問題図　　　　(b) 曲げモーメント図の概形（p162 図11-26参照）

図13-8　水平力を受ける不静定ラーメン

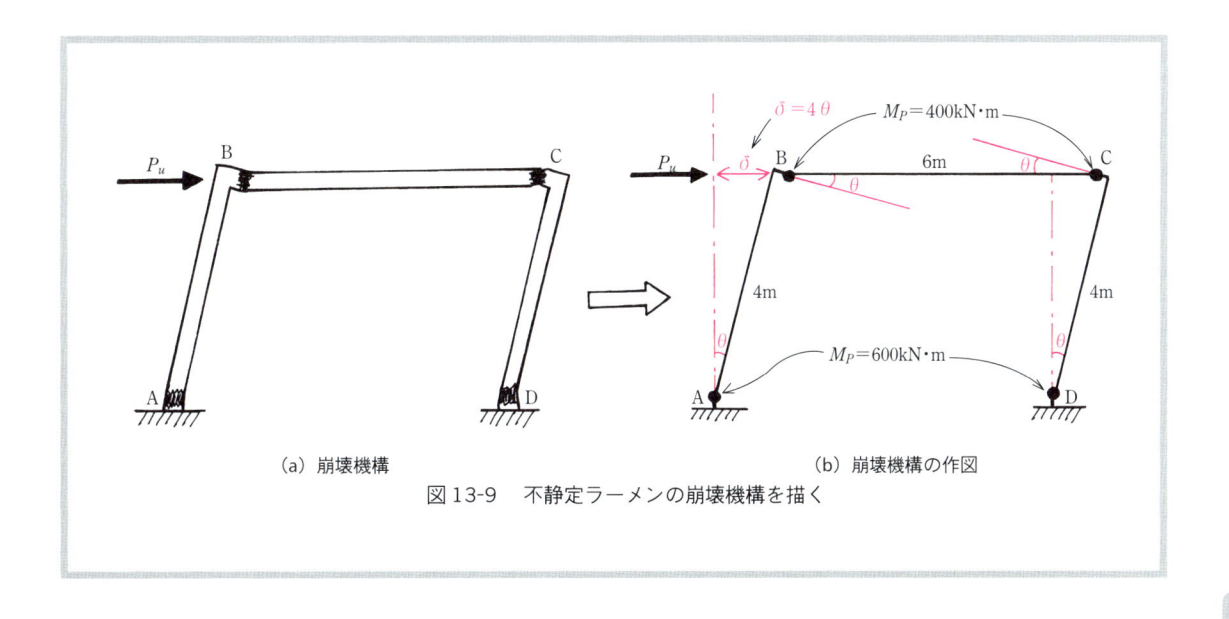

(a) 崩壊機構　　　　(b) 崩壊機構の作図

図13-9　不静定ラーメンの崩壊機構を描く

崩壊荷重の求め方

手順1 崩壊機構を作図します。図13-9(b)のように、点Aの回転角をθとし、他の塑性ヒンジでの回転角を書き込みます。また、水平変位をδとし、図中に書き込みます。

手順2 外力のした仕事を求めます。外力P_uによってδだけ移動しているので

  外力のした仕事 $= P_u \cdot \delta$

手順3 内力のした仕事を求めます。それぞれの塑性ヒンジにおいて仕事(全塑性モーメント × 回転角)の総和をとります。

  内力のした仕事 $= 600\theta + 600\theta + 400\theta + 400\theta$
  　　　　　　　　　点A　　点D　　点B　　点C

手順4 外力のした仕事と内力のした仕事が等しいことより次のような式をたてます。

  外力のした仕事 = 内力のした仕事
  $P_u \cdot \delta = 600\theta + 600\theta + 400\theta + 400\theta$ 　　　式13-4

手順5 δとθの関係式を作ります。柱長4mと点Aの回転角θによって

  $\delta = 4\theta$ 　　　式13-5

手順6 式13-4に式13-5を代入し、崩壊荷重P_uを求めます。

  $P_u \cdot 4\theta = 600\theta + 600\theta + 400\theta + 400\theta$
  $P_u = 500\text{kN}$

　崩壊まで考えたとき、このラーメンは崩壊荷重500kNの水平力まで耐えることができたことになります。このとき、生じている層せん断力を保有水平耐力といい、崩壊まで考えたときの構造物の最大水平耐力に相当します。大地震時における構造物の安全性(構造物が倒壊しないこと)は保有水平耐力をもとに検討されるのです。

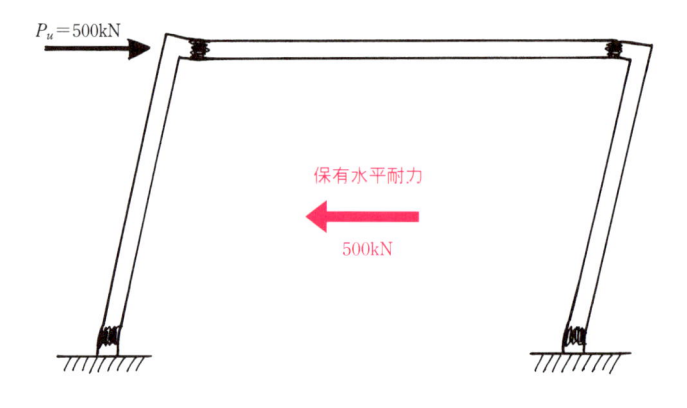

図13-10　保有水平耐力

13・4 圧縮力を考慮した全塑性モーメント

p111で解説したように、柱に一定の圧縮力Nと水平力Pが同時に作用しているとき、柱断面に生じる垂直応力度は弾性範囲内の場合、図13–11(a)のようになります。

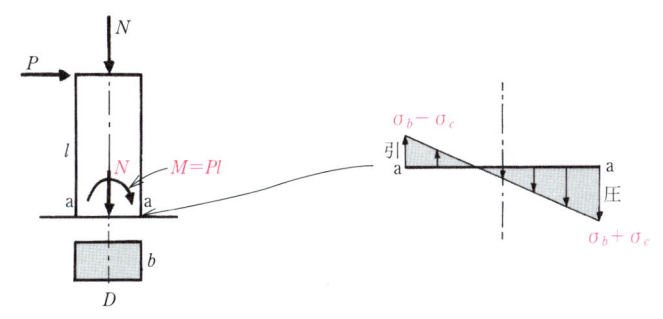

図13-11(a) 軸方向力と水平力を受ける柱　弾性状態の応力度分布（a-a断面）

図13–11(a)の状態から水平力Pだけを漸増させていけば（曲げモーメントPlも漸増する）、a-a断面の応力度分布はやがて図13–11(b)のような全塑性状態になります。

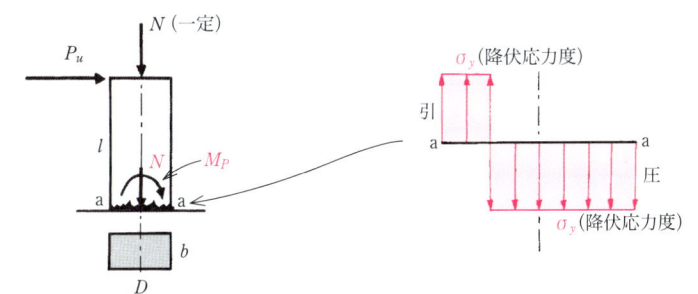

図13-11(b) 軸方向力と水平力を受ける柱　全塑性状態の応力度分布（a-a断面）

この全塑性状態において、圧縮力Nを考慮した全塑性モーメントM_pを求めてみます。

(a) 垂直応力分布（a-a断面）

(b) 全塑性モーメントM_p

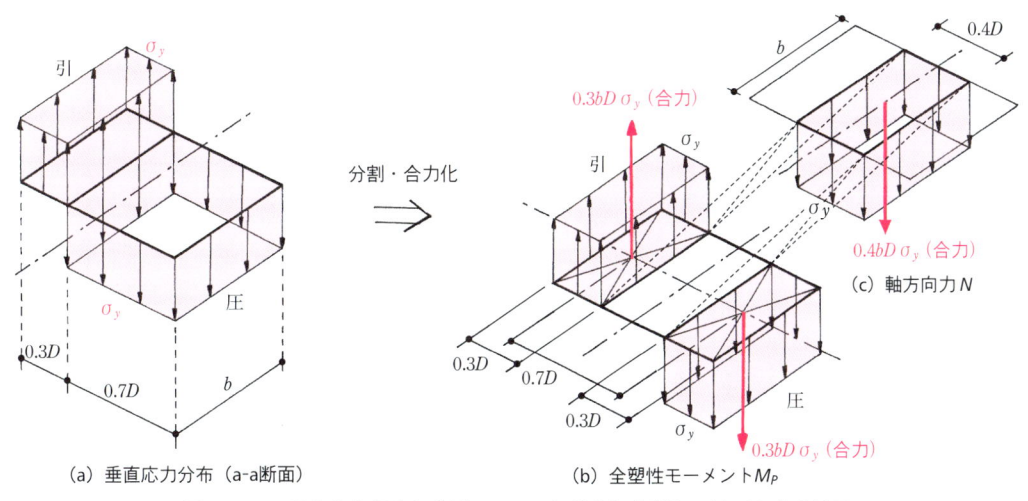

(c) 軸方向力N

図13-12　軸方向力部分と曲げモーメント部分に分割し、N、M_pを求める

図13-12(a)の垂直応力度の分布状況から全塑性モーメント M_p と圧縮力 N を計算するためには、まず図13-12(a)を(b)、(c)のように分割します。(b)は引張側の応力度分布とそれに対して同等分の圧縮側の応力度を、端部に対の力としてとったものです。(c)は(b)に対する中央の余剰部分です。

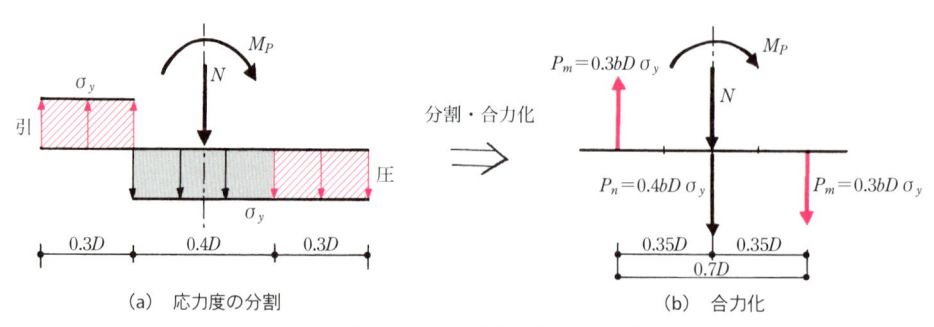

図13-13　M_p、N と垂直応力度との関係

次に図13-13のようにそれぞれの部分を合力（図13-13(b)中 P_m、P_n）とし、力の釣り合いより全塑性モーメント M_p および圧縮力 N を求めます。

◆**図心軸に対するモーメントの釣り合いより**

$\Sigma M = 0$:　$M_p = P_m \cdot 0.35D + P_n \cdot 0 + P_m \cdot 0.35D$

$M_p = P_m \cdot 0.7D$ 　　　　　　　　　　　　　　　　式 13-6(a)

となります。式13-6(a)は全塑性モーメント M_p が図13-12(b)に示した**偶力のモーメント**によって求められることを表しています。式13-6(a)に $P_m = 0.3bD$ を代入すると

$M_p = 0.3bD \cdot 0.7D = 0.21\,bD^2\,\sigma_y$ 　　　　　　　　　式 13-6(b)

となり、全塑性モーメント M_p が得られます。

◆**鉛直方向の力の釣り合いより**

$\Sigma Y = 0$:　$N = P_m + P_n - P_m$

$N = P_n$ 　　　　　　　　　　　　　　　　　　　　式 13-7(a)

となります。式13-7(a)は圧縮力 N が図13-12(c)に示した力によって求められることを表しています。式13-7(a)に $P_n = 0.4bD\,\sigma_y$ を代入すると

$N = 0.4bD\,\sigma_y$ 　　　　　　　　　　　　　　　　式 13-7(b)

となり、圧縮力 N が得られます。

この結果は、**圧縮力が大きくなればなるほど、全塑性モーメントは減少する**ことを意味します。

参考メモ　崩壊荷重　正解の見つけ方

正解の崩壊機構・崩壊荷重を得るためには、次の3条件を満足しなくてはなりません。

- **釣合条件**：荷重と曲げモーメント分布が力の釣り合い式を満たすこと
- **機構条件**：崩壊機構が形成されていること
- **降伏条件**：部材に生じる曲げモーメントの値がすべて、全塑性モーメント以下であること

複数の崩壊機構の候補がある場合、候補のなかで崩壊荷重が最小になるものが正解です。なぜなら、荷重 P を徐々に大きくしていくと最初に至るのが最も小さい値だからです。この考え方は次のような定理としてまとめられています。

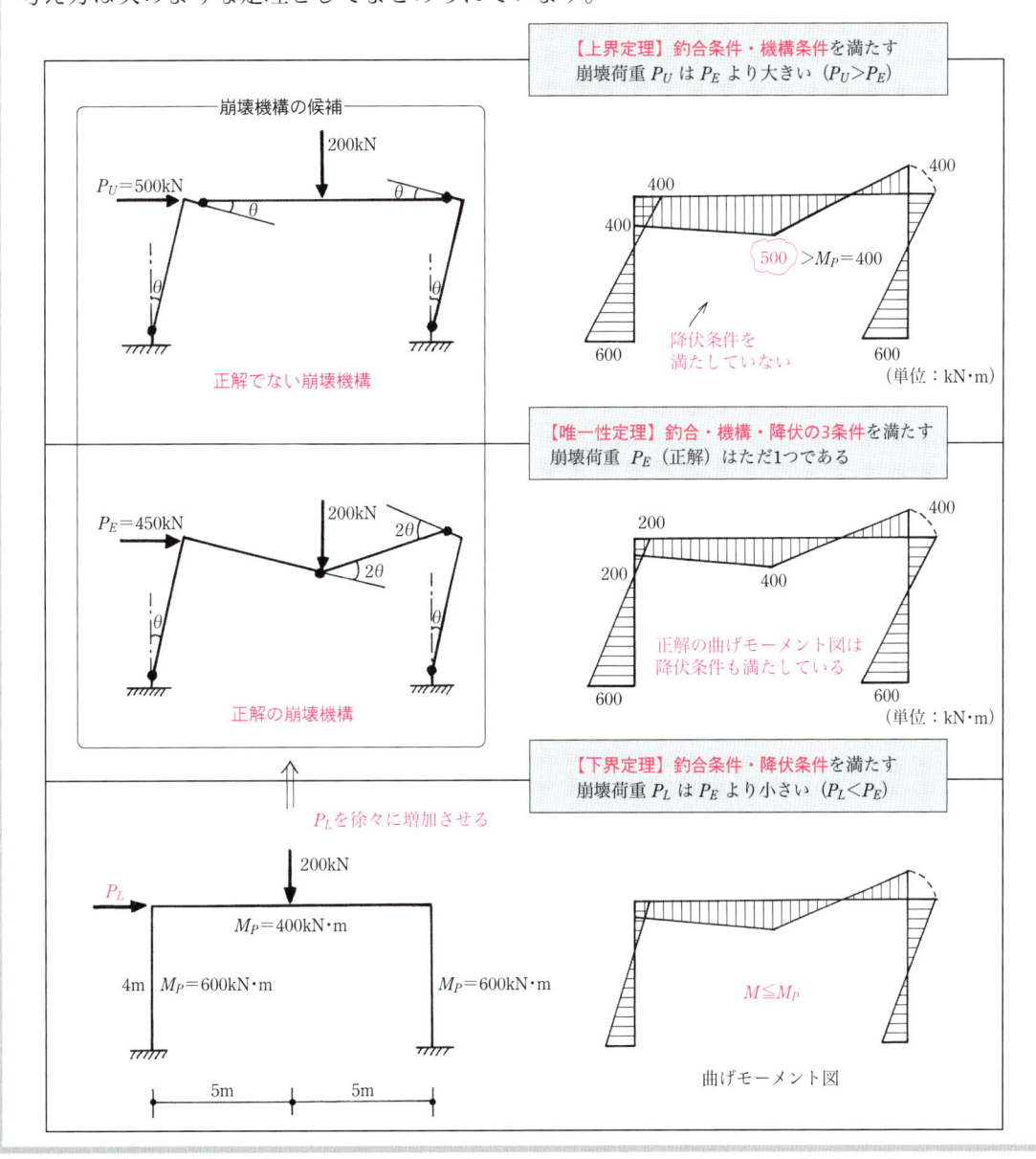

【上界定理】釣合条件・機構条件を満たす崩壊荷重 P_U は P_E より大きい（$P_U > P_E$）

崩壊機構の候補

$P_U = 500$kN、200kN

正解でない崩壊機構

曲げモーメント図：400, 400, 400, 500 > M_P = 400, 600, 600（単位：kN·m）
降伏条件を満たしていない

【唯一性定理】釣合・機構・降伏の3条件を満たす崩壊荷重 P_E（正解）はただ1つである

$P_E = 450$kN、200kN

正解の崩壊機構

曲げモーメント図：200, 200, 400, 400, 600, 600（単位：kN·m）
正解の曲げモーメント図は降伏条件も満たしている

【下界定理】釣合条件・降伏条件を満たす崩壊荷重 P_L は P_E より小さい（$P_L < P_E$）

P_L を徐々に増加させる

P_L、200kN、$M_P = 400$kN·m、4m、$M_P = 600$kN·m、$M_P = 600$kN·m、5m、5m

曲げモーメント図　$M \leqq M_P$

練習問題

問題 13-1 次の断面の X 軸に関する全塑性モーメント M_{pX} と Y 軸に関する全塑性モーメント M_{pY} の比 $M_{pX}:M_{pY}$ を求めなさい。

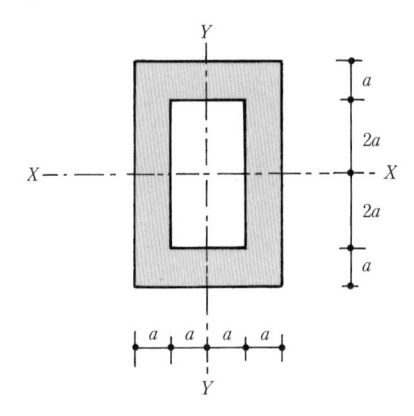

問題 13-2 次の梁の崩壊荷重 P_u を求めなさい。ただし、梁の全塑性モーメント $M_p = 180\text{kN·m}$ とする。

(1)

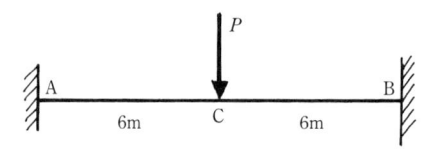

(2)

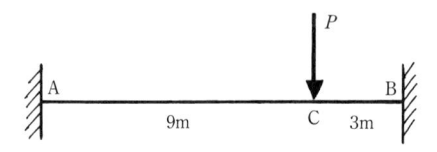

問題 13-3 次のラーメンの崩壊荷重 P_u を求めなさい。ただし、柱の全塑性モーメント 600kN·m、梁の全塑性モーメントを 400kN·m とする。

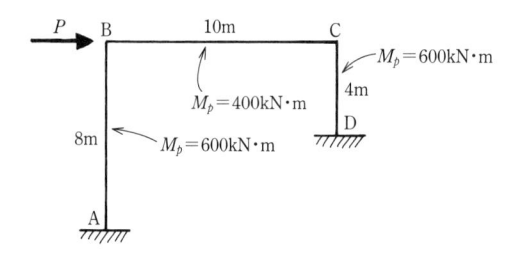

練 習 問 題 解 答

序章

問題 0-1

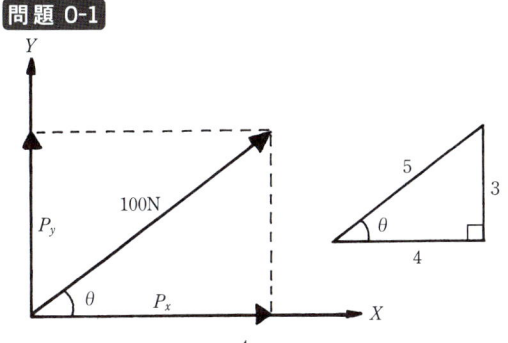

$P_x = 100 \times \dfrac{4}{5} = \underline{80\text{N}}$ （答え）

$P_y = 100 \times \dfrac{3}{5} = \underline{60\text{N}}$ （答え）

問題 0-2

$M_A = 40\text{N} \times 3\text{m} - 30\text{N} \times 4\text{m} + 20\text{N} \times 2\text{m}$
$= \underline{40\text{N·m}}$ （答え）

問題 0-3

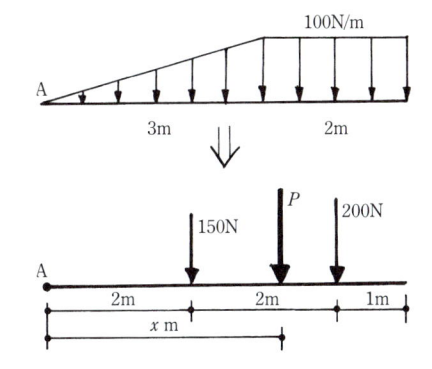

合力の大きさ $P = 150 + 200 = \underline{350\text{N}}$ （答え）
バリニオンの定理より（A点中心）
$P \cdot x = 150 \times 2 + 200 \times 4$
$350x = 1100$
$\underline{x \fallingdotseq 3.14\text{m}}$ （答え）

問題 0-4

力の釣り合い式を立てます。

$\Sigma X = 0: \quad P_3 - P_1 + \dfrac{P_2}{\sqrt{2}} = 0$

$\Sigma Y = 0: \quad 30 - \dfrac{P_2}{\sqrt{2}} = 0$

$\Sigma M_B = 0: \quad 30 \times 4 - P_1 \times 2 = 0$

$\underline{P_1 = 60\text{N} \quad P_2 = 30\sqrt{2}\,\text{N} \quad P_3 = 30\text{N}}$ （答え）

1章

問題 1-1

(1)

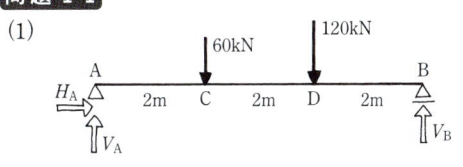

力の釣り合い式
$\Sigma X = 0: \quad H_A = 0 \quad \underline{H_A = 0\text{kN}}$ （答え）
$\Sigma Y = 0: \quad V_A + V_B - 60 - 120 = 0$
$\qquad V_A + V_B = 180$
$\Sigma M_A = 0: \quad 60 \times 2 + 120 \times 4 - V_B \times 6 = 0$
$\underline{V_B = 100\text{kN} \quad V_A = 80\text{kN}}$ （答え）

(2)

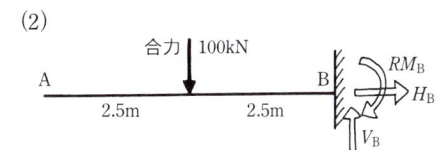

力の釣り合い式
$\Sigma X = 0: \quad H_A = 0 \quad \underline{H_A = 0\text{kN}}$ （答え）
$\Sigma Y = 0: \quad V_B - 100 = 0 \quad \underline{V_B = 100\text{kN}}$ （答え）
$\Sigma M_B = 0: \quad RM_B - 100 \times 2.5 = 0 \quad \underline{RM_B = 250\text{kN·m}}$ （答え）

(3)

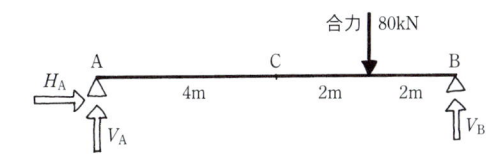

力の釣り合い式
$\Sigma X = 0: \quad H_A = 0 \quad \underline{H_A = 0\text{kN}}$ （答え）
$\Sigma Y = 0: \quad V_A + V_B - 80 = 0$
$\Sigma M_A = 0: \quad 80 \times 6 - V_B \times 8 = 0$
$\underline{V_B = 60\text{kN} \quad V_A = 20\text{kN}}$ （答え）

(4)

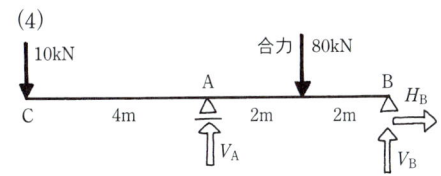

力の釣り合い式
$\Sigma X = 0: \quad H_B = 0 \quad \underline{H_B = 0\text{kN}}$ （答え）
$\Sigma Y = 0: \quad V_A + V_B - 10 - 80 = 0$
$\qquad V_A + V_B = 90$
$\Sigma M_A = 0: \quad 80 \times 2 - V_B \times 4 - 10 \times 4 = 0$
$\underline{V_B = 30\text{kN} \quad V_A = 60\text{kN}}$ （答え）

問題 1-2

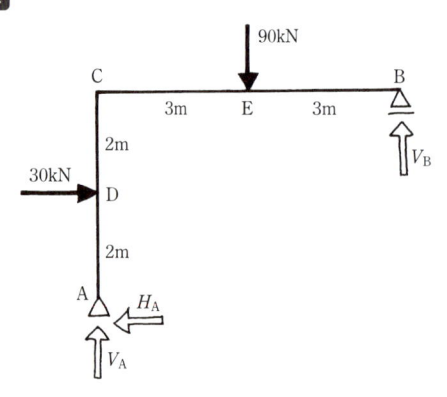

力の釣り合い式
$\Sigma X = 0$: $30 - H_A = 0$　$H_A = 30\text{kN}$　（答え）
$\Sigma Y = 0$: $V_A + V_B - 90 = 0$
$\Sigma M_A = 0$: $30 \times 2 + 90 \times 3 - V_B \times 6 = 0$

$V_B = 55\text{kN}$　$V_A = 35\text{kN}$　（答え）

2章

問題 2-1

(a)

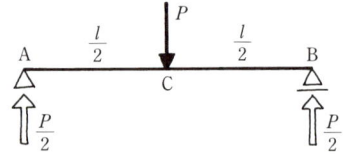

[A-C 間]　$(0 \leqq x \leqq l/2)$

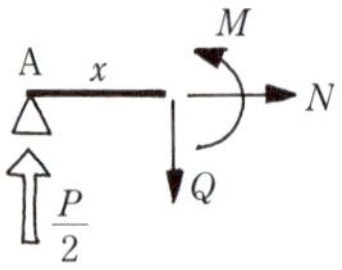

$\Sigma X = 0$: $N = 0$
$\Sigma Y = 0$: $\dfrac{P}{2} - Q = 0$
$Q = \dfrac{P}{2}$
$\Sigma M = 0$: $\dfrac{P}{2}x - M = 0$
$M = \dfrac{P}{2}x$

[B-C 間]　$(0 \leqq x \leqq l/2)$

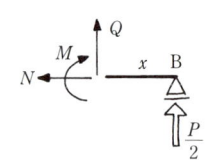

$\Sigma X = 0$: $N = 0$
$\Sigma Y = 0$: $Q + \dfrac{P}{2} = 0$
$Q = -\dfrac{P}{2}$
$\Sigma M = 0$: $M - \dfrac{P}{2}x = 0$
$M = \dfrac{P}{2}x$

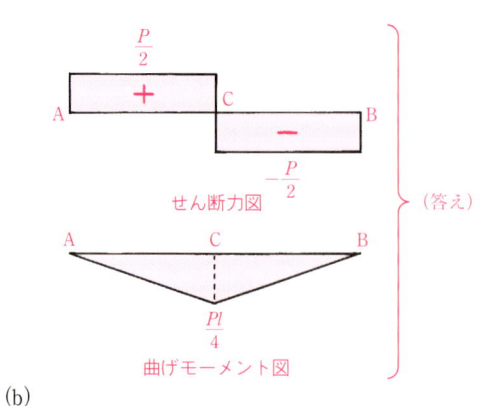

せん断力図

曲げモーメント図　$\dfrac{Pl}{4}$

（答え）

(b)

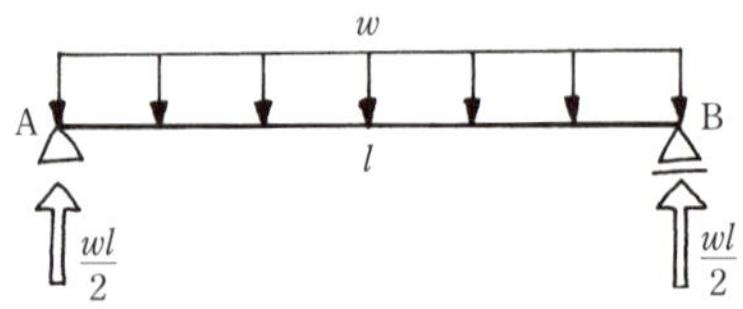

[A-B 間]　$(0 \leqq x \leqq l)$

合力化

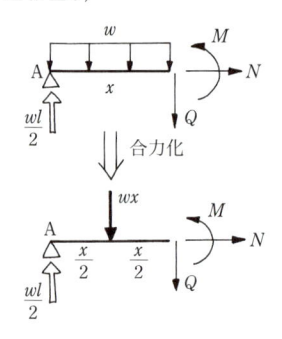

$\Sigma X = 0$: $N = 0$
$\Sigma Y = 0$: $\dfrac{wl}{2} - wx - Q = 0$
$Q = \dfrac{wl}{2} - wx$
$\Sigma M = 0$: $\dfrac{wl}{2}x - wx \cdot \dfrac{x}{2} - M = 0$
$M = \dfrac{wl}{2}x - \dfrac{w}{2}x^2$

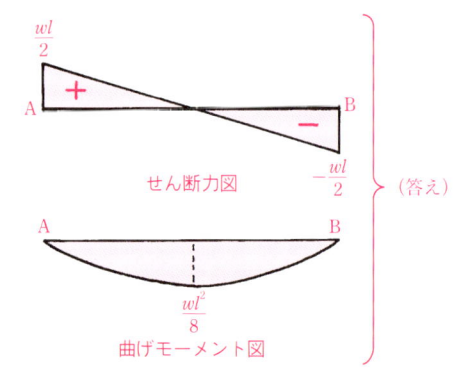

せん断力図

曲げモーメント図　$\dfrac{wl^2}{8}$

（答え）

(c)

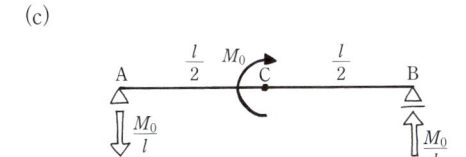

[A-C 間] ($0 \leqq x \leqq l/2$)

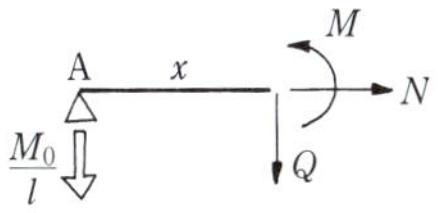

$\Sigma X = 0:$ $N = 0$
$\Sigma Y = 0:$ $-\dfrac{M_0}{l} - Q = 0$
$Q = -\dfrac{M_0}{l}$
$\Sigma M = 0:$ $-\dfrac{M_0}{l}x - M = 0$
$M = -\dfrac{M_0}{l}x$

[B-C 間] ($0 \leqq x \leqq l/2$)

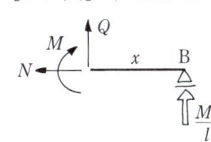

$\Sigma X = 0:$ $N = 0$
$\Sigma Y = 0:$ $Q + \dfrac{M_0}{l} = 0$
$Q = -\dfrac{M_0}{l}$
$\Sigma M = 0:$ $M - \dfrac{M_0}{l}x = 0$
$M = \dfrac{M_0}{l}x$

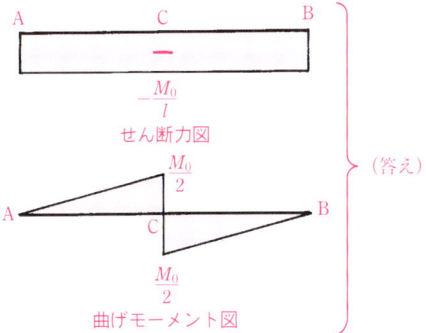

せん断力図

曲げモーメント図

(答え)

問題 2-2

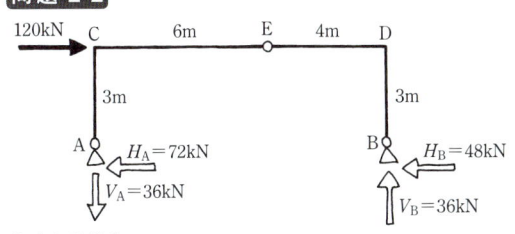

[反力計算]

$\Sigma X = 0:$ $120 - H_A - H_B = 0$
$H_A + H_B = 120$
$\Sigma Y = 0:$ $-V_A + V_B = 0$
$\Sigma M_A = 0:$ $120 \times 3 - V_B \times 10 = 0$
$V_B = 36 \text{kN}$ $V_A = 36 \text{kN}$
$\Sigma M_E = 0:$ $H_B \times 3 - V_B \times 4 = 0$
$4V_B - 3H_B = 0$

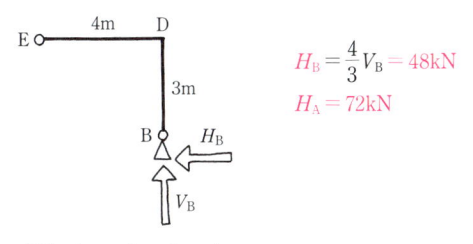

$H_B = \dfrac{4}{3}V_B = 48 \text{kN}$
$H_A = 72 \text{kN}$

[A-C 間] ($0\text{m} \leqq x \leqq 3\text{m}$)

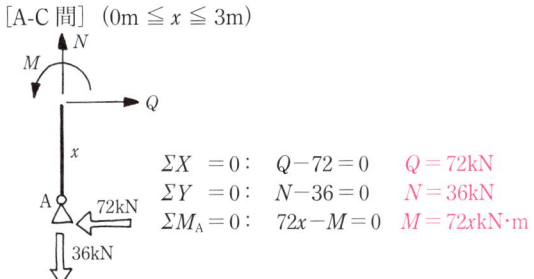

$\Sigma X = 0:$ $Q - 72 = 0$ $Q = 72 \text{kN}$
$\Sigma Y = 0:$ $N - 36 = 0$ $N = 36 \text{kN}$
$\Sigma M_A = 0:$ $72x - M = 0$ $M = 72x \text{kN·m}$

[C-D 間] ($0\text{m} \leqq x \leqq 10\text{m}$)

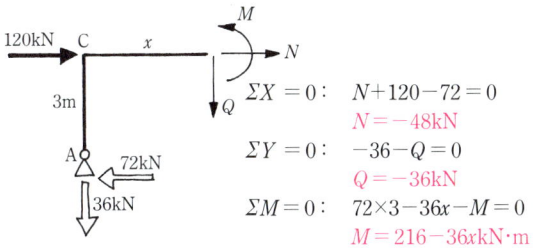

$\Sigma X = 0:$ $N + 120 - 72 = 0$
$N = -48 \text{kN}$
$\Sigma Y = 0:$ $-36 - Q = 0$
$Q = -36 \text{kN}$
$\Sigma M = 0:$ $72 \times 3 - 36x - M = 0$
$M = 216 - 36x \text{kN·m}$

[B-D 間] ($0\text{m} \leqq x \leqq 3\text{m}$)

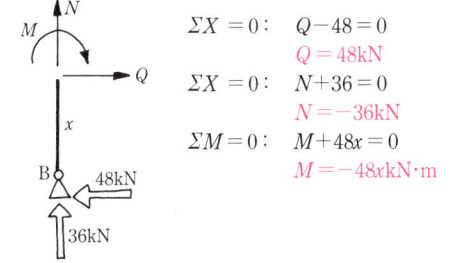

$\Sigma X = 0:$ $Q - 48 = 0$
$Q = 48 \text{kN}$
$\Sigma X = 0:$ $N + 36 = 0$
$N = -36 \text{kN}$
$\Sigma M = 0:$ $M + 48x = 0$
$M = -48x \text{kN·m}$

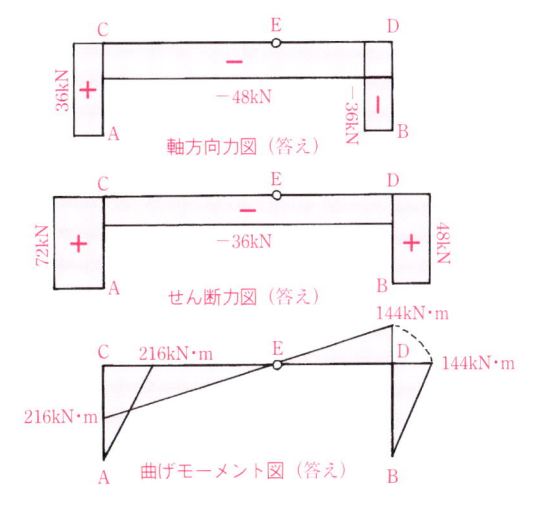

軸方向力図（答え）

せん断力図（答え）

曲げモーメント図（答え）

3章

問題 3-1

(1) 反力計算

$\Sigma Y = 0: \quad -V_A - V_B - 30 + 90 = 0$
$\Sigma M_A = 0: \quad 30 \times 3 - 90 \times 6 + V_B \times 9 = 0$

$V_B = 50\text{kN} \quad V_A = 10\text{kN}$

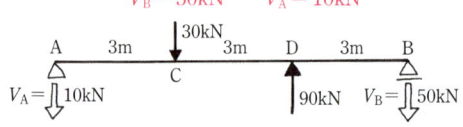

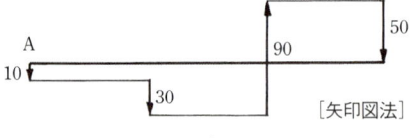

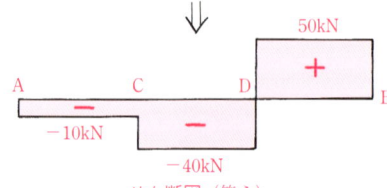

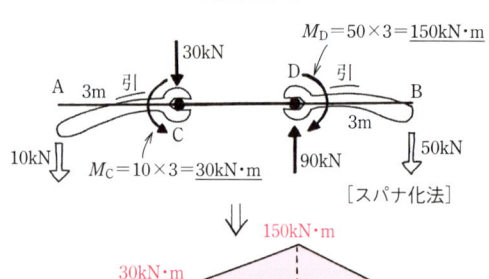

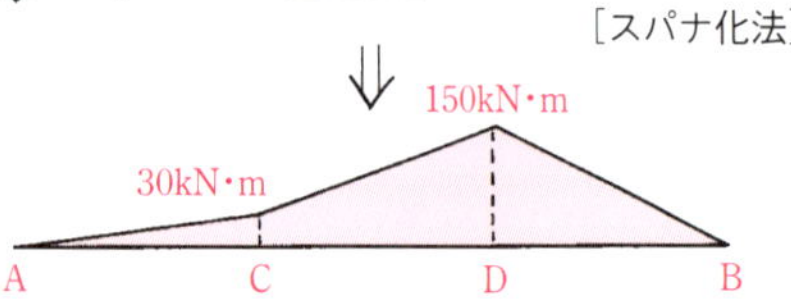

$M_D = 50 \times 3 = \underline{150\text{kN}\cdot\text{m}}$
$M_C = 10 \times 3 = \underline{30\text{kN}\cdot\text{m}}$

[矢印図法]
[スパナ化法]
せん断図（答え）
曲げモーメント図（答え）

(2) 反力計算

$\Sigma Y = 0: \quad V_A + V_B - 10 - 40 = 0$
$\Sigma M_A = 0: \quad 40 \times 2 - 10 \times 2 - V_B \times 4 = 0$

$V_B = 15\text{kN} \quad V_A = 35\text{kN}$

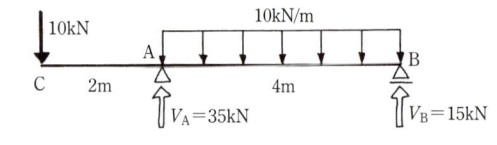

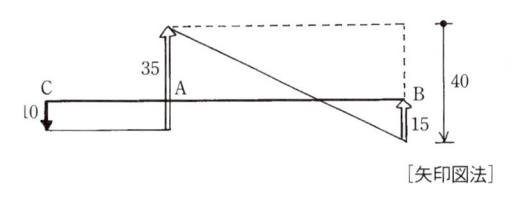

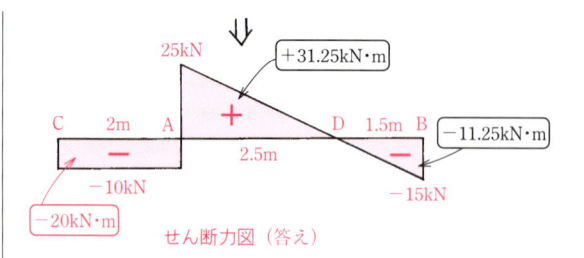

[矢印図法]
せん断力図（答え）
曲げモーメント図（答え）　[面積法] 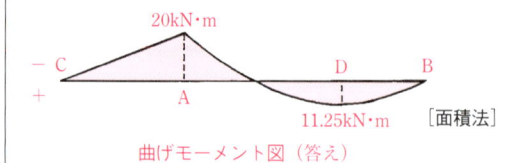

(3) 反力計算

$\Sigma Y = 0: \quad V_A + V_B - 40 = 0$
$\Sigma M_A = 0: \quad 240 - 40 \times 4 - V_B \times 8 = 0$

$V_B = 10\text{kN} \quad V_A = 30\text{kN}$

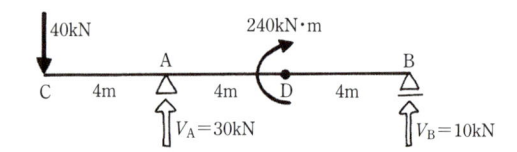

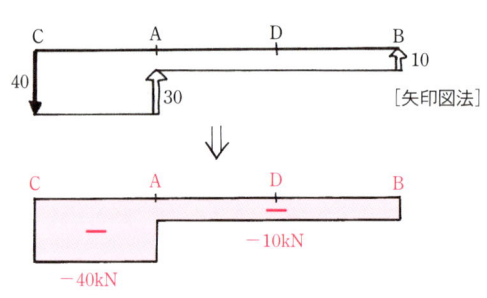

[矢印図法]
せん断力図（答え）

$M_{D右} = 10 \times 4 = \underline{40\text{kN}\cdot\text{m}}$
$M_A = 40 \times 4 = \underline{160\text{kN}\cdot\text{m}}$

[スパナ化法]

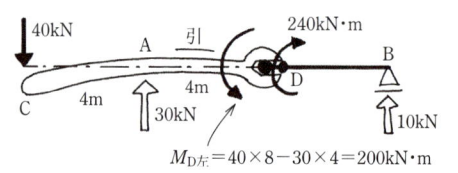

$M_{D左} = 40 \times 8 - 30 \times 4 = 200\text{kN}\cdot\text{m}$

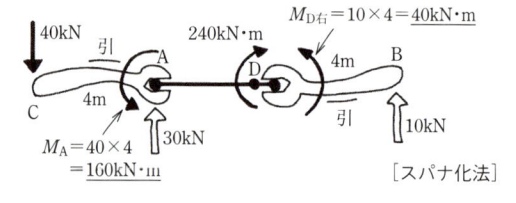

次ページへ＊

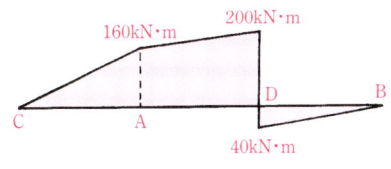

曲げモーメント図（答え）

問題 3-2

(1) 反力計算

$\Sigma X = 0: 30 - H_B = 0 \quad H_B = 30\text{kN}$
$\Sigma Y = 0: V_A + V_B - 120 = 0$
$\Sigma M_B = 0: V_A \times 6 + 30 \times 4 - 120 \times 3 = 0$

$V_A = 40\text{kN} \quad V_B = 80\text{kN}$

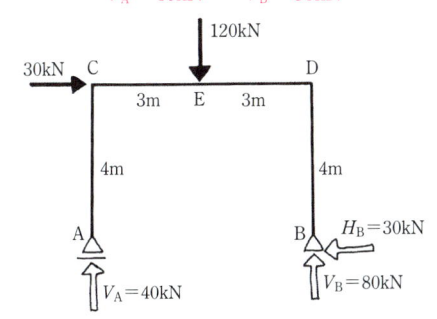

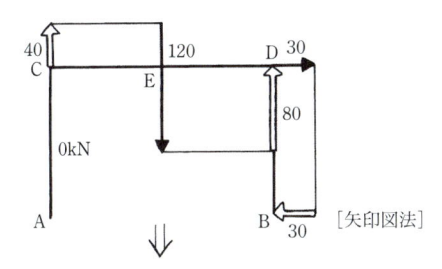

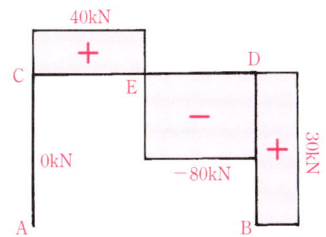

[矢印図法]

せん断力図（答え）

$M_C = 0\text{kN·m}$
$M_D = 30 \times 4 = 120\text{kN·m}$

$M_E = 40 \times 3 = 120\text{kN·m}$

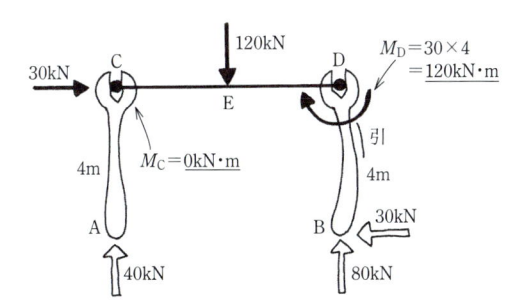

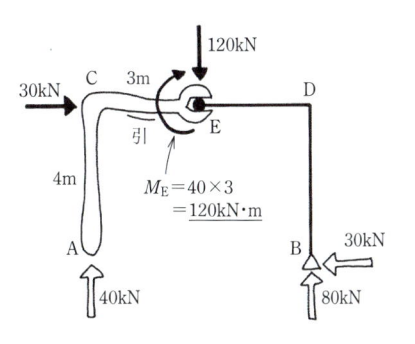

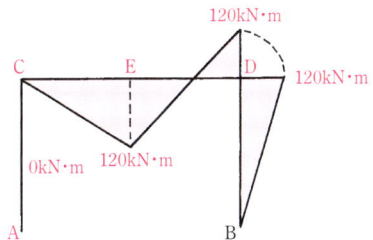

曲げモーメント図（答え）

(2) 反力計算

$\Sigma X = 0: 20 - H_A = 0 \quad H_A = 20\text{kN}$
$\Sigma Y = 0: V_A + V_B - 30 - 60 = 0$
$\Sigma M_A = 0: 20 \times 3 + 30 \times 2 + 60 \times 4 - V_B \times 6 = 0$

$V_B = 60\text{kN} \quad V_A = 30\text{kN}$

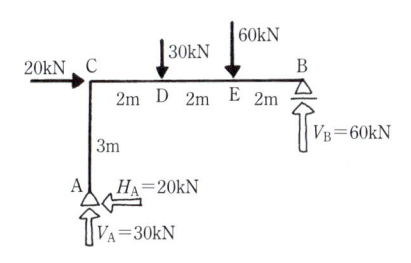

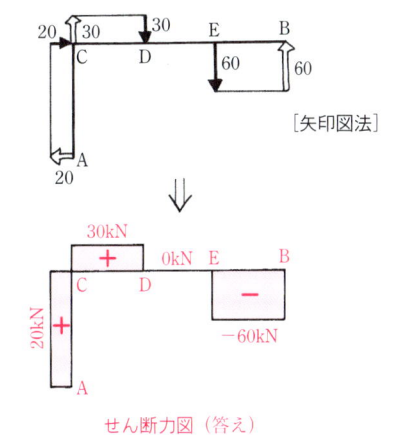

[矢印図法]

せん断力図（答え）

裏へ＊＊

＊＊3章続き

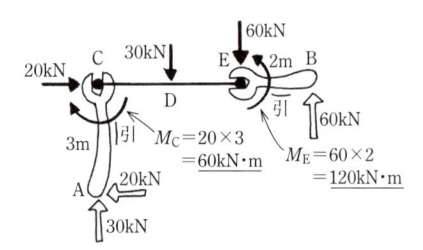

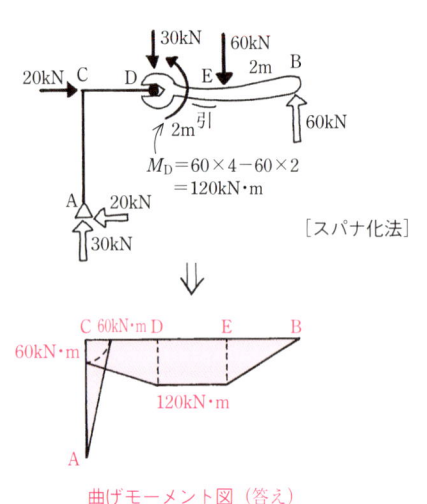

$M_C = 20 \times 3 = 60\text{kN·m}$

$M_E = 60 \times 2 = 120\text{kN·m}$

$M_D = 60 \times 4 - 60 \times 2 = 120\text{kN·m}$

［スパナ化法］

曲げモーメント図（答え）

4章

問題 4-1

(1) 対称性より反力 $V_A = V_B = 80\text{kN}$

求めるところで切断する

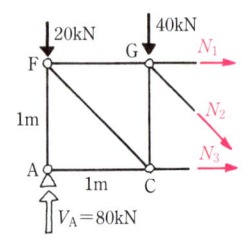

力の釣り合い式を立てる

$\Sigma X = 0: \quad N_1 + \dfrac{N_2}{\sqrt{2}} + N_3 = 0 \quad \cdots\cdots\cdots ①$

$\Sigma Y = 0: \quad 80 - 20 - 40 - \dfrac{N_2}{\sqrt{2}} = 0$

$\underline{N_2 = 20\sqrt{2} \text{ kN}}$ （答え）

$\Sigma M_G = 0: \quad 80 \times 1 - 20 \times 1 - N_3 \times 1 = 0$

$\underline{N_3 = 60\text{kN}}$ （答え）

①に代入して

$N_1 + \dfrac{20\sqrt{2}}{\sqrt{2}} + 60 = 0 \quad \underline{N_1 = -80\text{kN}}$ （答え）

(2) 求めるところで切断する

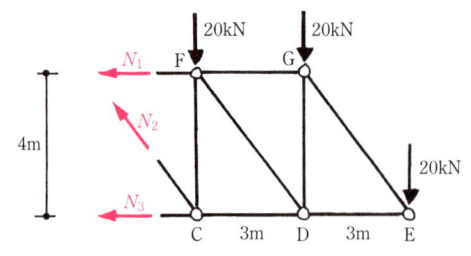

力の釣り合い式を立てる

$\Sigma X = 0: \quad -N_1 - \dfrac{3}{5}N_2 - N_3 = 0 \quad \cdots\cdots\cdots ①$

$\Sigma Y = 0: \quad \dfrac{4}{5}N_2 - 20 - 20 - 20 = 0$

$\underline{N_2 = 75\text{kN}}$ （答え）

$\Sigma M_C = 0: \quad 20 \times 3 + 20 \times 6 - N_1 \times 4 = 0$

$\underline{N_1 = 45\text{kN}}$ （答え）

①に代入して

$-45 - \dfrac{3}{5} \times 75 - N_3 = 0$

$\underline{N_3 = -90\text{kN}}$ （答え）

(3) 反力計算

$\Sigma Y = 0: V_A + V_B - 10 - 20 - 20 - 10 = 0$
$\Sigma M_A = 0: 20 \times 2 + 20 \times 4 + 10 \times 6 - V_B \times 4 = 0$

$V_B = 45\text{kN} \quad V_A = 15\text{kN}$

求めるところで切断する

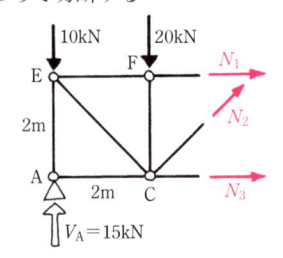

力の釣り合い式を立てる

$\Sigma X = 0: \quad N_1 + \dfrac{N_2}{\sqrt{2}} + N_3 = 0 \quad \cdots\cdots\cdots ①$

$\Sigma Y = 0: \quad 15 - 10 - 20 + \dfrac{N_2}{\sqrt{2}} = 0$

$\underline{N_2 = 15\sqrt{2} \text{ kN}}$ （答え）

$\Sigma M_C = 0: \quad 15 \times 2 - 10 \times 2 + N_1 \times 2 = 0$

$\underline{N_1 = -5\text{kN}}$ （答え）

①に代入して

$-5 + \dfrac{15\sqrt{2}}{\sqrt{2}} + N_3 = 0$

$\underline{N_3 = -10\text{kN}}$ （答え）

問題 4-2

反力計算

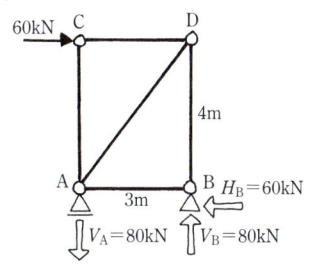

$\Sigma X = 0: \quad 60 - H_B = 0 \quad H_B = 60\text{kN}$
$\Sigma Y = 0: \quad -V_A + V_B = 0$
$\Sigma M_B = 0: \quad 60 \times 4 - V_A \times 3 = 0$
$\quad V_A = 80\text{kN} \quad V_B = 80\text{kN}$

◆ 点 C について

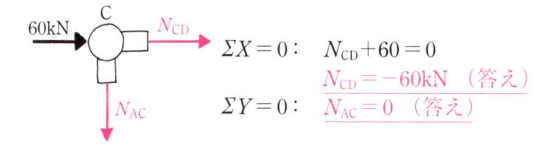

$\Sigma X = 0: \quad N_{CD} + 60 = 0$
$\quad \underline{N_{CD} = -60\text{kN}}$ （答え）
$\Sigma Y = 0: \quad \underline{N_{AC} = 0}$ （答え）

◆ 点 D について

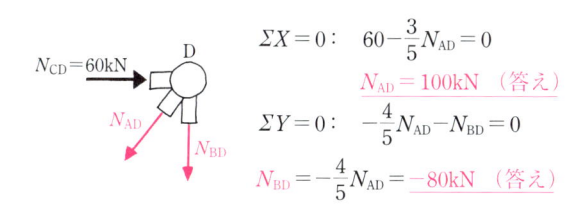

$\Sigma X = 0: \quad 60 - \dfrac{3}{5} N_{AD} = 0$
$\quad \underline{N_{AD} = 100\text{kN}}$ （答え）
$\Sigma Y = 0: \quad -\dfrac{4}{5} N_{AD} - N_{BD} = 0$
$\quad N_{BD} = -\dfrac{4}{5} N_{AD} = \underline{-80\text{kN}}$ （答え）

点 D ［図解法による別解］

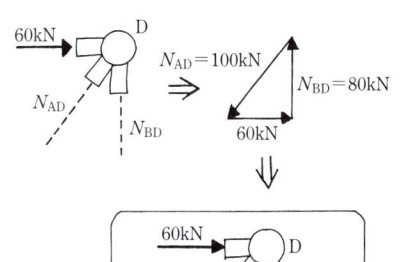

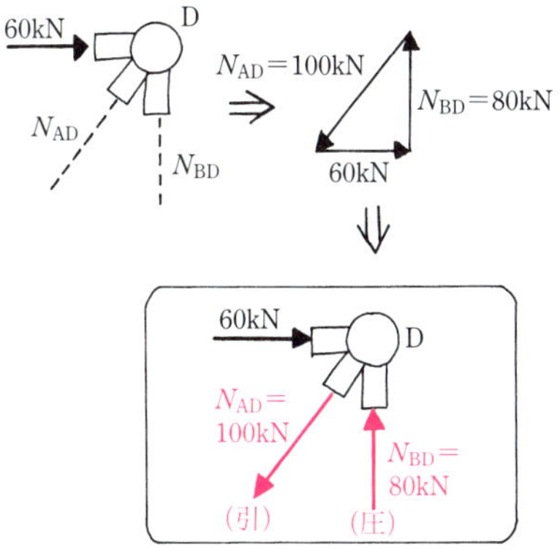

◆ 点 B について

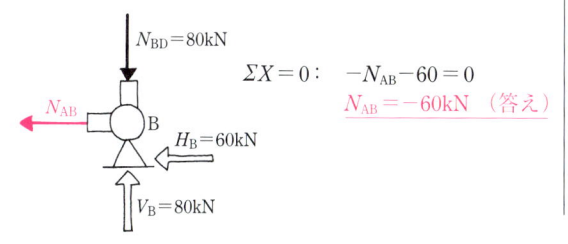

$\Sigma X = 0: \quad -N_{AB} - 60 = 0$
$\quad \underline{N_{AB} = -60\text{kN}}$ （答え）

5章

問題 5-1

(1)

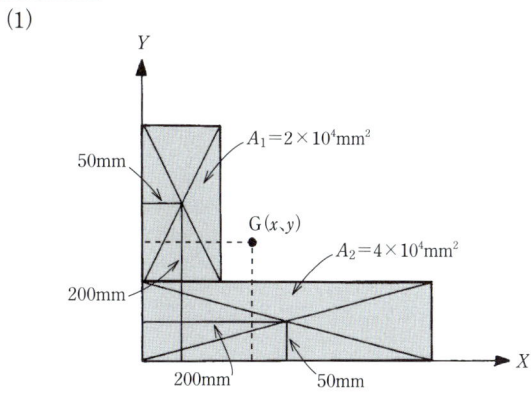

$x = \dfrac{2 \times 10^4 \times 50 + 4 \times 10^4 \times 200}{2 \times 10^4 + 4 \times 10^4}$
$\quad = \underline{150\text{mm}}$
$y = \dfrac{2 \times 10^4 \times 200 + 4 \times 10^4 \times 50}{2 \times 10^4 + 4 \times 10^4}$
$\quad = \underline{100\text{mm}} \quad G(x, y) = (150\text{mm}, 100\text{mm})$ （答え）

(2)

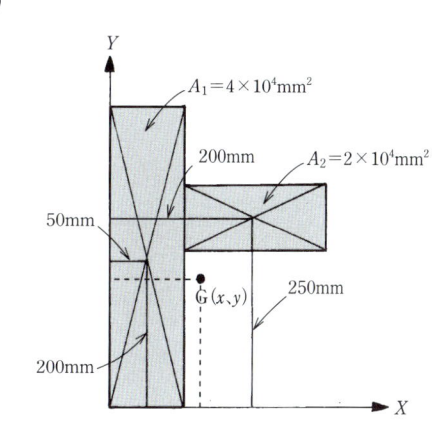

$x = \dfrac{4 \times 10^4 \times 50 + 2 \times 10^4 \times 200}{4 \times 10^4 + 2 \times 10^4}$
$\quad = \underline{100\text{mm}}$
$y = \dfrac{4 \times 10^4 \times 200 + 2 \times 10^4 \times 250}{4 \times 10^4 + 2 \times 10^4}$
$\quad \fallingdotseq \underline{217\text{mm}} \quad G(x, y) = (100\text{mm}, 217\text{mm})$ （答え）

問題 5-2

(1)

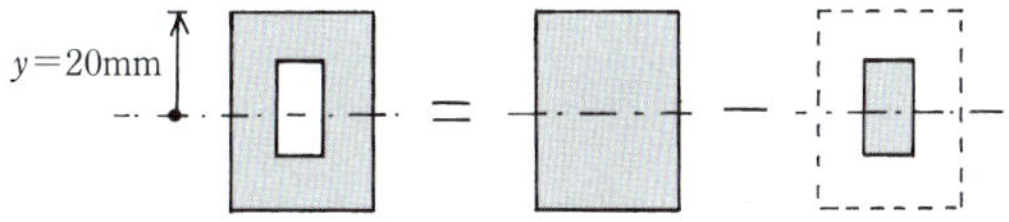

$I = \dfrac{27 \times 40^3}{12} - \dfrac{9 \times 20^3}{12} = \underline{1.38 \times 10^5 \text{mm}^4}$ （答え）
$Z = \dfrac{I}{y} = \dfrac{1.38 \times 10^4}{20} = \underline{6900\text{mm}^3}$ （答え）

(2)

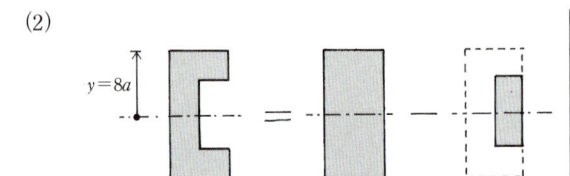

$$I = \frac{6a(16a)^3}{12} - \frac{3a(8a)^3}{12} = \underline{1920a^4} \quad （答え）$$

$$Z = \frac{I}{y} = \frac{1920a^4}{8a} = \underline{240a^3} \quad （答え）$$

問題 5-3

$I_X = I_n + A{y_0}^2$ より

$$I_X = \frac{3a(8a)^3}{12} + 3a \cdot 8a \cdot (4a)^2 = \underline{512a^4} \quad （答え）$$

6 章

問題 6-1

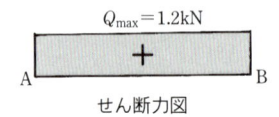

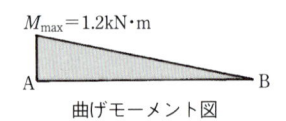

$Q_{max} = 1.2\text{kN}$

せん断力図

$M_{max} = 1.2\text{kN·m}$

曲げモーメント図

$\begin{cases} 断面積 A = 30 \times 40 = 1200\text{mm}^2 \\ 断面係数 Z = \dfrac{30 \times 40^2}{6} = 8000\text{mm}^3 \end{cases}$

$\begin{cases} 最大せん断力 Q_{max} = 1.2\text{kN} \\ 最大曲げモーメント M_{max} = 1.2\text{kN} \times 1\text{m} = 1.2\text{kN·m} \end{cases}$

最大せん断応力度 $\tau_{max} = 1.5\dfrac{Q_{max}}{A} = 1.5\dfrac{1.2 \times 10^3\text{N}}{1200\text{mm}^2}$

$\underline{\tau_{max} = 1.5\text{N/mm}^2 < f_s = 20\text{N/mm}^2 \quad OK} \quad （答え）$

最大曲げ応力度 $\sigma_b = \dfrac{M_{max}}{Z} = \dfrac{1.2 \times 10^6 \text{N·mm}}{8000\text{mm}^3}$

$\underline{\sigma_b = 150\text{N/mm}^2 < f_b = 200\text{N/mm}^2 \quad OK} \quad （答え）$

問題 6-2

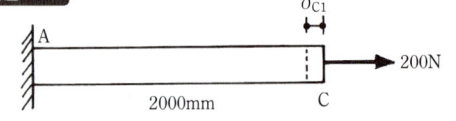

$$\delta_{C1} = \frac{N \cdot l}{EA} = \frac{200 \times 2000}{2.0 \times 10^3 \times 100} = 2\text{mm}$$

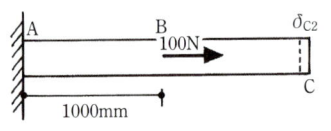

$$\delta_{C2} = \frac{N \cdot l}{EA} = \frac{100 \times 1000}{2.0 \times 10^3 \times 100} = 0.5\text{mm}$$

$\underline{\delta_C = \delta_{C1} + \delta_{C2} = 2 + 0.5 = 2.5\text{mm}} \quad （答え）$

問題 6-3

断面2次モーメント $I = \dfrac{90 \times 80^3}{12} - \dfrac{60 \times 40^3}{12} = 352 \times 10^4 \text{mm}^4$

断面係数 $Z = \dfrac{I}{y} = \dfrac{352 \times 10^4}{40} = 88 \times 10^3 \text{mm}^3$

許容曲げモーメント $M_0 = f_b \cdot Z = 200 \times 88 \times 10^3$
$\qquad\qquad\qquad\qquad\qquad = 17.6 \times 10^6 \text{N·mm}$
$\qquad\qquad\qquad\qquad\qquad = \underline{17.6\text{kN·m}} \quad （答え）$

問題 6-4

$\begin{cases} 断面積 A = 300 \times 400 = 120 \times 10^3 \text{mm}^2 \\ 断面係数 Z = \dfrac{300 \times 400^2}{6} = 8 \times 10^6 \text{mm}^3 \end{cases}$

$\begin{cases} 軸方向力 N = -48\text{kN}（圧縮力） \\ 曲げモーメント M = 2\text{kN} \times 2\text{m} = 4\text{kN·m}（左側引張） \end{cases}$

圧縮応力度 $\sigma_c = \dfrac{N}{A} = \dfrac{-48 \times 10^3 \text{N}}{120 \times 10^3 \text{mm}^2} = -0.40\text{N/mm}^2$

曲げ応力度 $\sigma_c = \dfrac{M}{Z} = \dfrac{4 \times 10^6 \text{N·mm}}{8 \times 10^6 \text{mm}^3} = 0.50\text{N/mm}^2$

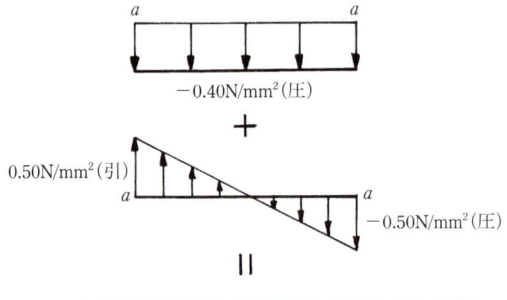

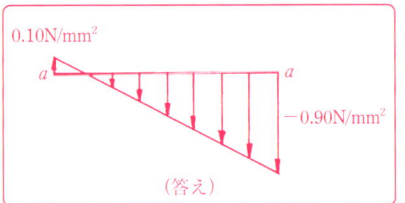

-0.40N/mm^2（圧）

$+$

0.50N/mm^2（引） $\quad -0.50\text{N/mm}^2$（圧）

$=$

0.10N/mm^2
-0.90N/mm^2

（答え）

7章

問題 7-1

(1)
$$\delta = \frac{Pl^3}{3EI} \to l を2倍 \quad \delta = \frac{P(2l)^3}{3EI} = 8\frac{Pl^3}{3EI}$$

δは8倍になる。（答え）

$$\theta = \frac{Pl^2}{2EI} \to l を2倍 \quad \theta = \frac{P(2l)^2}{2EI} = 4\frac{Pl^2}{2EI}$$

θは4倍になる。（答え）

(2)
$$\delta = \frac{wl^4}{8EI} \to l を2倍 \quad \delta = \frac{w(2l)^4}{8EI} = 16\frac{wl^4}{8EI}$$

δは16倍になる。（答え）

$$\theta = \frac{wl^3}{6EI} \to l を2倍 \quad \theta = \frac{w(2l)^3}{6EI} = 8\frac{wl^3}{6EI}$$

θは8倍になる。（答え）

(3)
$$\frac{Pl^3}{3EI} = \frac{wl^4}{8EI} \Rightarrow \frac{P}{wl} = \frac{3}{8}$$

$P : wl = 3 : 8$ （答え）

問題 7-2

(1)

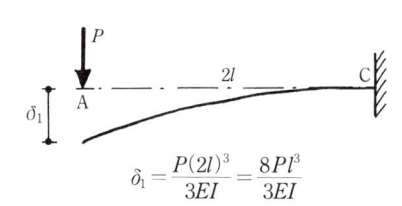

$$\delta_1 = \frac{P(2l)^3}{3EI} = \frac{8Pl^3}{3EI}$$

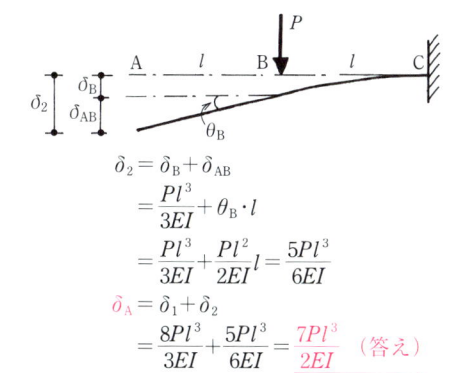

$$\delta_2 = \delta_B + \delta_{AB}$$
$$= \frac{Pl^3}{3EI} + \theta_B \cdot l$$
$$= \frac{Pl^3}{3EI} + \frac{Pl^2}{2EI}l = \frac{5Pl^3}{6EI}$$

$$\delta_A = \delta_1 + \delta_2$$
$$= \frac{8Pl^3}{3EI} + \frac{5Pl^3}{6EI} = \frac{7Pl^3}{2EI}$$ （答え）

(2)

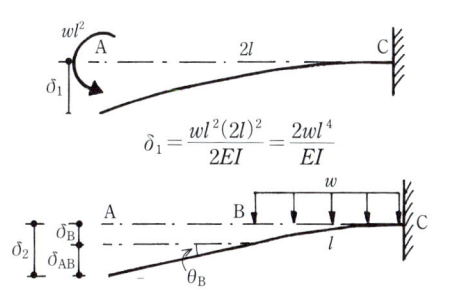

$$\delta_1 = \frac{wl^2(2l)^2}{2EI} = \frac{2wl^4}{EI}$$

$$\delta_2 = \delta_B + \delta_{AB}$$
$$= \frac{wl^4}{8EI} + \theta_B \cdot l$$
$$= \frac{wl^4}{8EI} + \frac{wl^3}{6EI}l = \frac{7wl^4}{24EI}$$

$$\delta_A = \delta_1 + \delta_2$$
$$= \frac{2wl^4}{EI} + \frac{7wl^4}{24EI} = \frac{55wl^4}{24EI}$$ （答え）

8章

問題 8-1

(a)

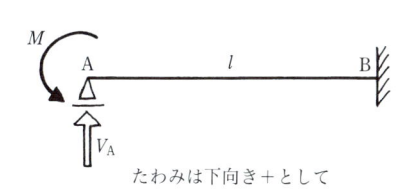

たわみは下向き＋として

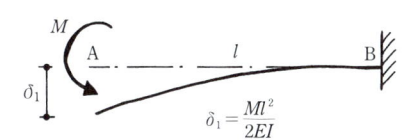

$$\delta_1 = \frac{Ml^2}{2EI}$$

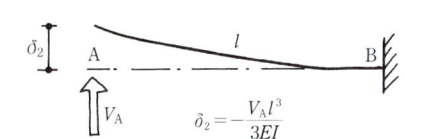

$$\delta_2 = -\frac{V_A l^3}{3EI}$$

$$\delta_A = \delta_1 + \delta_2 = 0$$
$$\frac{Ml^2}{2EI} - \frac{V_A l^3}{3EI} = 0$$

$V_A = \dfrac{3M}{2l}$ （答え）

(c)

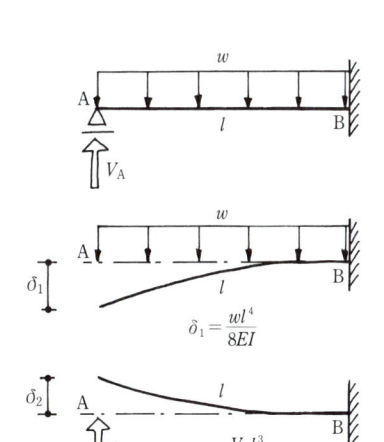

$$\delta_1 = \frac{wl^4}{8EI}$$

$$\delta_2 = -\frac{V_A l^3}{3EI}$$

裏へ＊＊＊

＊＊＊8章続き

$$\delta_A = \delta_1 + \delta_2 = 0$$
$$\frac{wl^4}{8EI} - \frac{V_A l^3}{3EI} = 0$$
$$V_A = \frac{3wl}{8} \quad (答え)$$

問題 8-2

(d)

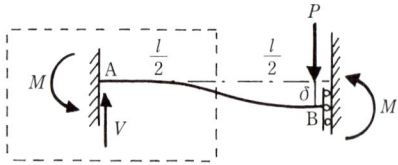

変形の対称性より両端の反力モーメントは等しい
$\Sigma Y = 0$ より $V = P$
$\Sigma M_A = 0$ より
$$-M - M + Pl = 0$$
$$M = \frac{Pl}{2} \quad (答え)$$

梁の半分（点線枠の部分）を取り出し、片持ち梁のたわみ式を適用する。

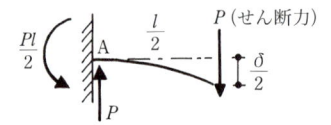

$$\frac{\delta}{2} = \frac{P\left(\frac{l}{2}\right)^3}{3EI} \quad \Rightarrow \quad \delta = \frac{Pl^3}{12EI} \quad (答え)$$

(f)

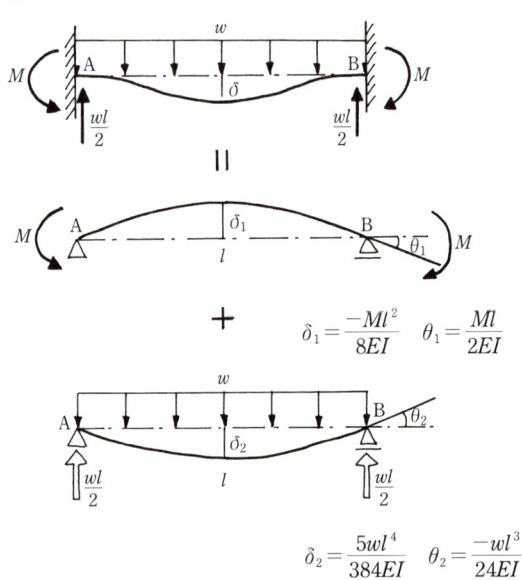

$$\delta_1 = \frac{-Ml^2}{8EI} \quad \theta_1 = \frac{Ml}{2EI}$$

$$\delta_2 = \frac{5wl^4}{384EI} \quad \theta_2 = \frac{-wl^3}{24EI}$$

支点では $\theta = 0$ より
$$\theta_1 + \theta_2 = 0 \quad \frac{Ml}{2EI} - \frac{wl^3}{24EI} = 0 \quad \Rightarrow \quad M = \frac{wl^2}{12} \quad (答え)$$

たわみ $\delta = \delta_1 + \delta_2$
$$\delta = \frac{5wl^4}{384EI} - \frac{\frac{wl^2}{12}l^2}{8EI} = \frac{wl^4}{384EI} \quad (答え)$$

9章

問題 9-1

$$Q_A : Q_B : Q_C$$
$$= K_A : K_B : K_C$$
$$= \frac{12EI}{h^3} : \frac{12 \cdot 2EI}{(2h)^3} : \frac{3 \cdot 2EI}{h^3}$$
$$= 4 : 1 : 2$$

水平力140kNを4:1:2で分けると
$$Q_A = 80\text{kN} \quad Q_B = 20\text{kN} \quad Q_C = 40\text{kN} \quad (答え)$$

問題 9-2

柱の断面2次モーメント

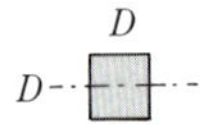

$I_A = I_C = \dfrac{D^4}{12} = I$ とする

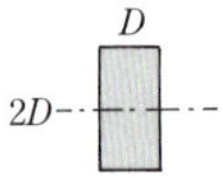

$I_B = \dfrac{D(2D)^3}{12} = \dfrac{8D^4}{12} = 8I$

水平剛性

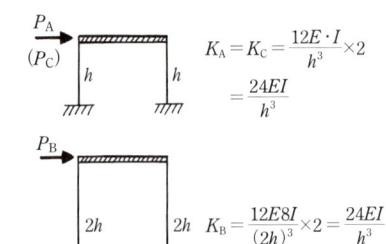

$$K_A = K_C = \frac{12E \cdot I}{h^3} \times 2 = \frac{24EI}{h^3}$$

$$K_B = \frac{12E \cdot 8I}{(2h)^3} \times 2 = \frac{24EI}{h^3}$$

A、B、Cとも水平剛性が等しいので各ラーメン等分に水平力を負担する
$$P_A = P_B = P_C = 200\text{kN} \quad (答え)$$

問題 9-3

各層の層せん断力 Q_1、Q_2 は
$$Q_1 = 300\text{kN} \quad Q_2 = 200\text{kN}$$
各層の層間変位 δ_1、δ_2 は
$$\delta_1 = \frac{300\text{kN}}{K_1} \quad \delta_2 = \frac{200\text{kN}}{K_2}$$
$\delta_1 = \delta_2$ より
$$\frac{300}{K_1} = \frac{200}{50} \quad \Rightarrow \quad K_1 = 75\text{kN/mm} \quad (答え)$$

10章
問題 10

(1)

剛比　$k_{AB} : k_{BC} = \dfrac{I_{AB}}{l_{AB}} : \dfrac{I_{BC}}{l_{BC}}$

$= \dfrac{600(600)^3}{12 \times 4000} : \dfrac{400(900)^3}{12 \times 6000}$

$= 2 : 3$

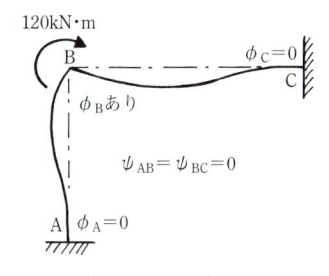

$M_{AB} = 2(2 \times 0 + \phi_B + 0) + 0 = 2\phi_B$
$M_{BA} = 2(0 + 2\phi_B + 0) + 0 = 4\phi_B$
$M_{BC} = 3(2\phi_B + 0 + 0) + 0 = 6\phi_B$
$M_{CB} = 3(\phi_B + 2 \times 0 + 0) + 0 = 3\phi_B$

節点方程式：$-M_{BA} - M_{BC} + 120 = 0$
　　　　　　$-4\phi_B - 6\phi_B + 120 = 0$
　　　　　　$\phi_B = 12$

$M_{AB} = 24\text{kN·m}$　　$M_{BA} = 48\text{kN·m}$
$M_{BC} = 72\text{kN·m}$　　$M_{CB} = 36\text{kN·m}$

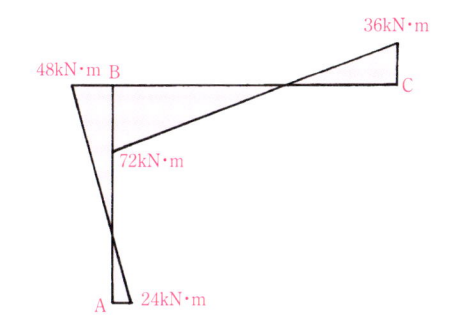

曲げモーメント図（答え）

(2) 剛比は (1) と同じ

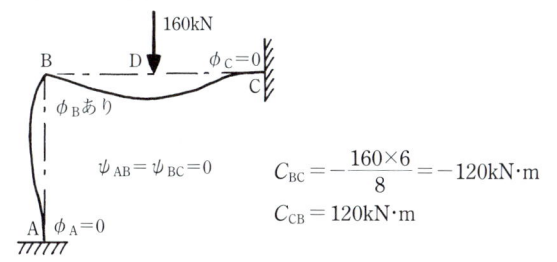

$\psi_{AB} = \psi_{BC} = 0$　　$C_{BC} = -\dfrac{160 \times 6}{8} = -120\text{kN·m}$

$C_{CB} = 120\text{kN·m}$

$M_{AB} = 2(2 \times 0 + \phi_B + 0) + 0 = 2\phi_B$
$M_{BA} = 2(0 + 2\phi_B + 0) + 0 = 4\phi_B$
$M_{BC} = 3(2\phi_B + 0 + 0) - 120 = 6\phi_B - 120$
$M_{CB} = 3(\phi_B + 2 \times 0 + 0) + 120 = 3\phi_B + 120$

節点方程式：$-M_{BA} - M_{BC} = 0$
　　　　　　$-4\phi_B - (6\phi_B - 120) = 0$
　　　　　　$\phi_B = 12$

$M_{AB} = 24\text{kN·m}$　　$M_{BA} = 48\text{kN·m}$
$M_{BC} = -48\text{kN·m}$　　$M_{CB} = 156\text{kN·m}$

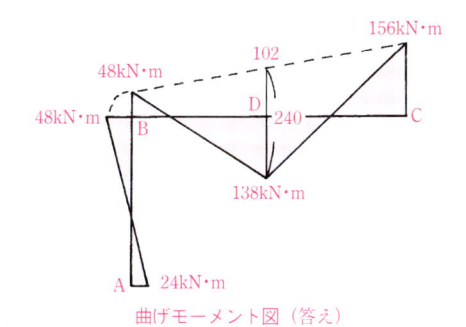

曲げモーメント図（答え）

(3)

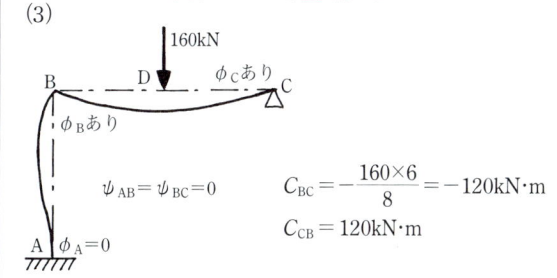

$\psi_{AB} = \psi_{BC} = 0$　　$C_{BC} = -\dfrac{160 \times 6}{8} = -120\text{kN·m}$

$C_{CB} = 120\text{kN·m}$

$M_{AB} = 3(2 \times 0 + \phi_B + 0) + 0 = 3\phi_B$
$M_{BA} = 3(0 + 2\phi_B + 0) + 0 = 6\phi_B$
$M_{BC} = 4(2\phi_B + \phi_C + 0) - 120 = 8\phi_B + 4\phi_C - 120$
$M_{CB} = 4(\phi_B + 2\phi_C + 0) + 120 = 4\phi_B + 8\phi_C + 120$

節点方程式：$-M_{BA} - M_{BC} = 0$
　　　　　　$-6\phi_B - (8\phi_B + 4\phi_C - 120) = 0$
　　　　　　$14\phi_B + 4\phi_C = 120$　……①
ピン支点より $M_{CB} = 0$
　　　　　　$4\phi_B + 8\phi_C + 120 = 0$　……②
①・②を解く
　　$\phi_B = 15$　　$\phi_C = -22.5$
$M_{AB} = 45\text{kN·m}$　　$M_{BA} = 90\text{kN·m}$
$M_{BC} = -90\text{kN·m}$　　$M_{CB} = 0\text{kN·m}$

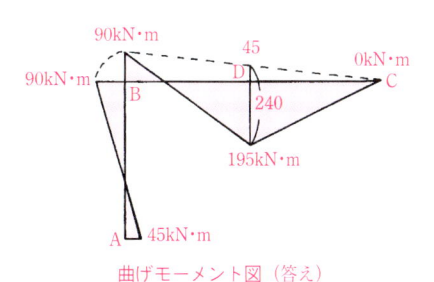

曲げモーメント図（答え）

11章

問題 11-1

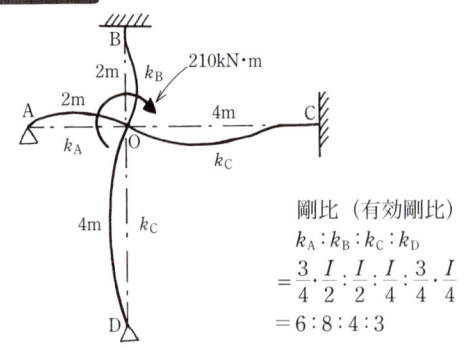

剛比（有効剛比）
$$k_A : k_B : k_C : k_D = \frac{3}{4}\cdot\frac{I}{2} : \frac{I}{2} : \frac{I}{4} : \frac{3}{4}\cdot\frac{I}{4} = 6 : 8 : 4 : 3$$

分配モーメントは剛比で分かれる

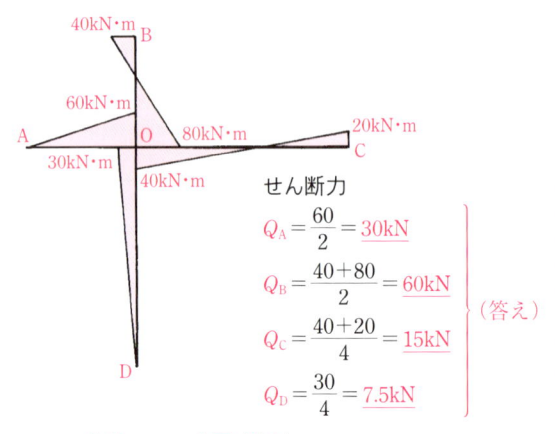

せん断力

$Q_A = \dfrac{60}{2} = \underline{30\text{kN}}$

$Q_B = \dfrac{40+80}{2} = \underline{60\text{kN}}$

$Q_C = \dfrac{40+20}{4} = \underline{15\text{kN}}$（答え）

$Q_D = \dfrac{30}{4} = \underline{7.5\text{kN}}$

曲げモーメント図（答え）

問題 11-2

M_{BA}	
DF	2/5
FEM	
D_1	+48
Σ	+48

M_{AB}	
DF	
FEM	
C_1	+24
Σ	+24

M_{BC}	
DF	3/5
FEM	−120
D_1	+72
Σ	−48

M_{CB}	
DF	
FEM	+120
C_1	+36
Σ	+156

曲げモーメント図（答え）

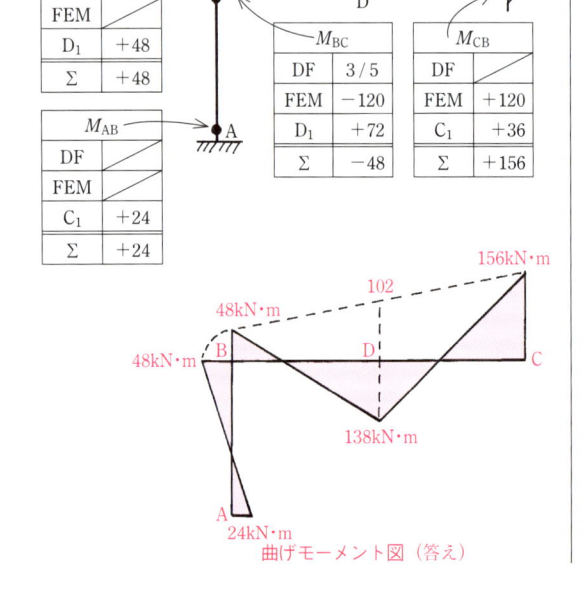

問題 11-3

[鉛直荷重]

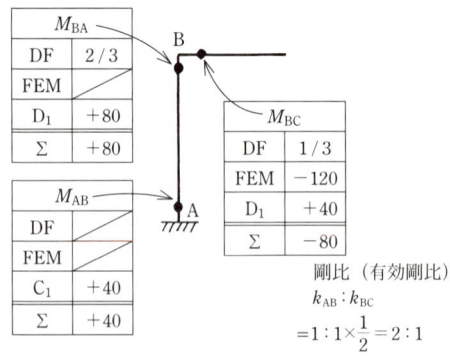

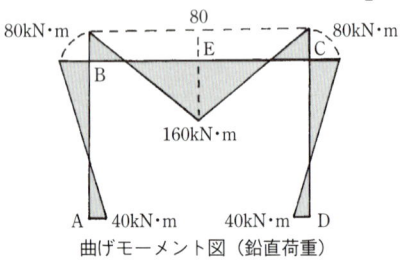

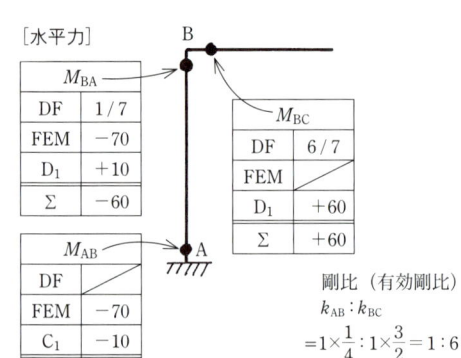

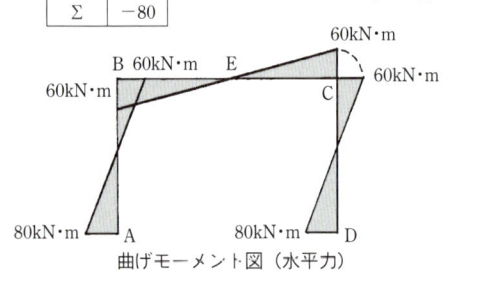

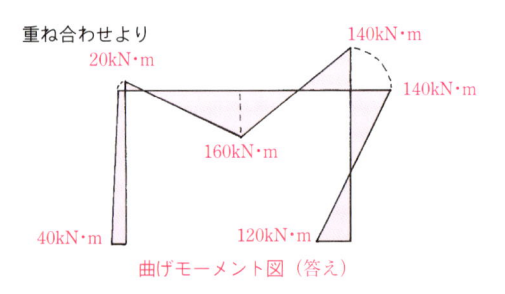

M_{BA}	
DF	2/3
FEM	
D_1	+80
Σ	+80

M_{BC}	
DF	1/3
FEM	−120
D_1	+40
Σ	−80

M_{AB}	
DF	
FEM	
C_1	+40
Σ	+40

剛比（有効剛比）
$$k_{AB} : k_{BC} = 1 : 1\times\frac{1}{2} = 2 : 1$$

曲げモーメント図（鉛直荷重）

[水平力]

M_{BA}	
DF	1/7
FEM	−70
D_1	+10
Σ	−60

M_{BC}	
DF	6/7
FEM	
D_1	+60
Σ	+60

M_{AB}	
DF	
FEM	−70
C_1	−10
Σ	−80

剛比（有効剛比）
$$k_{AB} : k_{BC} = 1\times\frac{1}{4} : 1\times\frac{3}{2} = 1 : 6$$

曲げモーメント図（水平力）

重ね合わせより

曲げモーメント図（答え）

12章

問題 12-1

弾性座屈荷重 $P_k = \dfrac{\pi^2 EI}{l_k^2}$ より、I が大きいほど P_k は大きくなります。

$I_A = \dfrac{3a(3a)^3}{12} = \dfrac{81a^4}{12}$

I_B(弱軸) $= \dfrac{6a(2a)^3}{12} = \dfrac{48a^4}{12}$

I_C(弱軸) $= \dfrac{a(3a)^3}{12} \times 2 + \dfrac{3a \cdot a^3}{12}$
$= \dfrac{57a^4}{12}$

I_A が最も大きいので、**答え A**

問題 12-2

弾性座屈荷重 $P_k = \dfrac{\pi^2 EI}{l_k^2}$ より、l_k が小さいほど P_k は大きくなります。

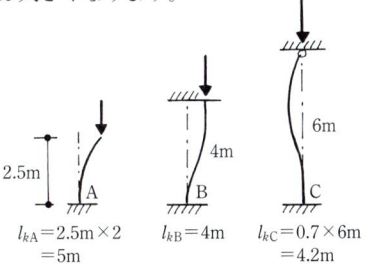

$l_{kA} = 2.5\text{m} \times 2 = 5\text{m}$

$l_{kB} = 4\text{m}$

$l_{kC} = 0.7 \times 6\text{m} = 4.2\text{m}$

l_{kB} が最小なので **答えは B**

問題 12-3

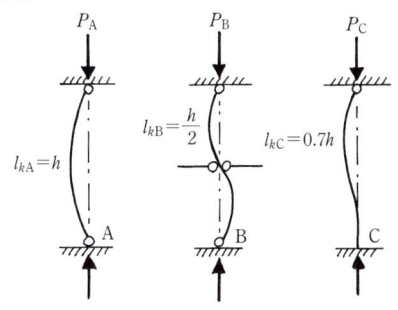

I_A(弱軸) $= \dfrac{3a \cdot a^3}{12} = \dfrac{3a^4}{12} = 3I$ とする。

$I_B = \dfrac{a \cdot a^3}{12} = \dfrac{a^4}{12} = I$ とする。

I_C(弱軸) $= \dfrac{2.5a \cdot a^3}{12} = \dfrac{2.5a^4}{12} = 2.5I$ とする。

$P_A = \dfrac{\pi^2 E \cdot 3I}{h^2} = \dfrac{3\pi^2 EI}{h^2}$

$P_B = \dfrac{\pi^2 E \cdot I}{\left(\dfrac{h}{2}\right)^2} = \dfrac{4\pi^2 EI}{h^2}$

$P_C = \dfrac{\pi^2 E \cdot 2.5I}{(0.7h)^2} \fallingdotseq \dfrac{5\pi^2 EI}{h^2}$

$P_C > P_B > P_A$ (答え)

13章

問題 13-1

塑性断面係数

$Z_{PX} = \dfrac{4a(6a)^2}{4} - \dfrac{2a(4a)^2}{4} = 28a^3$

$Z_{PY} = \dfrac{6a(4a)^2}{4} - \dfrac{4a(2a)^2}{4} = 20a^3$

$M_{PX} : M_{PY} = Z_{PX} \cdot \sigma_y : Z_{PY} \cdot \sigma_y$
$= Z_{PX} : Z_{PY}$
$= 28a^3 : 20a^3 = \underline{7 : 5}$ （答え）

問題 13-2

(1)

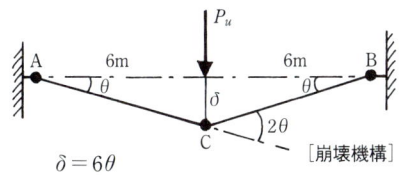

$\delta = 6\theta$

外力の仕事 = 内力の仕事

$P_u \cdot \delta = 180\theta + 180 \times 2\theta + 180\theta$

$P_u \cdot 6\theta = 720\theta$

$\underline{P_u = 120\text{kN}}$ （答え）

(2)

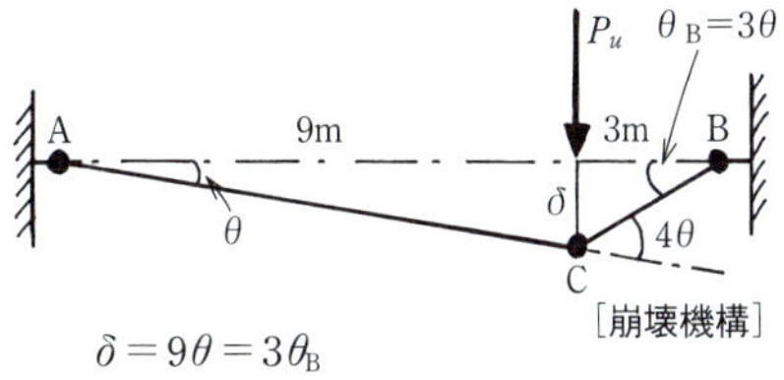

$\delta = 9\theta = 3\theta_B$

$\theta_B = 3\theta$

外力の仕事 = 内力の仕事

$P_u \cdot \delta = 180\theta + 180 \times 4\theta + 180 \times 3\theta$

$P_u \cdot 9\theta = 1440\theta$

$\underline{P_u = 160\text{kN}}$ （答え）

問題 13-3

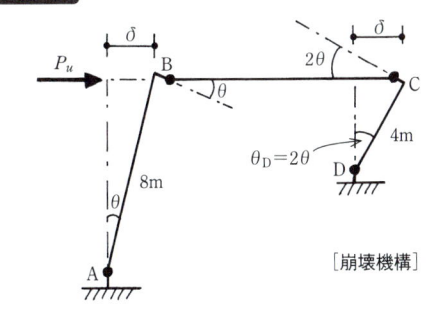

$\delta = 8\theta = 4\theta_D$

$\theta_D = 2\theta$

外力の仕事 = 内力の仕事

$P_u \cdot \delta = 600\theta + 400\theta + 400 \times 2\theta + 600 \times 2\theta$

$P_u \cdot 8\theta = 3000\theta$

$\underline{P_u = 375\text{kN}}$ （答え）

索　引

【あ】

圧縮応力度 …………………………… 101
圧縮力 ………………………………… 33
安定構造 ……………………………… 22
円周率 ………………………………… 167
応力 …………………………………… 30
応力図 ………………………………… 53
応力度 ………………………………… 101
応力度－ひずみ度関係式 …………… 102

【か】

解放モーメント ……………………… 153
外力のした仕事 ……………………… 178
重ね合わせの原理 …………………… 81
傾き …………………………………… 76
片持ち梁 ……………………………… 27
片持ち梁型トラス …………………… 85
完全弾塑性体 ………………………… 171
機構条件 ……………………………… 181
基準剛度 ……………………………… 134
強軸 …………………………………… 168
許容応力度 …………………………… 107
許容応力度設計 ……………………… 107
許容せん断応力度 …………………… 107
許容曲げ応力度 ……………………… 107
許容曲げモーメント ………………… 109
偶力のモーメント …………………… 15
傾斜によるたわみ …………………… 118
下界定理 ……………………………… 181
剛接合 ………………………………… 23
構造物の分類 ………………………… 22
構造物のモデル化 …………………… 23
交点 …………………………………… 85
剛度 …………………………………… 134

剛比 …………………………………… 134
降伏応力度 …………………………… 171
降伏条件 ……………………………… 181
降伏点 ………………………………… 171
降伏モーメント ……………………… 172
剛床仮定 ……………………………… 127
合力 …………………………………… 8
固定 …………………………………… 23
固定端モーメント …………………… 125
固定モーメント ……………………… 152
固定モーメント法 …………………… 152

【さ】

材端モーメント ……………………… 133
座屈 …………………………………… 167
座屈止め ……………………………… 169
座屈長さ ……………………………… 168
作用点 ………………………………… 7
三辺の比 ……………………………… 13
軸方向力 ……………………………… 33
軸方向力図 …………………………… 37
仕事 …………………………………… 176
支点 …………………………………… 23
弱軸 …………………………………… 168
重心 …………………………………… 16
集中荷重 ……………………………… 24
重力加速度 …………………………… 7
上界定理 ……………………………… 181
靭性 …………………………………… 171
垂直応力度 …………………………… 110
水平剛性 ……………………………… 128
水平変位 ……………………………… 127
水平力の分担 ………………………… 127
図解法 ………………………………… 89
図心 …………………………………… 93
スパナ化法 …………………………… 65

3ヒンジラーメン	49	力-伸び関係式	103
静定構造	22	力の分解	12
静定トラス	83	力の平行四辺形	8
切断法	83	力の方向	7
節点	83	力のモーメント	14
節点回転角	133	力の和	8
節点法	87	中間荷重	135
節点方程式	137	中立軸	96
全塑性	173	釣合条件	181
全塑性モーメント	173	単純梁型トラス	84
せん断応力度	105	伝達モーメント	147
せん断変形	56	伝達率	147
せん断力	32	到達モーメント	147
せん断力図	37	到達率	148
層間変位	131	トラス	83
層せん断力	129		
塑性断面係数	173	**【な】**	
塑性ヒンジ	173	内力のした仕事	178
		伸び	103
【た】			
対称門形ラーメン	150	**【は】**	
たわみ	116	バリニオンの定理	11
たわみ角	116	反力	23
たわみ角法	133	ひずみ度 ε	102
たわみ角法公式	134	引張応力度	101
単純梁	24	引張力	33
単純ラーメン	28	表計算	154
弾性座屈荷重	167	ピン	23
弾性定数	103	ヒンジ	23
断面係数	98, 173	ピン接合	23
断面積	93	不安定構造	22
断面2次モーメント	96	部材回転角	133
断面の核	114	部材に生じる力	30
力の大きさ	7	不静定構造	22
力の三角形	8	不静定梁	122
力の3要素	7	縁応力度	104
力の単位	7	フックの法則	103
力の釣り合い	18	分割モーメント	146
力の釣り合い式	24	分配モーメント	146
力の釣り合い条件	19		

分配率 ·················147
分布荷重 ·················25
分布する力 ·················16
変形形状 ·················136
変形の適合条件式 ·················122
偏心荷重 ·················113
偏心距離 ·················113
崩壊荷重 ·················173
崩壊機構 ·················176
保有水平耐力 ·················178

【ま】

曲げ応力度 ·················104
曲げモーメント ·················31
曲げモーメント図 ·················37
面積法 ·················76
モーメント荷重 ·················26

【や】

矢印図法 ·················55
ヤング係数 ·················102
唯一性定理 ·················181
有効剛比 ·················148

【ら】

ラーメン ·················28
両端固定梁 ·················124
ローラー ·················23
ローラー-固定梁 ·················122

学芸出版社・既刊書のご案内

図解レクチャー　構造力学　静定・不静定構造を学ぶ

浅野清昭 著

B5 変判・200 頁・定価 本体 2800 円＋税

力の基礎から静定・不静定構造、構造物の崩壊までを一冊で学習することができる、一級建築士試験にも対応したテキスト。苦手意識を持たれやすい構造力学の分野だが、図解で丁寧に繰り返し解説することで基礎から応用まで網羅。四則計算のみで解説しているため、デザイン系の学生にも活用できる、初学者のための入門テキスト。

図説　やさしい構造力学

浅野清昭 著

B5 変判・192 頁・定価 本体 2600 円＋税

数学や物理はよく理解できていないけれども、初めて、あるいはもう一度、構造力学を勉強しなければならない人に向けた入門教科書。すべてを手描きによるイラストで図解し、丁寧な解説をこころがけ、〈手順〉どおりにやれば誰でも解けるように構成を工夫した。二級建築士の資格試験（一級建築士レベルの基礎的学習）に対応。

絵ときブック 構造力学入門

浅野清昭 著

B5 変判・160 頁・定価 本体 2500 円＋税

構造力学は、構造設計の基礎をなす重要な分野だが、物理学や数学を必要とするため、どうしても苦手という人が多い。本書では、先生と生徒の会話を通して、力の基本原則、反力の求め方をイラストを駆使して丁寧に解説し、最もつまずきやすい部分である曲げモーメント図、せん断力図の描き方までの完全理解を目指すものである。

基礎からわかる　静定構造力学

村上雅英 著

B5 判・224 頁・定価 本体 3000 円＋税

大学建築学科での静定構造力学の講義や一級建築士試験レベルの学習に対応したテキスト。感覚的な解法のハウツーだけではなく、「なぜそうなるか」を理解するための説明を重視し、講義や教科書で省略しがちで、学生がつまずきやすい論理・数式の展開も丁寧に明記している。数学が得意でない学生でも独学できるよう配慮した。

著者略歴

浅野　清昭（あさの　きよあき）
浅野構造力学研究所所長。1961年京都市生まれ。京都工芸繊維大学大学院工芸学研究科建築学専攻修了。一級建築士。㈱間組技術研究所、京都建築大学校を経て、2009年浅野構造力学研究所設立。著書に『図説やさしい構造力学』『図説やさしい構造設計』『絵ときブック構造力学入門』『図解レクチャー構造力学』（学芸出版社）。

イラスト
野村　彰（のむら　あきら）
1958年生。京都工芸繊維大学工芸学部住環境学科卒業。一級建築士。

図説 建築構造力学

2014年10月15日　第1版第1刷発行
2023年 2月20日　第1版第4刷発行

　　著　者　浅野清昭
　　発行者　井口夏実
　　発行所　株式会社学芸出版社
　　　　　　京都市下京区木津屋橋通西洞院東入
　　　　　　〒600-8216　電話 075-343-0811
　　　　　　http://www.gakugei-pub.jp/
　　　　　　E-mail info@gakugei-pub.jp

　　印　刷　オスカーヤマト印刷／製　本　新生製本
　　挿　画　野村　彰
　　装　丁　KOTO DESIGN Inc. 山本剛史

Ⓒ Kiyoaki ASANO 2014
ISBN978-4-7615-2579-8　Printed in Japan

JCOPY 〈㈳出版者著作権管理機構委託出版物〉
本書の無断複写は著作権法上での例外を除き禁じられています。複写される場合は、そのつど事前に、㈳出版者著作権管理機構（電話 03-5244-5088、FAX 03-5244-5089、e-mail: info@jcopy.or.jp）の許諾を得てください。
本書を代行業者等の第三者に依頼してスキャンやデジタル化することは、たとえ個人や家庭内での利用でも著作権法違反です。